会计理论及教学研究

闫 佳　刘 虹◎著

文化发展出版社
Cultural Development Press
·北京·

图书在版编目（CIP）数据

会计理论及教学研究 / 闫佳，刘虹著．— 北京 ：文化发展出版社，2023.11
ISBN 978-7-5142-4078-8

Ⅰ．①会… Ⅱ．①闫… ②刘… Ⅲ．①会计理论－教学研究 Ⅳ．① F230

中国国家版本馆 CIP 数据核字（2023）第 167585 号

会计理论及教学研究

闫 佳 刘 虹 著

出 版 人：宋 娜
责任编辑：岳智勇　　责任校对：岳智勇
责任印制：邓辉明　　封面设计：守正文化
出版发行：文化发展出版社（北京市翠微路 2 号 邮编：100036）
网　　址：www.wenhuafazhan.com
经　　销：全国新华书店
印　　刷：天津和萱印刷有限公司

开　　本：710mm × 1000mm　1/16
字　　数：330 千字
印　　张：18.5
版　　次：2024 年 9 月第 1 版
印　　次：2024 年 9 月第 1 次印刷

定　　价：72.00 元
I S B N：978-7-5142-4078-8

作者简介

闫佳，女，1981 年 3 月生，中共党员，硕士学位，讲师，2006 年中原工学院毕业到河北青年管理干部学院工作至今。2010 年获天津财经大学会计学专业硕士学位。先后讲授“基础会计”“统计学”“成本会计”“管理会计”和“财务会计”等课程，指导“综合实训”“成本会计实训”“纳税实务实训”实训工作，均取得良好效果。

刘虹，女，1976 年 6 月生，系总支书记，河北青年管理干部学院副教授，主要教授“基础会计”“财务会计”“国际贸易实务”等课程，在核心期刊发表论文多篇，主持主研多项省级课题。

前　言

随着中国经济的迅猛发展，社会增加了对会计工作的需求量，使得会计成为一个热门专业，各大高校都有大批的会计学习者。会计课程一般分为理论教学和实践教学两部分，理论是实践的基础，实践是理论的来源。目前，会计主要通过制度改革、人才的更新等措施不断促进行业组织管理体系的完善发展。基于此背景，有必要研究相关的会计理论和教学，通过理论与实践相结合的方法培养更加优秀的会计人才。

全书共八章。第一章为绪论，主要阐述了会计理论的含义、会计理论的形成与发展、会计理论的目的与作用、会计理论体系及其构建等内容；第二章为会计基础理论，主要阐述了会计本质理论、会计职能理论、会计对象理论等内容；第三章为会计目标理论，主要阐述了会计目标的演进、会计目标的两大主流观点、会计目标基础理论等内容；第四章为会计准则理论，主要包括会计准则概述、会计准则基础理论、会计准则的制定等内容；第五章为会计行为理论，主要阐述了会计行为及其本质、会计行为基础理论、会计行为主客体分析等内容；第六章为会计规范理论，主要阐述了会计法律规范理论、会计制度规范理论、会计行为激励理论、会计职业道德规范理论等内容；第七章为会计教学概述，主要阐述了会计教学的环境、会计教学的目标、会计教学的原则、会计教学的方法与手段等内容；第八章为会计教学改革与创新路径分析，主要阐述了会计教学改革的机遇与挑战、会计教学改革的必要性与可行性、新时代会计教学改革的创新路径探索等内容。

本书共计 33 万字，其中，闫佳负责撰写第一至第五章，共计 18 万字，刘虹负责撰写第六至第八章，共计 15 万字。

在撰写本书的过程中，笔者借鉴了国内外众多专家学者的相关研究成果，在此向他们表示诚挚的谢意。

由于笔者水平有限，书中有一些内容还有待进一步深入研究和论证，在此恳切地希望各位读者朋友予以斧正。

目 录

第一章　绪论

会计是一项数字化工作，以特有的方式反映交易或经济事项的过程和结果。想要对会计进行透彻的了解，就需要从其理论、发展等一系列本质内容着手。本章分为会计理论的含义、会计理论的形成与发展、会计理论的目的与作用、会计理论体系及其构建四个部分。

第一节　会计理论的含义

一、会计相关概述

（一）管理会计

1. 管理会计的概念

管理会计指从企业生产活动的一个主体角度，对信息数据进行分析，以便于完善企业经营和提高管理水平。顾名思义，管理会计具备一定的管理职能，在进行管理会计工作时，能够为企业管理工作提供一定的财务数据信息支撑；在开展管理工作的过程中，具备严格的管理会计工作周期，相关目标也比较明确。

在实施管理会计工作时，需要结合企业自身实际情况运营业务、管理业务内容，严格按照管理层的实际需求，对企业各项运营情况进行调整和管理，以便于促进管理目标的实现，提升评估效果。结合当前的管理会计工作实际情况来看，管理会计具备极大的价值，对企业发展来说具备服务性能，可以为企业运营、投资提供参考依据。

管理者可以采取多元化的方法为管理会计设置工作目标，这样管理会计便可以结合目标，有针对性地收集相关会计数据信息，借助信息技术手段，为实现管理目标提供数据信息支持。

2. 管理会计的内容

管理会计最早是为了提高企业生产效率而诞生的，通过科学化管理将预算控制、标准化成本管理的方法运用到实际中，最开始出现的成本会计为管理会计的发展奠定了基础。现如今，管理会计主要分为预测决策会计、规划控制会计、责任会计三部分内容，三者之间既相对独立又互相配合，共同形成一个完整的闭环。

在企业生产经营过程中，预算管理包括对企业经营中的所有业务活动、财务活动的全面预测，也称为全面预算。预测决策会计是指以预算分析为基础，利用数据分析、管理分析工具等手段对整个经营决策进行分析，辅助管理层进行战略上的决策，为短期经营目标、长期投资决策等提供数据分析的会计方法。

规划控制会计是指建立在全面预算的基础上，进行成本以及流程上的管控，形成自有的最小规模经济、标准成本管控系统，从而更好地对生产流程进行控制与优化的会计方法。

责任会计是指通过划分职权责任，对员工履行职责实施全面考核评价，反映员工真实绩效水平，从而进一步调动员工积极性、提高工作效率的会计方法。

3. 管理会计的职能

管理会计的主要职能与管理会计存在着对应的关系，管理会计的职能主要有规划、控制、决策及评价。

（1）预测经济环境，参与经营决策

财务数据的收集与整理，只是经营决策的第一步。在企业整体战略布局下，要求预算与决策根据总体目标设定，在充分对内外部经济环境作出合理预测的前提下，选择相应的数据分析模型作为支撑，有针对性地分析企业在未来一定时间内的资金流入与各种收益率指标的变化趋势，利用一系列的指标对比，对企业未来的战略定位、业务布局规划做出相应的数据支撑，进行经营决策，提供最优方案。

（2）规划流程系统，控制业务成本

依据总体目标，编制计划和预算；从总体目标按照业务脉络，分布至具体的事业部中，层层分解，落实具体的业务生产流程；根据分解的业务流程，了解经济活动的发生和资金的流转，做好全面预算工作，控制单位成本。同时以前期经济发展中提出的事前规划和事中控制，明确规划方案是否可行，确保第一时间发现问题，同时要对方案加以调整和优化，充分保证方案的科学性与合理性，并对偏差造成的原因进行事后分析，以及时发现问题并提出改进措施，确保业务线和资金流的正常运转。

（3）组织考核工作，评价经营业绩

建立健全符合企业发展的考核体系，不仅要监督员工的工作进度和效率，同时也要让员工明白各自岗位、各自部门的职责，再对其个人或部门整体的工作情况进行考核评价，根据考核结果对其进行奖惩，在评价其工作成果的同时，也对员工起到正向激励的作用，促使员工更快地成长。

4. 管理会计的要素

（1）管理会计体系框架

管理会计体系框架依循企业的管理过程，将战略规划作为起点，进行资源配置优化、责任落实、过程跟踪，以及执行结果评价与激励，以确保战略的实施。

（2）管理会计活动

管理会计活动是企业进行的围绕管理价值链、服务于各个管理环节的相关活动，通常包括预算管理、费用管理、经营分析、风险管理、商务定价与决策、投资评估、项目管理、成本领先及绩效管理等管理活动。

（3）管理会计工具方法

管理会计工具方法是企业应用管理会计时所采用的模型、技术、流程等的统称，是管理会计活动的具体实现手段。

（4）管理会计报告

①管理会计报告的内涵。《管理会计基本指引》指出：管理会计报告是管理会计活动成果的重要表现形式。管理会计报告体现了内部管理会计的实施效果。管理会计和管理会计报告两者之间的关系：前者是后者的基础，后者又是前者的最后一项活动，是管理会计工作最终成果的展示环节，目标是在企业管理活动中，为企业各层级提供可靠、及时、相关且有用的信息。其实，无论是企业的直接利益相关者，或者是经营者、普通员工，这些各个层级的个体都可以是管理会计报告的使用主体，这些组成报告使用主体的个体都有着不同的报告需求特点。

②管理会计报告的功能。第一，预测与决策功能。企业在经营发展的过程中并非一帆风顺，管理层做好日常发生的经营事项的预测和控制，大概率能规避过往发展路上的障碍，并对未来市场发生的变化做好预防工作，以保证企业的每一项决策在合理预测支撑下有条不紊地展开。当然，预测的准确性关乎企业战略决策方向，管理者需要精准的预测数据才好做进一步判断。第二，规划与控制功能。规划与控制功能直面“企业往哪里走，并如何走到那里去”的问题，这将决定公司资源配置的问题。在顺应市场规则的前提下，企业找到自身扎根市场的定位规划，并对整个规划的实施过程加以监督，以便帮助企业顺利实现既定目标。第三，业绩评价功能。管理会计报告是对企业经营活动的目标执行情况进行评定的书面文件。通过管理会计报告，企业经营管理者可以对企业目标的执行程度一目了然，

能够及时有效地作出相应的决策调整，并评判员工对公司的贡献程度。

③管理会计报告体系的内容。企业管理会计报告体系可按以下标准分类：按照报告使用者所处的管理层级可分为战略层、经营层和业务层管理会计报告；按照内容不同可分综合和专项企业管理会计报告；按照管理会计功能可分为管理规划、决策、控制和评价报告；按照责任中心可分为投资、利润和成本中心报告；按照报告主体整体性程度可分为整体和分部报告。采用《管理会计应用指引第801号——企业会计报告》（财会〔2017〕24号）中按报告使用者所处的管理层级分类标准，具体如下：战略层管理会计报告为战略层开展战略规划、战略制定、战略执行、战略评价以及其他方面的管理活动提供相关信息；经营层管理会计报告为经营层开展规划、决策、控制和评价等管理活动提供相关信息；业务层管理会计报告为企业开展日常业务或作业活动提供相关信息。

④管理会计报告体系的编制原则。第一，报告信息的相关性。财务会计报告是针对日常经营活动编制的定期汇报，以利于利益相关者做出决策，管理会计报告作为对内报告，也应根据企业实际活动来进行编制。所以管理会计报告遵从相关性的编制原则，因为管理会计报告体系的功能主要是为管理者提供规划决策的信息，报告提供的管理会计信息可以让管理者清晰地识别出企业经营的利益相关方，管理者对各方的诉求、目的、资源、合理程度有了较为明晰的判断。第二，报告传递的及时性。管理会计报告向管理者提供有关规划决策、控制、评价的信息，有助于改善经营管理活动。在决策前，管理会计报告提供的是前馈信息，为管理者制订下一步的工作计划提供支持；在提供有关控制的信息时，管理会计报告是对经营管理活动的实况汇报，便于管理者随时掌握相关业务与管理活动的情况；随着企业的发展，企业规模不断壮大，组织结构层级较多，管理人员难以进行全面有效的控制，唯有提供及时的评价信息，才能避免由不同层级员工间的信息渠道差造成的信息量差，因此，每一层级的及时反馈对于经济事项的判断都是有意义的。第三，报告内容的动态性。管理会计报告提供及时的信息，但并没有对相关的时间范围进行界定。财务会计报告提供的是财务信息，数据需要反映一定期间的经营成果，是按照时间定期提供的。但一方面企业面临的外部环境受经济和政策因素的影响较不稳定；另一方面企业每天进行的管理活动很多，决策需要的信息也很多，所以需要根据情况调整报告的内容。由此，管理会计报告还应遵从动态性的原则。第四，报告形式的灵活性。财务会计报告属于外部报告，需要用统一的格式进行规范，以符合利益相关者的要求。而管理会计报告的使用者来自各个层级的内部人员，而各个层级的认知和判断能力有所不同，报告的内容

应当以需求为导向来进行编制，因此用于内部的管理会计报告表现灵活且不拘泥于固定范式，这充分体现了其灵活性的特点。

（5）管理会计应用环境

管理会计应用环境，是企业应用管理会计的基础，包括内外部环境。内部环境主要包括与管理会计建设和实施相关的价值创造模式、组织架构、管理模式、资源保障、信息系统等因素。外部环境主要包括国内外经济、市场、法律、行业等因素。管理会计应用环境的不同，决定了企业管理会计的“个性化”，企业会选择不同的管理会计活动、工具、信息技术，实现对经营过程的管理和控制。

5. 管理会计的体系

（1）基于实务角度的管理会计体系

管理会计理论是从实务角度出发，基于业财融合理念提出的。基于实务角度所创建的管理会计体系均立足于企业自身的经营与发展需求，从业务的发展角度进行探索，但由于企业并没有积极的动机将自身的体系建设进行分享，且仅通过自身的摸索和对业务的理解构建的体系框架，故而存在诸多问题，因此无法得到全面推广。

（2）基于理论角度的管理会计体系

从理论角度探讨管理会计体系，再将理论研究深入案例实践，这才是管理会计理论实施的必要方式。国外学者在研究中以制定决策、计划与控制、评价和激励等若干环节分析了管理会计的主要内容，并未深入分析管理会计体系，我国学者在研究中将重点放在了理论体系建设的研究之中，如由执行管理会计和决策管理会计组成的管理会计体系，以财务会计框架为依据创建的管理会计体系，以价值链为基础创建的管理会计体系和以管理会计核心职能为基础建立的管理会计体系等。其中，在管理会计核心职能基础上组成的基于规划、控制、决策、评价这一动态过程所形成的管理会计体系是众多理论研究中与企业实际吻合度最高的一套理论体系。

2016 年，财政部发布《管理会计基本指引》，其中对管理会计应用的“7 + 1”模式进行了详细的阐述，具体包括战略管理、预算管理、成本管理、营运管理、投融资管理、绩效管理、风险管理和管理会计报告。因此，人们也可将其分为内核与外延两个部分。其中，预算管理、成本管理、绩效管理和管理会计报告构成了管理会计体系的内核，战略管理、运营管理、投融资管理和风险管理构成了管理会计体系的外延。管理会计体系主要利用内核的活动内容实现预期的目标。其中，规划主要指预测企业未来的销售额度、利润、成本投入及资金等多项财务指标变化的总体趋势。全面预算管理成为充分发挥管理会计规划职能的重要载体。控制指的是企业跟踪运营过程，以此了解企业规划概况，明确其可能产生的差异，并做出综合性分析和评价，引导相关部门第一时间采取切实可行的规划和处理措施，以此严格按照规定计划将经营管理活动落到实处。全面预算管理中主要分为预算编制、控制、分析和评价四个环节。所以，管理会计的控制职能中，成本管理是体系内核的基础与前提，其一方面能够为预算管理、管理会计报告及绩效管理传递重要信息，另一方面也可实现应用的深度融合，积极参与到应用之中。决策主要是在比较和分析信息的前提下，确定是否采取行动，或在若干行动方案中选择最佳的行动方案。管理会计为企业科学决策提供了关键的信息，若要全方位展现其对决策的作用，则应结合决策的主题做好整合工作，科学处理，以此形成可靠和准确的管理会计报告。评价则是采取严格的措施加强部门和个人业绩的评价与考核工作，同时以此为依据合理调控企业运营与发展中的各项活动。管理会计若要充分展现评价职能，则应不断优化并完善绩效管理，以此更好地调动员工的积极性，促进企业稳定发展。战略管理、营运管理、投融资管理和风险管理是企业管理决策部门的主要工作内容，上述工作的质量与管理会计工具方法的应用有着十分紧密的联系。上述内容是以传统内容为基础，结合时代发展的要求拓展的新内容，其展现了管理会计的作用，同时也促进了其在企业财务增长等诸多领域的应用发展。

管理会计的应用路径主要分为问题推动型和体系规划型。前者是出现问题后采取解决问题的措施，因此，该方式通常需对某种工具方法予以零散应用，无法充分保证企业运营的质量和效率。而后者是站在整体规划的视角，选取拟采用的工具方法，同时结合实际，明确应用策略及方式。

管理会计体系规划中也涵盖了工具方法选择这一重要环节。管理会计的工具方法具有多样性，不同管理会计工具方法均有利于顺利实现企业树立的预期管控目标。不同的工具方法需满足不同的条件，且其优势与不足也存在较大的差异。如若企业创建管理会计体系时并未高度关注和重视协调使用不同工具方法间的复杂特征，则易陷入僵局之中。所以，企业在创建管理会计体系前，要认真分析企业战略目标、运营现状及管理环境等。同时也要确定企业管理中的不足和现阶段亟待解决的核心问题，以此为基础选定工具方法和策略。

同时，要合理评估不同工具方法的原理、实用性、风险和价值等，从而明确当前应用的工具方法类型和应用的主要路径。创建管理会计体系旨在将其应用于实践之中。管理会计信息化建设的水平也成为衡量管理会计体系实践水平的重要指标。软件开发设计的理念对于管理会计体系建设具有重要作用。管理会计信息化系统是重要的系统，在该系统中，管理会计内部的多个要素之间相互依赖、相互作用，同时内容上相互衔接，将重点放在了企业经营、企业管理及企业风险控制等方面。为此，要高度重视战略的制定、管控及评价工作。建设管理会计体系需要持续较长的时间，且建设的过程较为复杂。虽然体系建设后需要适度调整和改造，但是一旦选定方法或工具，则需要在长期内加以应用，因此，其也提高了各项成本。对此，若要转变这一现状，企业应仔细、认真地研究不同工具方法的内在价值，此外，要深入分析制度运行过程中的环境条件以及制度应用后可能引发的问题，而后结合实际，选择多种能够形成配合效应的工具方法，促进管理制度的全面创新。

（二）财务会计

1．财务会计的概念

财务会计主要是对企业生产经营期间涉及的各项资金变动进行统计、分析和处理，从而实现财务会计工作目标。财务会计的工作依据是现行的会计准则，在过去较长一段时间内，财务会计在企业的发展和经营之中发挥了关键性的作用。通过财务会计工作，企业可以对资金的运行情况进行准确把握，发现企业在运行期间存在的各种问题。会计人员也可以根据问题产生的原因而采取相应措施，从而补足短板、化解问题，为企业的发展提供相应的数据支撑，提升企业的经济效益和市场竞争力，为企业打下坚实的基础。

2．财务会计的职能

（1）全面监督管理企业资金交易

财务会计部门人员会仔细辨识票据真实性，防止出现票据造假、违规报销等问题。核对票据工作，采取经营监督措施，当发现申领费用与业务支出不匹配时，分析票据造假的可能性，及时做出干预处理，给出相应的管理方法。财务会计部门人员参照实际掌握的企业财务信息，依照会计准则，分析各项经营活动的合规性。如果发现经营不合规问题，及时进行管控，保持企业经济活动进展的有序性。

（2）增强企业的获利能力

企业有序落实各项财务会计工作，有助于全面梳理企业财务收支情况。企业依据实际掌握的业务资料，稳步进行财务会计工作，便于管理者把握市场动态，制定出更符合企业经营的决策方案。以市场发展为指导开展的企业规划，可提高新产品的市场适应能力，从而获取更高的生产收益。

（3）保证企业资产安全

财务会计在工作职责权限内，对企业内部各类资产进行有效管控。全面清点资产数量，审查资产账实一致性，及时掌握企业资产的动态资料，有效分配闲置资产，提高资产配置方案的全面性，积极展现资产价值，获取更多资产收益。

（三）环境会计

20 世纪 70 年代，随着政治多极化、经济全球化的深入发展，环境与经济间的关系成为新的研究热点，国际领域开展了多元化的环境会计方面的研究，如美国财务会计准则委员会（FASB）在或有事项准则中提出环境会计核算体系构想，加拿大特许会计师协会（CICA）提出环境审计构想，等等。随着经济的发展，环境会计的内涵和外延被不断地扩充，相关研究逐渐深入。

1. 环境会计的概念

环境会计作为可持续发展及其管理下的产物，学术界对于环境会计的概念主要有两种研究视角。一种研究视角是强调环境会计的记录职能，具体包括以下几点。

①环境会计是一种关于人造资产与自然资产相互增减变化的会计。

②在着眼于企业作为营利性组织的同时不能忽视其社会性，环境会计应在企业主体观念指导下，以反映、控制为基本职能，以企业环境活动以及与环境有关的经济活动为主要对象。

③环境会计是记录企业环境污染、环保行为成本及环境经济效益的环境评估体系。

④环境会计是传统财务会计与环境管理的产物，它是通过计量、记录企业环境费用从而评估分析企业环境绩效，并以此来研究经济自然关系的学科，其计量手段与属性存在多样化特征。

另一种研究视角则是从环境会计的管理职能出发，具体包括以下几点。

①环境会计定义为计量、报告、控制企业造成的环境效益损失，以经济手段改善社会环境的会计。

②环境会计是相互渗透融合产生的交叉性学科，比传统财务会计成本收益概念更为广泛，从宏观角度考虑了社会收益的增加。

③环境会计发轫于环境保护运动，是传统会计在环保领域的拓展。

④环境会计是在衡量企业环境效率和社会效率同时，可以以合理化干预手段减少企业活动的环境破坏性的重要手段。

⑤环境会计是在企业环境管控系统中提供风险评估、进行环境控制监督的信息系统。

⑥新时代下，环境会计外延不断扩大，定义为反映经济主体的环境投入及其环境负荷等相关信息、并对其进行加工处理的系统，持这种观点的学者认为微观和宏观环境会计并驾齐驱才是发展趋势，其中，微观的环境会计从企业视角出发，宏观的环境会计从政府视角出发，宏观环境会计以调控手段引领企业微观环境会计活动的积极实施。

总的来说，“环境会计”又称“绿色会计”，它是通过一定方法对特定经济主体活动的环境影响进行估量和测定，并以特定形式向信息使用者披露和传递，以实现经济资源最优调配和社会环境效益有效提升的一门新兴学科。环境会计围绕着环境问题展开，但具体的内涵和概况因不同对象、不同需求及不同理解存在一定差异。国际上将通过货币工具对环境问题进行分析评价、综合管理的事项及业务活动统称为环境会计，又具体分为宏观（采取物理量和货币价值对国家自然资源的消耗进行计量）和微观（反映环境问题对组织财务状况、经营成果的影响以及社会经济活动所带来的环境影响）两个方面。《现代会计百科辞典》中定义环境会计为：站在社会公众利益角度，监督计量企业生产经营活动对环境影响的一种管理工具。也有学者理解为是通过多种计量手段对人造资本和自然资源相互影响的评估、反映，进而通过调整优化实现社会资源的最优调配。

综上所述，我们对于环境会计的理解和总结如下：环境会计立足于社会可持续发展和综合效益最优，在传统会计准则、会计制度的基础上，依据相关环境法律法规，通过货币与实物计量相结合的模式，对企业经济活动带来的环境影响进行评估记录和报告，进而为企业提升社会责任、改善环境问题等决策提供更有效的信息支持。

2. 环境会计的目标

学者在研究环境会计时对其目标进行了归纳，多数学者以可持续发展为整体目标。具体观点如下。

①环境会计的基本目标是不仅要满足投资者的环境信息及环境财务信息需求，同时还要考虑商品市场相关各方、职工及工会组织等其他信息使用者。

②环境会计的宏观目标是以信息披露倒逼企业进行亲环境行为，提高环境效益；而环境会计的微观目标是为利益相关者提供有助于决策的信息与反映管理层有关经济、环境、社会责任的有效履行情况。

总而言之，从环境会计产生的社会背景及原因来看，绿色环保、可持续发展等理念深入推动了环境会计理论的发展成熟。将环境资源纳入核算体系，实现环境效益与社会经济效益的多目标协调是环境会计区别于传统会计的主要特点，也是环境会计理论不断发展的基础。

3. 环境会计的要素

为便于划分复杂的经济业务、弥补传统会计对环境资产核算的缺失，对环境会计要素的分类成为学者关注的重要议题，具体观点如下。

①环境会计与传统会计基本理论结构趋同，其要素的确认极为重要，并将环境会计信息披露纳入其中。

②环境资产、环境费用、环境成本、环境负债更具有现实意义和理论价值，易于确认及实务操作，更适用于中国现行的会计准则与实践。

③从企业活动角度出发，环境活动属于企业活动范畴，经济活动与环境活动相互交叉、相互融合导致环境会计信息与传统会计信息的交叉，所以环境会计应与传统会计趋同，包含六个要素。

企业环境会计要素可类比传统会计六要素界定而做进一步分类。我国学者关于会计要素的分类大概有四种，包括三要素论、四要素论、五要素论和六要素论。其中，三要素论的要素是环境资产、环境效益、环境费用；四要素论的要素是环境资产、环境负债、环境成本或支出、环境收益；五要素论的要素是环境资产、环境负债、环境效益、环境费用、环境权益；六要素论的要素是环境资产、环境负债、环境收益、环境收入、环境费用和环境利润，六要素论的要素界定方式与传统会计一致。三要素论的要素界定明显是不够细致全面的，其忽略了企业生产经营产生的环境负债。企业环境活动给企业带来的收益，有因采用环保措施获得的国家减免税等优待和避免的环保罚款，这些较大数额的资金变动显然影响了企业的未来发展。五要素论中的环境效益是对环境后果的一个衡量，但是，这是一个复杂的统计过程，实践中难以用数据实现。六要素论过于烦琐，其中环境收入难以界定，隐性收入无法计量，此种观点存在诸多不足。

4. 环境会计的对象

环境会计对象是指环境会计所要监督核算和反映的具体内容。环境会计立足环境保护和可持续发展，将自然资源纳入核算体系内，充分体现了环境信息的重要性和环境会计的特殊性。因此，环境会计的对象可以概括为企业发生的与环境相关的、能够以一定方式计量的经济事项或交易对象。

具体而言，环境会计的基本对象是自然资源（树木、森林、水资源等），而这些资源大多无法用直接劳动价值来衡量，所以需要以合理的方式对其在企业生产经营中的价值进行评估。同时这些资源的核算总是伴随着相关经济活动的发生，由此带来的直接或间接利益也是环境会计对象的重要组成部分。

然而，对自然资源的利用和开发不可避免地会造成环境污染及资源损耗，如何解决这些问题、恢复其生态价值是企业不容忽视的部分，而为此付出的环境成本、相关费用也是环境会计核算的重点。

5. 环境会计的基本假设

环境会计的假设是环境会计的基本前提，与传统会计假设相比有所拓展，对后续环境会计要素的确认和计量、环境事项的记录、环境会计信息的披露进行了规范。

（1）环境会计主体假设

传统会计以企业为主体核算记录企业内部的经济活动，环境会计需要考虑企业对外部社会、环境等产生的影响，即外部效应。传统会计核算忽略了企业开采利用国家所拥有的自然资源，排放生产经营所产生的污染物，这些都会对周围的环境、社会产生负面影响，这是独立于企业自身经济活动外企业需要承担的成本。

（2）持续经营假设

企业在可预见的将来不会面临破产或清算，而是按照既定的目标继续经营，这是传统会计中持续经营的假设。在环境会计中，除了要保证企业的持续运转，还要保证社会环境和自然环境的持续运转。因此，企业要想实现可持续发展，持续利用自然环境资源，必须节制利用资源并承担相应的社会责任。

（3）环境会计分期假设

环境会计分期假设是持续经营假设的补充，使企业能够及时向环境会计信息使用者反映环境资源的损失、环境污染控制和环境事项的发生，明确各种利益和费用归属的会计期间，便于企业管理者做出正确的环境事务处理和投资决策。环境会计分期假设应与传统会计假设相同，按相等会计期间年、季、月来向信息使用者反映信息，为企业内外部环境保护责任的履行情况接受各方的监督。

（4）多重计量假设

环境会计采用以货币计量为主，辅之以非货币形式计量非商品形式的环境资源，如能够反映企业环境保护状况的空气质量和海洋环境质量指标。加之文字说明有关环境会计信息，可为信息使用者提供更为全面系统的会计信息。

（四）法务会计

1. 法务会计的概念

法务会计兴起于20世纪70年代的美国，由于欧美地区证券市场逐渐发展繁荣，爆发出越来越多的舞弊问题，影响颇广，再加上对法务会计的应用越来越多，故法务会计由此开始走向兴盛。目前，法务会计仍没有一个公认明确的定义，不同国家不同领域，对其亦有不同理解。下面选取了几个比较有代表性的观点。

①《会计与商业犯罪》一书中给法务会计做出这样的定义：法务会计的核心是会计学理论，借助法律知识，对经济案件涉及的法律问题进行解答和应对，并为法庭提供包括民事和刑事案件在内所需的一切会计证据。

②法务会计属于会计学范畴，法务会计师利用会计学、审计学相关知识和方法以及证据搜集技术，对企业舞弊及时识别和控制，并且能够从法律规范角度对实际发生的舞弊进行侦查取证，最终可以防范和遏制舞弊等经济犯罪。

③法务会计是集会计学、法学、证据学等专业知识技能于一体，根据当事人或案件本身的需要，通过严谨的推理，从众多财务资料或文件中找出案件所需的证据，据此为所涉案件提供证据支持或专家证言，从而协助当事人或有关部门解决案件中的法律问题的一种经济服务。

综合上述定义，法务会计是以会计相关理论为基础，运用审计方法、法学思维和侦察手段，调查舞弊行为发生的始末，提供证据支持，从而对财务舞弊等经济犯罪进行有效预防和控制的一种特殊的会计服务。

2. 法务会计的目标

法务会计的目标是指通过法务会计活动而能达到的预期目的。不少专家学者认为法务会计是为了解决会计事项中的法律问题，这体现出在维护主体利益的同时还需要维护法律的尊严。不同的主体对法务会计的目标要求也不相同，具体应当按照实际需求来对法务会计的目标作出判断，法务会计可以按照其需求制订工作计划、有针对性地提供证据，以实现法务会计的目标。

为公检法相关部门服务的法务会计，他们需要对案件中的财务问题进行解释，提供证据并以专家证人的身份参与诉讼，对法庭上会计方面的专业问题进行说明，辅助法律责任的判定。中介机构的法务会计主要通过对公司的账目、凭证、报表等会计资料进行调查，对财务报表当中的数据进行分析来发现可能存在的异常情况，凭借专业素养对经济活动进行评价，以提供相关服务进而维护当事人的利益。

3. 法务会计的要求

法务会计人员作为一种跨专业、跨学科的联合人才，需要具备会计知识以及法律知识，从而能够准确地判断各种会计事项以及案件的法律性质。法务会计人员通过实施必要的调查分析方法，并将财务事件的相关资料予以填写，来出示详细的法务会计报告。进而提供证据供相关部门参考，可以为相关责任人的犯罪性质予以鉴定、为案情的判决提供依据。

考虑到法务会计业务的复杂性，对法务会计人员的职业素养提出了更高的要求，法务会计的职业要求与一般意义上的会计活动存在区别，需要综合运用法律知识以及其他的调查方法。

从工作实质来说，法务会计就是在会计活动及法律事项之间进行沟通。因此，从事法务会计工作的专业人员需要能够独立地开展各项工作。在综合素质方面还应符合以下要求：从法务会计人员的知识层面来说，一方面，法务会计人员要具备会计、审计知识，熟悉相关法规，这有助于对案件的性质加以判断；另一方面，法务会计人员要具备丰富的实践经验，这有助于在实践活动方面更好地开展调查、加快工作的进程。另外，法务会计人员还需掌握对舞弊行为的分析技能，从而能够识别具体的舞弊类型。

（五）政府会计

1. 政府会计的概念

政府会计，是指用于确认、计量、记录和报告政府部门及事业单位之间收支活动，以及受托责任与承担状况的会计学系统，包括政府财务会计和政府预算会计。

政府财务会计，是指以权责发生制为基础，对政府产生的各项经济业务往来活动进行核算，反映和监督政府财务运行情况、现金流量等信息的会计。政府财务会计要素主要包括五个方面，分别是资产、负债、净资产、收入和费用。根据会计学概念，资产是指由政府会计主体过去的经济业务或者事项形成的，由政府会计主体控制的，预期能够产生服务潜力或者带来经济利益流入的经济资源。负债是指由政府会计主体过去的经济业务或者事项形成的，预期会导致经济资源流出政府会计主体的现时义务。净资产是指政府会计主体资产扣除负债后的净额。收入是指报告期内导致政府会计主体净资产增加的、含有服务潜力或者经济利益的经济资源的流入。费用是指报告期内导致政府会计主体净资产减少的、含有服务潜力或者经济利益的经济资源的流出。乡镇政府财务会计的要素也是这五方面，涉及的是基层乡镇一级的财务收支活动。

政府预算会计，是指以收付实现制为基础，对政府预算的执行过程中产生的收入情况和支出情况进行核算，主要反映预算收支执行情况的会计。因此，政府会计核算的基础是以货币为主要计量单位，对政府预算实施中产生的各项收支以及对政府发生的各种经济活动进行处理与监督，来表现预算收支执行的实况、政府财务运作情况和现金流量等数据，有利于数据信息使用者进行决策或监督管理的会计体系。

2. 政府会计的准则

政府会计的准则由两部分组成，包括 1 项基本准则和 10 项具体准则。政府会计的基本准则一般是依据国家会计法和预算法制定的。基本准则总共有五章，细分为 62 条，主要明确了政府财务报告、财务报表等各项相关内容。这些准则让我们认识到，在政府会计改革的进程中，财务会计与预算会计两大会计是不分家的，两者都在政府会计中发挥着重要的作用。具体准则主要是以基础准则为依据，基础准则具体规定了政府会计主体的业务和事项，以及确认计量报告和制定相应标准的原则。

3. 政府会计的制度

政府会计制度是各政府主体实施会计工作的参照依据，也作为标准和准则来规范相关的会计制度。政府会计准则和制度是政府会计制度的重要组成内容，政府除了颁布上述政府会计准则，还颁布了政府会计制度补充规定和衔接规定，为政府各个部门在衔接新旧制度的过程中可能出现的问题提供了一些参考。

4. 政府会计的功能

政府财务会计的功能主要涉及三个方面：资金执行监督、财政信息披露、资金绩效评价。在政府财务会计管理过程中，资金执行监督主要是监督资金支付流程是否合规，在财务会计核算收支过程中，上级财政监察审计等部门能有效通过财务会计管理数据分析资金执行的合规性，了解资金在拨付使用过程中是否存在问题。财政信息披露主要是通过政府财务会计核算披露政府真实财务状况，基层乡镇政府公开各类会计报表、账簿等财务数据能全面反映政府资产负债净资产等相关数据，群众能更直接了解政府财政运行情况。资金绩效评价主要考核政府耗费公共预算资金与其涉及项目取得的经济效益、群众满意度等各项指标是否匹配。

政府在开展各类项目业务活动时需对该项目进行事前、事中与事后绩效评价，财务会计管理过程中进行绩效评价是为了确保该项业务活动具有可实施性确保投入与产出成正比，以免造成资金资源流失。

政府预算会计是用来反映政府预算收入、预算支出的过程及执行结果的会计信息系统，它一方面证明了预算资金使用的合法性、透明性；另一方面为社会公众提供政府受托责任信息。其功能与政府财务会计显著不同，只反映投入而不反映产出。而政府财务会计着重反映预算绩效信息，它反映的是政府预算的执行结果，即形成的财务状况和成果。它既要反映投入，也要反映产出的结果。所以，重构预算会计实质上是在现有预算会计当中，把财务会计的功能剥离出去。

（六）人力资源会计

1. 人力资源会计的内涵

人力资源会计是将人力资源作为一种社会或企业的资产，计量和核算所产生的成本，计算和分析所产生的价值，预测其供求状况，并在此基础上分析其投资和收益，最终做出正确的人力资源决策，并将其结果反馈给相关使用者的一种会计管理方法。因此，人力资源会计作为会计学的一个新分支，其目标、对象、假设、职能、基本内容分类等都具有不同于其他会计学的一些特征，它们共同构成了人力资源会计学的基本理论。其中，认识到人力资源即人的能力可以作为会计资产核算，是研究人力资源会计的最基本的前提条件。

2. 人力资源会计的目标

人力资源会计是以提供人力资源会计信息为目标的，具体包含广义和狭义两种类型的目标。其中广义的目标指的是社会性人力资源会计目标，主要为制定国民经济总决策提供相关的人力资源会计信息。而狭义的目标则指的是企业内部的人力资源会计制定的目标。

3. 人力资源会计的类型

人力资源会计可以从各种角度划分为不同的类型。根据不同的会计主体，可以将其划分为社会、企业和家庭三类。从会计目标的不同这一观点来看，又可以将它划分为财务会计和管理会计两类。

人力资源财务会计主要是为企业外部提供人力资源的财务会计信息。而人力资源管理会计则结合了人力资源财务会计中的计量理论，根据计量结果与相关指标，为企业内部管理者提供决策最优化服务的各种相关信息。因此，它们同属于企业统一的会计信息系统，都以人力资源价值的准确计量为前提。而人力资源计量领域中最核心的观点则是以成本观为基础的人力资源会计和以价值观为基础的人力资源会计。

（七）经营会计

1. 经营会计的概述

经营会计是由日本企业家松下幸之助首先提出的概念，目的是解决企业经营与财务“两张皮”的境地，从此日本企业开始形成自己的会计体系，并经过近百年的发展验证，证实这种经营会计可反映企业经营实际情况，为管理者决策提供帮助。在目标方面，经营与传统财务的追求是基本一致的，即“利润最大化”，但是在一些具体方面，二者有所不同，如经营要求员工工作要具有积极性，在目标特性、过程管理等方面的要求也更高。

所以会计要想为经营服务，就要站在经营的角度上，以经营者的意志为主要考虑对象，更重要的是用能还原现场的数据，通过还原现场来解决经营问题，依据数据反馈帮助经营者、现场人员做出更加精准的决策。那么，到底何种会计是真正为经营者服务的？这种会计会产出何种内容的信息？经营会计根据经营者的需求应运而生：该会计不仅为经营管理者提供信息，全体员工都是它的需求者；该会计的信息可准确、真实地反映经营状况；该会计由基层组织甚至员工个人核算经营结果，明晰经营状况；该会计的运用简单易懂，非专业人员也能通过信息明确业务过程，并以此为依据进行经营改善，实现 PDCA 循环。经营会计是以经营哲学和独立核算为基础，把组织计划分为一个个小的团体，通过与市场直接联系的独立核算制，实现全员参与的核算方式。

2. 经营会计的内容

(1) 经营会计要素

与财务会计的复式借贷记账法不同，经营会计采用单式记账法，可更加简单直观地反映经营成果，收入、费用、利润为其三大要素。经营会计中的收入要减去所有与主营业务不相关的项目，因此也被称为销售额。费用要素按长期或短期取得销售额为目的分为变动费和固定费，随销售额变动流出企业的费用称为变动费，即使没有业务也会产生的费用称为固定费。

利润由销售额与费用做差而得来，根据经营目的不同可分为边界利润、贡献利润及经营利润。边界利润＝销售额－变动费贡献利润＝边界利润－固定费经营利润＝贡献利润－总部分摊费用。

(2) 经营会计科目的设置

经营会计为经营服务，反映的是经营活动的全过程，其本质是经营活动项目而非会计科目。因此经营会计科目的设置原则是反映经营实际，向管理者直白地表现问题，体现实用性原则。这就要求在设计经营会计科目时要使其能够真正地反映经营业务，并以解决问题为导向，以影响效益的程度来细分科目。

(3) 经营会计报表

经营会计报表是经营能力和结果的直接体现，用于衡量各个单元日常经营所产生的指标，可反映该阶段企业经营现状，为经营改善提供依据。经营会计报表通俗易懂，几乎不需要会计知识，可以迅速且准确地反映企业经营的收入、费用及利润情况。

3. 经营会计的原则

（1）一一对应原则

在企业的经营活动中，物品和资金都处于不断流动的状态，而经营会计必须正确把握这些流动，所以只要涉及物品和资金的流动，票据都需要实时处理，一一对应。

（2）多重确认原则

多重确认原则由稻盛哲学的根基——“以心为本的经营”衍生而来。人性有时不可避免地会出现弱点，建立多重确认的管理机制，既可以防止员工犯此类错误，也是对员工的一种保护。

（3）完美主义原则

完美主义原则也同样适用于经营，经营指标要做到100%完成，经营数字更要100%准确。众所周知，实行完美主义是困难的，只要有追求完美的坚强意志，就能够避免出错，从而达成经营目标。

（4）“肌肉坚实”原则

要做到费用最小化，就要避免一切不必要的费用。对企业而言，“肌肉坚实”也就是说，所有不产生利润的资产都要去除。这就要求企业将滞留库存尽早处理，避免不良资产的产生，物品采购采用即买即用的原则，杜绝浪费。

（5）提升效益原则

提升效益可以促使公司繁荣发展。效益得到提升后，公司自有资本增加，用于投资新事物的资金比例得到提升，公司股价也会上涨。而为了提升效益，首先要求管理者意志坚定，具备使企业更好地发展、员工更加幸福的使命感，随后与全体员工共同达成该愿景，使公司上下目标一致，为提升效益共同努力。

（6）现金本位原则

现今本位原则要求企业将重点聚焦于现金的流动上，不以我们所熟知的近代会计制度进行会计处理，而是回归现金，将本时期产生的所有资金流动都在经营会计报表上如实反映。

（7）公开透明原则

将经营数字处理为所有员工都能看懂的数据，并如实公开。只有了解本企业的实际经营情况，才有可能培养员工的经营者意识，达到全员参与经营。与此同时，因为公开透明的经营原则，管理者的行为也会向普通员工公开，这在一定程度上也促使企业的中上层更加自律。

二、会计理论相关概述

我国古代就有“会计”这一概念，唐宋时期的“四柱清册”，明末清初的“龙门账”体现出会计在不同时期产生的不同核算方式。经过几千年的发展，我国会计学已形成一套包含会计要素、基本假设等在内的理论体系。

（一）会计理论的含义

会计理论实际上是一种人们在会计实践中总结和归纳出来的有关会计的知识体系，但是，对于会计理论的界定，国内外的会计学界众说纷纭。在此，本书选取了一些具有代表性的观点。

①会计理论是一种逻辑推理，它以原则的形式表现出来；它为会计实务工作者、投资人、管理者及学生提供了一个理论架构，以加深对会计实务的理解；它为制定新的实务和程序提供了指导。而会计理论正是在这种不断实践、不断测试中总结出来的。

②会计理论是以某种逻辑方式，对会计对象的性质和规律进行系统、全面、有条理、综合的理性认识。

③会计理论是会计准则、会计惯例等一系列会计基本概念的含义，以及它们之间的联系，它是对会计实践活动的一种表述与说明。

④会计理论是人们对会计学实践积累起来的一套知识体系。

⑤会计理论一般是指基本的概念，这些概念是会计实践的基础。其由会计对象、会计假定、会计概念和会计准则等组成。会计理论既是对会计实践做出的解释与评价，又能够对会计实践进行指导。

根据众多学者对会计理论的不同解读，我们对其进行相应的整理与归纳，总结如下。

①会计理论是从实际中产生的。任何会计理论，都必须从实际出发，以此为基础，逐步形成、不断发展、不断完善。在一个特定的范围内，对会计实践进行合理的理解，从而构成这个范围内的一种会计理论；对这个范围内的各种会计理论进行系统的总结，从而构成这个范围内的一种会计学科理论；会计的各个学科理论，按照各自的内在规律有机地结合起来，构成了一个完整的会计理论体系。在这一过程中，正确的会计实践必然催生出与之相适应的理论，错误的实践也会

引发人们的反思，从而催生出新的会计理论。脱离了实际，会计理论也就是一场空。

②会计学的理论比实际工作更重要。从实际出发的会计理论，不仅是对实际情况的一种描述，更是对实际情况的高度概括。会计理论对会计实务进行了系统的总结，科学地揭示了会计实务操作的优点和缺点，并对实务操作的性质和规律进行了科学的分析，为实务操作指明了方向。所以，理论对于实际的会计工作具有一定的指导作用。

③会计理论是否具有科学性，还得靠实践来检验。正确的会计理论既是指导会计工作的“向导”，也是会计工作的推进器，而不正确的理论是会计工作失败的“加速器”。如果理论经过会计实践证明是正确的，必然会在实践中不断地发展与完善，而被实践证明是错误的，就应该被摒弃，或者尽早地予以纠正。只有这样，会计理论才能保证科学性。

④会计理论的内容通常舍弃了会计事物的具体形态，而注重揭示其内在本质，所以，会计理论主要采用会计概念、会计判断和会计推理等表达形式。

⑤会计学原理具有逻辑性、层次性。会计理论作为一种系统化的会计理性知识，其逻辑必须严密，层次必须清晰，必须保持前后一贯的内容条理。错综复杂、相互矛盾的会计理论，不仅不能形成自己的知识体系，还会使会计工作在实践中误入歧途。从这些方面，我们可以得出以下结论：会计理论是一种人们对长期的会计实践经验进行总结，从而能够反映会计事物的内在规律性，并对会计实践活动进行指导的知识体系。

（二）会计理论的种类

1. 按内容分类

从对会计“是什么”“为什么”“应该是什么”的认识出发，可以将会计理论划分为描述性会计理论、解释性会计理论和规范性会计理论。

（1）描述性会计理论

描述性会计理论是指在会计实践中，运用大量事例来阐述和证明会计为何物的一种理论。传统的会计理论基本上都是这一类型的理论。这一理论在西方的会计职业中得到了很好的体现。这一点，可以从《会计计量的基础：教学、经济与行为的探索》这一著作中看到。在这本书中，作者一直试图解释传统的会计实务。在《纯会计理论的要素》这一著作中，作者主要论述了历史成本制度，并尝试解释“会计人员应该如何处理账目”等问题。它们都是对会计实践进行描述的理论著作。另外，《企业公认会计原则概述》也是一部具有代表性的阐述“描述性”会计理论的著作。

纵观西方会计理论界众多的代表著作，可以看出，在20世纪70年代之前，西方国家的传统会计理论大都是描述型的。我国在那时所借鉴和反映在相关制度中的会计理论，多数也是描述性会计理论。

（2）解释性会计理论

会计理论对会计实践的解释是一个长期的研究课题。描述性会计理论对“什么是会计”这一问题的阐释，具有一定的合理性和逻辑性，但是，描述性会计理论并没有证明这种解释的科学性和合理性。所以，要对会计实践进行合理的、符合逻辑的、科学的说明，就必须借助解释性会计理论。

所谓“解释性会计理论”，指的是以经济概念和对实践的观察为依据，对会计概念和会计实务进行解释，从而让会计理论可以对会计实践进行充分的说明，进而可以对会计实践进行指导。例如，为了对一项流动资产进行计量，我们就需要选择一些会计计价方法（先进先出法、加权平均法、后进先出法等），在使用这些方法对该流动资产进行估值的时候，就需要用会计理论来说明。

通常情况下，人们很难把会计的概念说清楚，当然某一特定会计方法或程序下所得出的有一定限制性的结论是例外，但这种结论往往会失去“具有普遍适用性”这一现实意义。虽然我们有时借助“次级概念”这样的观点，但是，这种观点只能说明某些特殊的概念和规律，而对于普遍的概念，往往无法进行恰当的说明。

（3）规范性会计理论

“规范”是由人们形成的、被明确规定的准则。规范性会计理论指的是人们对会计活动形成共识的观念，并从会计活动中不断总结出会计的理论概念，然后再利用这些理论概念来指导会计实践。

规范性会计理论对已有的会计实践并不满意，它总是试图从逻辑的角度对会计实践进行解释和指导，即规范性会计理论的重点在于对“应该是”的解释，而非仅仅对“是”的解释。例如，美国会计学家瓦茨（Watts）于1961年出版的《会计的基本假定》、美国财务会计准则委员会（FASB）在1970年发表的财务会计概念公告（SFAC）等。虽然这些会计理念可能不符合当前的会计标准或会计惯例，但是这些理念仍作为指导会计标准和评估当前会计惯例的依据。近年来，随着人们对会计本质认识的不断深入，规范性会计理论越来越为会计理论研究人员所认可，并在会计活动的实践中得到了广泛的运用。

2. 按学科分类

从学科上讲，会计理论主要有财务会计理论、管理会计理论和审计理论三大类。

（1）财务会计理论

财务会计理论是财务会计学科领域的会计理论，属于财务会计学的范畴。大部分的会计理论著作都是与财务会计相关的。

（2）管理会计理论

通常来讲，管理会计是从财务会计中独立出来的一个分支，但是两者的应用对象、范围和领域的不同，因此在理论上也有很大的区别。因为财务会计应用于外部，要求其具有很强的规范性，所以，它的理论比较完备。而管理会计比较自由，规范性的管理不是很多，所以它的理论发展也不够完善。

（3）审计理论

从更广泛的意义上来讲，会计理论还应包含审计理论，独立审计在提升会计信息质量方面发挥了重要的作用，审计报告是具有信息含量的，因此，审计理论对会计理论来说是一种补充，但是由于研究对象和使用方法的差异，两者之间存在着很大的差异。

3. 按研究方法分类

从研究方法上看，会计理论可划分为规范会计理论与实证会计理论两种。

（1）规范会计理论

规范会计理论是运用规范研究的方法，也就是强调推演的方法而确立的会计理论体系，传统的会计理论往往具有规范性，这一点在我国尤为明显。

（2）实证会计理论

实证会计理论指的是运用实证研究方法所构建起来的会计理论体系，在该理论中，会计实践是发展会计理论的基础，根据所观察到的会计现象，可以推导出隐含的会计理论。它的方法论侧重于归纳性。

时至今日，经过几十年的理论更新，实证会计研究由于紧密联系了现实商业环境中的大量财务数据，具有明显的可证伪性，它的研究思想及相关理论逐渐成为西方会计理论研究的主要方向之一。

第二节　会计理论的形成与发展

一、古代会计理论

在旧石器时代，人类开始有了最初的测量和记录行为；到了新石器时代，随着生产力的提升，人类开始对数字有了认识，并学会了“结绳记事”“画图记事”等表达方式。但是，从严格的角度来看，这个时代的原始记账方式并非纯粹的会计方式，而是一种涉及数学、统计学等相关学科的综合性方式。诸如结绳记法、画图记法之类的活动，是一切科目的雏形。直到奴隶社会的繁盛时期，才有了真正的会计活动。史料记载，黄帝设置了“度、量、衡、亩、数”五个量，并且后来的尧、舜、禹也在生产、贸易和征收赋税等方面不断进行强化应用，出现了长度、面积、容量和质量的标准计量，那个时代常常还以人体的某一部分以及天然物作为计量标准。例如，“布手知尺”“迈步定亩”“滴水计时”等计量活动。据说大禹在治理水患时就使用了“规矩准绳”，并以自己的身长、体重等作为标准，“规矩准绳”是古代的标准测量工具，古人用“规”画圆，用“矩”画方，用“准”定水平，用“绳”测长短，在当时的生产生活条件下，这些就是人们之间进行商品交换、互通贸易的法律制度，这就是王朝权力和公平公正的象征。氏族社会后期，古人通过观测日月星辰的运动规律还制定了历法，人们推算出来一年的长度，并规定为 366 天。后来到了商朝，人们又把一年分为 12 个月，每逢闰年就增加一个月，这些充分说明那个时代的劳动人民已经会用历法和节气来调整生产生活，整个社会的生产力水平和文明发展水平已经比较繁荣兴盛了。

单式簿记法是从奴隶社会就开始出现的，并在封建社会得以充分发展。在这个时期，由于私有财产的日益增多，就出现了受托责任会计，即既要保证奴隶主人的财产的安全，又要确保管理这些财产的人尽到了相应的职责。单式簿记的方法体系包括：会计核算项目、账簿设置、记录方法、会计凭证、结算方法、会计报告等。值得一提的是，单式簿记的首要作用不在于测量，而在于控制，因此，我们可以把内部控制看作一切古老记账的一个重要特点。在国际上，单式簿记是逐渐发展起来的，从设立“流水账”开始，逐渐演变成设立“三账”，即与今天的“日账”“明细账”“总账”相同，这样的账本设置方式已成为复式会计制度形成的基本条件。在中国传统的会计制度和账簿组织中，簿记报告是重要的一环，按照其发展脉络，从三柱式、四柱式为代表的单式簿记报告逐步演进至龙门账复式簿记报告，单复式簿记报告所采用的编制方法不同。

三柱式簿记报告，是中国传统的单式簿记报告，三柱结算法作为编制方法，三柱结算法根据入（收）、出（付）、余三要素的关系，以“入－出＝余”或“收－付（支）＝余”为结算公式，计算一定时期商号财产物资的增减变化与结存。三柱结算法萌芽于西周，最初应用于官厅会计，秦汉时期被逐步推广至民间，而后得到普遍应用。当时商人们采用“收入－支出＝盈（亏）”的结算公式求计一定时期的经营结果。所谓“三柱”，是指“收入”“支出”和“结余”三大要素。在较早时期，收入不仅包含本期收入，还含有期初结余，这种情况下意味着当时的财务观念还不是很成熟，未能将期初结余作为一个要素单独列出，无法判断两者的真实情况，有可能导致本期收入金额失实，不利于管理和核算。伴随着三柱结算法的发展，“上期结存”这一要素开始出现在西汉时期；等到了东汉，人们以“承前月”的会计术语表示上期结存的数额，不再纳入当月收入的计算中，说明人们对会计结算方法的认识有了新的突破，已经对“上期结存、本期收入、本期付出和本期结存”这四大会计项目的含义有了正确的理解，为后来四柱结算法的出现奠定了思想基础。旧有的三柱结算法也因此得以改进，将会计事项分别以“本期收入”“本期支出”和“本期结余”三柱列示，作为官厅会计和民间会计所运用的基本结算方法。到了唐宋，随着四柱结算法的产生和广泛运用，三柱结算法似乎淡出了学者的视野，在《中国会计史稿》和《会计发展史纲》两部会计著作中，三柱结算法及簿记报告的研究到了唐代便戛然而止，至于之后的演进发展并未进行研究，这就容易造成一种三柱结算法及簿记报告不再使用的错觉。但是从刘建民先生所收藏的晋商簿记报告史料中来看，情况并非如此，以三柱结算法编制的簿记报告依然是大量存在的，并且不仅仅是传统地以“收－支＝余”为结算公式的三柱式簿记报告。从三柱式簿记报告中会计要素“入（收）”“出（付）”和“余”间的关系来看，其目的在于计算一个时期内组织经济活动的盈亏情况，那么是否存在另一种结算方式来反映相同的结果呢？从该批晋商三柱式清单中发现，商号往往不是通过常规的计算公式“收－支”来结算盈亏，而是在一个经营周期结束之时，将该时间点上所有财产物资进行盘点计算实际数，并与该经营周期开始之时所存资本进行差额计算得出盈亏，采用的计算公式为“存－该＝盈（亏）”，这种结算方法谓之“捞锅底”账法，该账法的定义多沿袭民国时期会计学者李梦白的描述“至结账时，将各项资产（谓之存项）与负债（谓之除项包括资本在内）总结起来，如资产大于负债，则发生净彩（纯益），如负债大于资产，则发生净亏（纯损）。此种办法大致与西洋单式簿记相似，有的地方或帮口，又谓之‘捞锅底账’盖取肉烂在锅里之意。”“捞锅底”式簿记报告与传统意义上的三柱式簿记报告的主要区别在于使用不同的会计要素结算盈亏，前者由“存－该”来求计盈亏，后者采用的是“收－支”，其目的都是对经营成果的反映，从这点来看，捞锅底式簿记报告也可以称为“三柱式簿记报告”。捞锅底式结算方法相对来说是更容易的，也是节省成本的，但劣势在于盘存的实物与登记在簿的资产是否一致，若不进行核对，便无从得知。

四柱式簿记报告，即使用四柱结算法进行编制，所谓四柱，史称“旧管、新收、开除、实在”四大要素，相当于现代会计中的上期结存、本期收入、本期支出和本期结存，以“旧管＋新收－开除＝实在”为基本计算公式来反映财产增减变化并清算账目，并且利用“旧管＋新收＝开除＋实在”的总额平衡式和“新收－开除＝实在－旧管”的差额平衡式检查财务收支或财务出纳的平衡情况。四柱结算法是由三柱结算法发展而来的，自东汉时期发展至唐代，在三柱结算法的基础上，逐渐将三柱结算法的入（收）项中的“上期结余”同“本期收入”两部分区别开来，独立核算，进而演变为四柱结算法。宋代以后，四柱结算法便广泛运用于官厅和民间会计事项的处理和核算，到了元明清时期，四柱式簿记报告便统一格式，“四柱”术语也基本规范划一，固定为“旧管”“新收”“开除”和“实（见）在”。从四柱结算法的两个基本公式来看，它既能动态地反映经济活动，正确计算一定时期经营活动的最终结果，也可先进行“实在（见在）”之数的盘点，通过倒挤的方式核算“开除”之数，便于加强日常开支的管理，同时，基于四柱总额平衡式和差额平衡式的运用，商号可考核账实是否相符，便于查明会计核算过程中的差错。传统的四柱式簿记报告，通过基本计算公式得到的“实在”是指本期结存，而不是本期盈利（亏），也就是说，四柱式簿记报告最终落脚点在于期末结存数，这种结算方法和簿记报告最初广泛应用于官厅会计，是出于“量入为出”的财政原则。而后推广至民间会计时，由于商人以追求经济利益为目标，因此，在传统四柱式结算法的基础上，增加了本期盈亏一项，往往通过“新收－开除”或“实在－旧管”计算得出，这两种计算方式在晋商四柱式簿记报告之中都得以体现。在古代会计学的发展上，中国、古埃及、古巴比伦、古罗马、古希腊曾经是世界上比较领先的国家。中国的会计学在古代一直处于绝对领先的地位，直到近现代，其发展速度与西方相比才产生了一定的差距。

复式簿记体系是在单式簿记发展的同时，伴随着贸易往来的日益复杂，随之出现的，在 1250 年到 1440 年，意大利北部出现了复式簿记。复式簿记的形成条件可分为两个部分：一是表现形式，如文字、算术的发展与进步、货币的普及等；二是制度层面的发展，包括私有产权的概念、信用的形成与发展、资本的积累。这一时期的意大利城邦在资本主义萌芽时期就已经具备了这一条件。我们有理由相信，复式簿记制度由来已久，而且在很久以前就被使用过，如今，更是被广泛地应用于实际生活中。从明末开始，我国就出现了复式簿记，从三角账、龙门账到四角账，一直到 20 世纪 30 年代，都在使用。

三角账又称为跛行账，是我国复式簿记思想的萌芽，作为不完全复式簿记的最初形式，三角账应用的重点主要在流水账上，即只注重债权债务的复式簿记，而对商品的购进和销售业务及费用项目的核算却采用单式簿记核算，从而造成在总清簿的核算中不能进行平衡计算，只能用期末盘存的办法来计算当期盈亏。

具有中国文化特色的“龙门账”，作为我国固有复式簿记的代表而广为人知，基于该核算方法编制的簿记报告称为“龙门账”簿记报告。该核算法下将所有的账目分为“进、缴、存、该”四大项，“进”指全部收入，“缴”指全部支出，“存”指包含债权的全部资产，“该”指负债并包括股东投资。在账目处理时，均遵循“有来必有去，来去必相等”的记账原则；结账时，进大于缴为盈，存大于该为盈，反之为亏，两者平行计算，而且差额必相等，即满足等式“进 − 缴 = 存 − 该”；若不等，就表明记账有误。这种双轨计算盈亏，并检查账目平衡关系的会计方法，被形象地称为“合龙门”，“龙门账”也因此而得名。对于龙门账最早产生在何时，目前会计学者较为一致地认为其创始于明末清初的商业界，而关于龙门账的早期做法，尚无实存史料记载，目前能够研究的龙门账，大多记载在清末民初的史料中，而这仅能反映当时工商界的实际做法，无法推测早期龙门账的做法，当前会计学界利用现存的史料对龙门账簿记报告的实际做法进行归纳研究。龙门账簿记报告由“进缴结册、存该结册”两部分组成，其中进、缴类同为四柱式簿记报告里的收、支项，因此，进缴结册即相当于以“收 − 支”为结算公式的三柱式簿记报告，而存该结册则相当于以存项、该项为会计要素的“捞锅底”式簿记报告，这说明龙门账簿记报告是以两种三柱式簿记报告的结算公式为基础的。如前面所述，晋商所采用的四柱结算法的基本结算公式上产生了“新收 − 开除”和“实在 − 旧管”两种求计利润的方法，不再仅仅是核算期末账户结存的方法。尽管如此，四柱结算法最终的落脚点仍是“实在”之数，往往使用上述公式的其中一种计算盈亏，并未利用两个公式之间的关系去稽核账务处理是否正确，当企业规模逐渐扩大、业务日益繁杂时，简单的账务处理方式所引起的账目混乱、盈利核算有误等弊端就会凸显。或许也正因如此，为了钩稽全部账目，同时全面掌握商号资产与资本、负债情况，也可准确计算商号经营结果，在单式簿记报告的基础之上便衍生出通过“进－缴”和“存－该”双轨制计算盈亏的龙门账簿记报告，弥补了三柱式簿记报告和四柱式簿记报告各自存在的缺陷。

四角账是在龙门账的基础上发展而来的，之所以被称为“四角账”，是相对于三角账而言的，它突破了三角账在现金收付业务的处理上省略现金科目的做法，即与三角账相比，增添了“一角”——现金科目的反映。四角账对所有经济业务均按“有来必有去，来去必相等”的原则来记载，这与现代的复式簿记原理“有借必有贷，借贷必相等”已完全一样。记账凭证也比三角账和龙门账有所改进，对于任何一项经济业务，均在上下两方进行登记，待到结账时，上下各自的合计数必须相等，这样整个账务处理才算正确。这种思想与现代会计思想的原理已基本相同，既有利于比较企业的资产负债状况，又有利于核算企业的盈亏，从而能够比较真实地反映企业经济活动所涉及的产权变动状况。

总而言之，古代的确存在着会计活动，但是会计理论十分薄弱，甚至可以说，古代根本就没有会计理论，如果有，那也仅仅是停留在人们的脑海里，并没有以书籍的方式将其表现在文字上，现在已经无从考证。因此，人们普遍认为，《算术、几何及比例概要》（又称《数学大全》）是最早的一部关于会计理论的著作。

二、近代会计理论

（一）近代会计理论的起源

对于现代会计学的起源，会计界的共识是 13 世纪在意大利佛罗伦萨、热那亚、威尼斯等地区使用的“借”和“贷”两种记号的复式簿记方法。但意大利数学家卢卡·巴其阿勒（Luca Pacioli）于 1494 年在他的《算术·几何·比及比例概要》中，对会计理论进行了系统的描述，并将其命名为“借贷记账法”，从而开创了现代会计理论。会计史学者认为，此书的出版标志着整个会计史界真正脱离了会计实践的束缚，转向了会计史的理论研究。但是，从意大利复式簿记理论的特点来看，其理论基础基本上局限在“记账”上，也就是核算；会计工作主要由所有者承担，没有编制报表；没有一个统一、稳定的会计计量单位；“持续经营”与“会计期间”的概念还没有确立，对“计提”与“递延”等会计处理方式也没有进行过深入的研究，因此，会计理论还处于相当初级的阶段。

随着欧洲国家间货物交流的增多、商业活动的扩展，原来的单一经营模式已不能满足生产经营的要求，由“代理经营”“合伙经营”等形式逐步取代，这种新型经营模式推动了公司所有权与经营权的分离，形成了一种委托—代理关系，使公司成为一个独立经营、自负盈亏的企业。其后果主要表现在以下四方面：一是个人会计的重要性日益凸显，其服务对象逐渐转向了企业；二是加强了对“持续经营”与“会计期间”的认识，使会计确认与计量准则趋于规范化；三是从根本上改变了收益的核算和分配方式，使公司的营运收益不能完全归属于所有者；四是资产保护的概念已初见端倪。

（二）近代会计理论的发展

15 世纪以来，现代会计理论得到了不断的发展与完善。就年代而言，这一时期为自 1494 年《算术·几何·比及比例概要》的问世至 1930 年；就会计技术手段而言，重点在于复式簿记的发展与应用。1494—1775 年是西方会计学的停滞期。在 1775—1933 年，西方工业资本主义的崛起使会计实践与会计理论得到了长足的发展。资本主义经济的发展给会计理论带来了深刻的影响，具体体现在以下几点。

1. 工业革命对会计理论的影响

18 世纪的英国以及 19 世纪的美国、德国都取得了史无前例的科技进步。在工业界，大机器的运用不但大大提高了生产力，提高了产品的质量，还使商品经济和国际贸易蓬勃发展，促使社会和经济体制发生巨大变革，使公司的经营方式发生了根本性的转变，使会计在企业管理中的地位越来越重要，同时也推动会计理论与方法实现巨大进步，一系列新的会计观念与方法应运而生，从而实现了从复式簿记到会计的逐步转型。

（1）折旧会计

在 19 世纪之前，折旧并不是一种很重要的概念，但是随着工厂制度的确立，企业逐步采取了可持续经营的原则，同时，诸如机械设备之类的固定资产也在不断增加，这些固定资产在生产过程中变成了一笔很大的费用。因此，为了将这些费用加以合理的转换，就有了折旧观念，它加强了对固定资产的认识，使其损耗值（折旧）在产品生产成本中占据了很大的比重。在会计实务中，采用期限法和工作量法等方法的折旧会计已得到初步应用。

（2）成本会计

19 世纪，随着工业革命的兴起，以及成本核算和复式簿记的有机融合，产生了新的生机。1880 至 1920 年被会计史认为是“成本核算热潮”的一段时间，在这段时间里，成本核算的三个主要问题得到了解决：一是制造费用的合理配置，使不同时期的收入和支出的匹配程度大大提高；二是实现了成本核算和会计核算的统一，使成本核算不再依赖于统计数据，各个阶段的盈亏变得更为精确；三是实施标准成本，使得会计信息不再局限于股东、债权人，而是向企业经营者提供了更多的信息，还可以帮助其分析闲置生产能力，提高设备的利用率，从而降低和避免在生产运营中出现的浪费现象。

2. 企业组织形式的革新对会计理论的影响

1600 年，英国出现了第一个股份有限公司。公司制企业组织结构的产生，加强了委托代理关系，使受托人应该承担的经济责任更加清晰、明了，对会计工作的空间范围进行了重新定位。公司组织形态的创新，给会计理论带来了以下几个方面的影响：一是公司的持续经营理念与资本保护理念日益凸显；二是要严格区分资本费用与收入费用；三是跨期成本要合理分配；四是促进了财务报告质量的提高，逐渐形成了一个系统。

3. 政府课征所得税对会计理论的影响

政府征收所得税，在收入税率固定的条件下，纳税额的公平性和合理性，在很大程度上取决于企业的应税所得计算的准确性和可靠性。这就需要各企业采用统一的核算方法，如固定资产折旧法、管理费用分摊法等。

4. 会计职业对会计理论的影响

1853 年，世界上首个注册会计师职业协会在英国成立。会计职业的出现，促使会计实务开始走向规范化，从而引起了人们对会计原则的不懈探索，同时也带来了会计理论的空前发展。会计职业出现之后，严格意义上的会计学才真正产生。

三、现代会计理论

（一）现代会计理论的起源

现代会计理论产生于 20 世纪 30 年代，主要在美国等先进市场经济国家中得到了较大发展。在人类社会进入 20 世纪之后，资本主义工业革命促使生产力水平产生了显著的提高。随着企业资本的大规模积聚，资本市场越来越繁荣，国际贸易也得到了快速发展，因此，在会计实践中也产生了许多新情况和新问题需要我们去解决。在此背景下，会计界对会计理论进行了探讨，以期使其与社会经济发展及公司经营的要求相适应。

1929 至 1933 年的金融危机，造成大量公司破产，对美国经济造成了极大的冲击。造成这次金融危机的一个主要原因就是公司财务报告的失真。所以，当务之急是要建立一个大家都认可的、上市公司必须遵守的会计标准，以确保公司会计报表所反映的财务状况和经营成果的客观真实性和可比性。这一看法不但被会计学理论所接受，还被美国证交会所接受。美国于 1933 年颁布的《证券条例》及 1934 年颁布的《证券条例》均规定，股份有限公司在发行股票之前，须向证券交易所公开其财务报告，并依公认会计原则编制其财务报告，这就使公认会计原则的制定变得不可避免，美国一般公认会计原则（GAAP）也随之诞生。

美国一般公认会计原则在采用“概率标准”时选取了“实际立场”，即当资产的账面价值被认为可能无法完全收回时，应确认减值损失。这种“实际立场”具体体现在有形资产减值测试的两步法中。该方法首先将资产的账面价值与未贴现的未来现金流量进行比较，然后根据需要将资产的账面价值和公允价值进行比较。

美国一般公认会计原则和国际财务报告准则都对长期有形资产的减值进行了测试。然而，两者主要在两个方面存在差异：一是时间的确认；二是损失的计量。一般而言，由于采用了两步减值测试和公允价值，因此，比起国际财务报告准则的减值结果，美国一般公认会计原则要求的减值偏高，并且相对滞后。考虑到这些差异，我们将探析这两种会计准则下的减值能否预示未来营运现金流量的变化，以及这两种会计准则下所产生预示作用的近似程度。美国一般公认会计原则和国际财务报告准则均认为，一旦事件或环境发生的变化已经表明账面金额可能无法收回时，现实的长期有形资产就会发生减值。然而，不同的会计准则制定机构，采用了不同的标准来确定账面金额是否可收回。国际财务报告准则采用“经济标准”，即将资产的账面价值（CV）与其可收回金额进行比较，可收回金额是公允价值（FV）减去出售成本和使用价值（VIU）中的较高者。

（二）现代会计理论的发展

关于现代会计理论的发展历程，不同的学者有不同的观点，具体包括以下两种观点。

一是认为近代的会计理论，主要分为三个时期，即自由放任时期（1900—1933 年），会计专业团体建立统一会计制度时期（1933—1973 年），以及更大政治代表性会计团体健全会计制度时期（1973—至今）。

二是将现代会计理论的发展过程划分为三个阶段，即现代会计理论的萌芽阶段、现代会计理论体系的形成阶段、现代会计理论的多元化发展阶段。

在我们看来，这两种分类都是在时间上对现代会计理论的发展过程进行了定义，前者侧重于根据会计准则的制定机构和方法来进行分类，而后者侧重于根据整个会计理论及其体系的演化来进行分类。很明显，根据会计准则的制定机构和方法来进行分类并不能将现代会计理论的所有内容都归纳起来。所以，在现代会计理论的发展过程中，可以把上述两种观点进行综合，可以分为三个阶段，即公认会计准则的建立与发展、现代会计理论体系的形成以及现代会计理论的多元化发展。

1. 公认会计准则的建立与发展

国际上普遍认可的会计准则（General Association，简称 Genetics）的提出，是会计理论与实践发展的重要标志。公认会计准则是从企业实际出发，并与企业实际紧密结合而形成的。国际公认会计准则作为一种公共、权威的准则，其宗旨在于保证财务报告的“真实性、公正性”，增强会计信息的可比性、有效性。在美国，GAAP 的研究与发展大致可分为三个时期。

（1）会计程序委员会时期（1938—1958 年）

在美国证监会（SEC）《会计系列公告第 4 号》的刺激下，为把自己打造成为“具有实质性的权威支持”的会计规则的制定机构，美国会计师协会理事会决定：会计程序委员会可以直接发布公告，而无须经过该协会审批；会计程序委员会主席由该协会会长兼任，成员从 7 人增加到 21 人；会计程序委员会发布的文件需经过 2/3 多数通过。美国会计师协会一连串的举动得到了美国证监会的认可，两者通过会议讨论等形式共同制定了会计准则。美国的公共会计师行业在 1933 年取得公众公司审计权之后，又获得了信息披露规则的制定权，从此开启了独霸证券市场审计权的新纪元。

会计学委员会出版的《会计研究公报》有 51 期，由于其没有对会计学原理进行系统的研究，也没有连贯一致的理论基础，受到了人们的广泛批评，会计学委员会于 1959 年被迫停刊。

（2）会计原则委员会时期（1959—1972 年）

美国注册会计师协会除了建立会计原则委员会，还建立了会计研究部门，以代替 CAP，工作重点是研究重要的会计理论问题。在此期间，美国社会发展局发出了 31 篇建议书，同时也发出了几篇报告。然而，“这些建议书和报告书”遭到了一些人的指责，他们认为这些建议书和报告忽视了对会计基础理论问题的探讨，没有形成一个完整的理论体系，并且在实践中存在着矛盾。

（3）财务会计准则委员会时期（1973—至今）

在 1973 年，美国正式建立了财务会计准则委员会（FASB）。FASB 在编制《会计准则宣言》的过程中，花费了大量的时间和精力来研究财务会计的概念框架，从而为会计准则的制定和完善奠定了一定的理论基础。

应当说，财务会计准则委员会的工作取得了丰硕的成果。在1973—1993年，美国财务会计准则委员会公布了117个财务报告准则公告以及数十个具备解释性和技术性的报告；此外，已有6个官方财务会计概念公告及部分声明草稿出版，美国证监会在会计理论与实践中发挥着重要作用。

2. 现代会计理论体系的形成

对现代会计理论体系是从何而来，众说纷纭，莫衷一是。一些学者认为，应该将20世纪70年代后期的实证会计理论的兴起作为标志，也有一些学者认为，应该将20世纪90年代后期知识经济时代的开始作为标志。在美国会计协会（AAA）提出的“会计是一种信息系统”的观念的影响下，美国会计界从20世纪70年代就对财务会计报表进行了研究，并以此为起点，重建了一个完整的“会计目标—会计信息质量特点—财务报表要素—会计确认和计量—财务报告”的理论体系。

3. 现代会计理论的多元化发展

随着现代企业制度的建立、计算机的普及和全球经济一体化、知识经济时代的到来，现代会计理论进入了迅速发展时期，现代会计理论呈现多元化态势，具体包括管理会计、环境会计、政府会计、人力资源会计等。

四、新中国会计理论

（一）学习探索阶段

中华人民共和国建立之初，百废待兴。在当时的条件下，党中央提出了“向苏联学习”的口号。一批财会学者开始翻译苏联财会教材，宣传和学习苏联的一套完整的财会理论和方法论。

我国会计界在充分借鉴苏联会计模式的基础上，积极探索、构建自己的会计理论与方法。由于当时的政治、经济条件的制约，在这一阶段，会计理论研究中存在着以下五个问题：会计的科学性问题（会计的阶级性问题）、会计记账方法问题、会计对象问题、会计功能问题、社会主义会计理论的建设问题等。在此基础上，借鉴、移植苏联模式，初步形成了我国的社会主义会计理论体系。

（二）停滞发展阶段

1966—1976 年，我国国民经济出现了较大起伏，会计理论也受到了一定的冲击。在这段时间里，几乎没有关于会计理论的著作或论文问世，原来的会计类期刊全部停刊，会计理论研究陷入了停滞发展阶段。

从 1976 年起，并形成了“随着我国经济的不断发展，会计工作日益重要”的共识。党的十一届三中全会后，我们才重新开始了对会计理论的研究。

（三）全面恢复阶段

《实践是检验真理的唯一标准》是一篇著名的专栏文章。在中国共产党第十一届三中全会上，随着“实践是检验真理的唯一标准”理念的提出以及改革开放方针的确立，一大批财会人员为之振奋，纷纷投身于财务会计理论的探索之中。我国的会计学研究进入了一个全面复苏的时期。

从 1979 年起，《财务与会计》《财会通讯》等各种会计杂志相继创办，20 世纪 80 年代之后，各种会计杂志层出不穷，其数量之多在全世界范围内都是首屈一指的。中国会计学协会于 1979 年成立，《会计研究》于 1980 年创办，这标志着我们走上了打破思维桎梏的道路。1983 年，中国会计学协会提出“建立以经济利益为核心的、有中国特色的、以创造经济利益为核心的、有中国特色的会计理论与方法”，从而使我国的会计理论研究步入了目标定位与战略谋划的新时期。

中国会计学协会于 1987 年发表了《中国会计学会科研规划》，这标志着我国的会计学研究进入了成熟时期，它的起点和归宿是社会主义市场经济。该阶段的会计理论研究具有如下特征。

①从单纯依靠苏联模式进行的“闭门造车”转变为更多地引入“世界通用”的现代化会计模式。

②关于会计概念的争议，尤其是关于“信息系统说”和“管理活动说”的争议，构成了会计概念的两个不同的理论体系。

③在会计理论方面，逐渐拓展了管理会计、国际会计、人力资源会计、行为会计等方面的研究。

④全面发展的会计学教育给我们的会计理论带来了活力。

（四）蓬勃发展阶段

1989 年 1 月，由中国会计学学会在上海举行的首届“会计标准与会计理论研究会”会议上宣布，会计标准将成为今后一段时间内会计学研究的主要内容，从而使我国会计学研究步入了一个以“标准”为主线的兴盛时期。1993 年，我国开始执行《企业会计准则》，并于 1997 年颁布了第一个专门的会计准则；2000 年，我国开始实行新的会计准则；2001 年《企业会计制度》《内部会计控制规范》的颁布，标志着以会计准则为中心的会计理论已初见端倪。2001 年，在全球经济一体化的大潮中，国际会计准则委员会（IASC）被重新命名为国际会计准则理事会（IASB），并在此基础上，提出了一个新的目标，那就是国际会计标准与国家会计标准的趋同化。在这样的情况下，中国的会计标准应该怎样制定，这又是一个新的课题。中国第二届会计标准委员会于 2003 年正式组建，其成员有 19 名，代表性较为广泛，下设“企业会计准则专业委员会”“政府与非营利组织会计准则专业委员会”和“基础会计理论专业委员会”，提出了构建以会计准则为核心，与我国社会主义市场经济要求相适应，与国际财务报告准则充分协调和趋同，将各类企业的各种经济业务都囊括在内，并可独立实施的会计准则体系的基本思路。我国财政部于 2006 年 2 月 15 日公布了《企业会计准则——基本准则》《企业会计准则第 1 号——存货》等 38 条专门准则，并于 2006 年 10 月公布了《企业会计准则实施导则》，该导则于 2007 年 1 月 1 日开始在我国上市公司实施，并将此导则推广至全国各地，以鼓励其他企业执行。这是中国会计标准建设与发展的新阶段。在此阶段，除对会计准则的研究，我国会计学界还对上市公司的会计信息披露进行了大量的实证研究，并获得了一定的研究成果。同时，随着改革开放的不断深入，会计实践也面临着新的机遇与挑战。例如，随着企业所有制结构的多元化、资产重组、股份合作制的兴起、股权分置改革、金融信息产业的兴起，这些都对会计理论提出了一系列的现实问题。这些问题有很多都是国内会计界关注的热点。

其实，会计是一门实践性很强的学科，而经过漫长的演变和发展所形成的会计理论是会计人员从事会计实务工作的依据。现如今，随着时代的发展，人工智能的产生对经济、社会环境有着深远影响，自然也对在经济社会发展中孕育的会计理论有着巨大冲击。因此，在会计理论未来的发展过程中，人工智能必然会有相应的影响。例如，对会计假设的影响。会计假设是在对会计事务发展规律深刻认识的基础上人为提出的，因与财务目标的一致性而被普遍接受。会计假设系统包括会计主体假设、持续经营假设、会计分期假设和金融测量假设四大假设。在人工智能环境下会计人员可以重新思考会计主体假设和会计分期假设的意义。会计主体假设认为会计核算的对象是一个会计主体，不包括企业投资者、员工和关联方等其他对象的经济信息。但是，由于人工智能的存在，会计核算不再局限于现有的会计对象，可以进行多个主体的核算，而且可以随时改变核算的规模和用户的需求。现有的会计分期假设是以年度为标准将企业经营活动人为划分成相等的会计期间进行财务报告，然而，随着数字化时代的来临，人工智能技术的应用使得数据可以被快速获取，企业无须再进行会计分期就能在很短的时间内更新财务信息，这将大大提升公司的运营和管理效能。而货币计量则需要以统一的货币度量为基础，这就使得实物计量单位只能以附注的形式呈现。人工智能的创新发展或许可以实现实物计量，在财务报告中增加非货币性信息，使得企业财务信息使用者更深入地了解企业情况。根据《中华人民共和国公司法》和《中华人民共和国证券法》等相关法律法规的要求，企业必须合法、合规地向公众披露自己的经营状况、财务信息以及企业重大事项，尤其是对上市公司披露程度的要求更加严格。而人工智能是一种由计算机运算仿真来扩展人的智力并生成新计算机程式的一种聪明的机器。在互联网和大数据的支撑下，人工智能利用其精确计算、快速自动分析和强大的储存功能，可以为企业财务人员处理大量会计核算工作的同时整合企业内部财务信息，极大地提高了会计信息披露的准确性、全面性和效率。不仅如此，人工智能还可以迅速地对企业最新情况做出反应，使企业能及时向公众披露会计信息。在“2019年第三届中国上市公司董秘峰会”上，“每日经济新闻”推出了研发的“每经云商业数据系统”以帮助企业进行内部风险控制和信息披露管理，系统会进行自然语言分析和人工智能的筛选，为企业找到信息披露的盲点，这是人工智能在信息披露方面的巨大创新，可为企业管理人员及时作出决策提供助力。当然，还有对会计核算的影响。会计核算是会计的基本职能之一，但在人工智能环境下的会计核算摆脱了大量的人力劳动，会计人员只需要输入信息处理业务，系统就会自动生成月度报表、季度报表和年度报表。随着大数据技术的发展，许多数据对企业未来发展和管理者的决策都至关重要，但传统的财务报表中没有包含上述资料。在工业经济时期，企业财务管理的内容包括实物资产、固定资产、长期股权投资、土地所有权、产权资产等；而在数据经济时代，随着数据资产逐渐和劳动力、土地一样成为一种生产要素，会计核算的范围也应当进一步扩大。

除此之外，像商誉、社会责任、环境保护责任等也是以往企业财务人员难以核算的，故未在资产负债表中列示。但是人工智能利用算法计量，对量化商誉、数据资产等很有帮助，未来可能将其列入资产负债表中，使资产负债表更加切实地反映企业情况。此外，人工智能也改变了传统的会计核算流程。在传统的会计核算流程中，原始凭证的搜集、凭证的填写、登记等都是固有的，而人工智能代替了财务核算流程中的人工作业，并对各个自动的金融过程进行了管理与监督，不仅降低了企业人工成本，还简化了财务流程、提高了效率。

第三节　会计理论的目的与作用

一、会计理论的目的

美国会计学协会于1966年发布的《基本会计理论说明书》，指出会计理论的研究目的主要包括以下几点：界定会计的范畴，使之更容易产生新的概念，使其更有可能发展会计理论；制定对会计信息进行判断和评估的会计标准；为改进会计实务发表相关意见；在拓展会计学领域的过程中，为寻求拓展会计学应用领域的会计学研究者，提供一种有益的架构。

《编报财务报表的框架》受到国际会计准则理事会的采纳，其目的是：协助IASB拟订新的国际会计准则并对现行国际会计准则进行讨论；建立一个依据，以便减少可被采用的会计处理方法数目，从而帮助IASB推动在编制财务报表方面的条例、会计准则和流程的统一；协助国家会计准则制定机关制定其自己的准则；协助财务报表编制者运用国际会计准则，并处理尚未列入国际会计准则的事项；协助审计员就财务报表与国际会计准则的一致性提出建议；协助用户了解符合国际会计准则的财务报表所含资料；为关注IASB工作的人员提供国际会计准则制订办法方面的资料。因为IASB公布的《编报财务报表的框架》实质上是一个压制国际会计准则的概念性框架，所以IASB公布的《编报财务报表的框架》部分地体现了IASB建立会计理论的宗旨及所期望的功能。总的来讲，会计理论研究的目的有以下五个。

（一）指导会计准则的制定

美国财务会计准则委员会（FASB）在财务会计概念结构框架研究计划中明确指出，这些概念“将能够引导首尾一贯的会计准则，并将解释财务会计和财务报表的性质、作用和局限性……并用会计准则对其进行反复引证。”

可以看出，建立会计理论，尤其是建立财务会计概念结构框架，这有助于会计准则制定机构在制定具体准则的时候，能够维持有关概念的内在一致性，从而降低或者避免不同准则间的冲突，对会计实践中同一交易的多种处理方法和流程进行约束，增强了会计信息的可比性和一致性。

（二）评估会计准则的效用

对会计准则是否具有高质量、是否有效进行了衡量，虽然可以用实践的标准去检验。但是，根据制度经济学的基本原理，由于会计理论是制定会计准则的理论基础，因此，评价会计准则是否有效的标准也应该以会计理论为依据，从而促使会计准则制定者在制定会计准则的过程中，自觉遵守会计原理，实现了决策依据与评价依据的统一。

（三）预测和帮助开拓新的准则

会计准则是对会计实践的一种科学的反映和系统的总结，在很多新的和未知的会计实践领域中，都需要准则制定者在最短的时间内制定出与之相适应的准则。而会计理论能够帮助会计准则的制定者，缩短他们探索新的和未知领域的时间，减少他们在这方面所走的弯路，从而使会计准则尽可能地接近于会计实践，甚至超越会计实践。

美国财务会计准则委员会前主席唐纳德·柯克（Donald Kirk）认为只有有了概念结构，才能确定会计标准的发展方向。不然，这些目标的制定就会很慢。如果缺少了概念结构，那么必然会引起外界集团的批评。例如，指责会计准则的发展是毫无目的与宗旨的，或者说只有以概念结构为指导，未来的会计准则才能以更为合理和一致的方式制定。

（四）抵抗各种利益团体的施压

会计标准的制定将会对企业、个人、组织等各方面产生重大的影响。所以，在制定会计准则的过程中，不仅是不同利益集团博弈的过程，它自身也是一个政治化的过程。作为经济后果理论的代表，美国著名学者斯蒂芬·泽夫（Stephen Jennifer）在《“经济后果”学说的兴起》一文中，提出了“经济后果”理论，即会计信息对企业、政府、工会、投资者、债权人等各方的决策行为产生影响，受到影响的决策进而对其他各方产生不利影响。

会计法规制定者应该具有更广阔的眼界，而不能只当一名会计专家。会计人员不仅要熟悉会计，而且要了解其在经济环境中所起的作用，以及其所做出的决定会产生的影响。1973 年 11 月，在纽约一场名为“财务会计、准则机构和经济发展”的演讲中，演讲者明确指出：联邦政府正日益认识到企业报表的行动效应以及它们的宏观经济后果。企业报表准则应该能够指导个体经济活动，使之符合一个国家的宏观经济目标，美国财务会计准则委员会的目的应该比单纯地停留在会计理论和我们常用的对经济有益的数据的概念上。

企业报表准则应该能够为经济决策提供有用的资讯，而这些资讯必须与政府的宏观经济政策及经济计划相一致，以便达成这一目的。因为美国财务会计准则委员会拥有对经济活动施加影响的权利，所以它必须对政府的经济项目给予支持。在这一背景下，各种利益团体为了牟取自己的利益，都试图对会计准则的制定施加一定的压力。而构建一套被各利益集团广泛认可并接受的财务会计概念结构框架（这是会计理论的核心），用来指导会计准则的制定，可以在某种程度上缓解或抵消各利益集团的政治压力。

（五）直接指导会计实务

一般情况下，会计准则是指导会计实务的直接依据。但是，因为会计准则的制定始终滞后于会计实践，在会计实践的发展使得原有的会计准则与之不相适应或者处于会计准则真空的时候，作为会计准则制定基础的会计理论将发挥出对会计实务的直接指导作用。

二、会计理论的作用

因为理论是对事实的一种抽象化和简单化的表达，而现实又是如此的错综复杂，变化又是如此的迅速，所以事实上并没有完美的会计理论。人们对会计理论加以选择的一个重要的准则是，它能够说明并预测到会计实践的程度以及它对用户的改善程度。关于会计理论的作用和功能，存在着两种截然不同的看法，其中，规范会计学学者认为，会计学的主要功能是解释、预测和指导实践；而实证研究者则认为，理论只能起到解释和预测的作用。

实证研究对会计理论的认识在《会计理论的供求：一个借口市场》这本书中总结了三点：第一，教学上的需求。一般情况下，不同的会计政策会造成不同的经济结果，要想减少公司的代理成本，就必须对会计政策和会计流程进行设计。然而，流程的多样性会导致在技术上、形式上的差异，从而加大了教学的难度。所以，理论家经常会通过对现有的会计制度进行评估和检查，归纳出各种流程之间的相似之处和不同之处，从而来完善会计理论。第二，信息的需求。会计理论所扮演的角色，不仅是对会计实践的说明与解释，而且是对各种利益相关者所产生的影响的预测。例如，在审计合同中，注册会计师常常运用会计理论来衡量不同的会计流程所带来的代理成本、审计风险和诉讼的可能性。第三，辩护的需求。根据代理理论，委托方和代理方的目标函数通常是不一致的，前者的主要目的是追求利润，而后者不仅希望公司的货币收益最大化，还希望拥有更多的悠闲舒适的环境、带薪休假，甚至建立个人的管理帝国。因此，代理人为了自己的私利而牺牲委托人的利益是不能排除的。会计理论的出现，能够让审计人员对企业管理当局操纵盈余的经济后果有一个全面的认识，从而提高审计人员的业务水平，还能够让审计人员有足够的理由来抗拒管理当局对盈余操纵的操纵。

西方财会学界一般认为，会计理论的功能和作用有两个：一是对现有会计业务进行解释；二是对今后的会计实践进行预测和指导。换言之，构建会计理论的目的是证明和批评现有的惯例，而形成会计理论的最大动力在于，必须为会计所为或预期要做的事情提供证据。但是，会计理论必须经过实践的检验，所以，美国会计学家贝艾哈迈德·里亚希·贝克奥伊（Ahmed Riahi-Belkaoui）认为某种给定的会计理论应能解释和预测会计现象，但当这些会计现象出现时，它们又反过来验证理论。美国会计学家亨利·沃尔克（Henri Valcke）认为，理论的功能主要是对各种事情或者现象的相互联系进行说明和预测。他主张，会计理论对会计实务的影响主要是通过其对会计政策选择（也就是准则制定）的影响来实现的。我国会计学家魏明海对会计理论的三大职能进行了归纳。

首先，信息传输与经验汇总的作用。会计理论包括了有关现实存在的会计实务的信息知识，以及对这项实务活动的说明，它可以起到信息搜集、传播以及进行经验归纳总结的作用。其次，阐释和评估的作用。为什么现有的会计惯例会被采纳？为什么会这样？怎么会这样？效果怎么样？这一切的一切，都可以用会计理论加以解答。“阐释”的意思是，会计理论对现有的会计实践做出合理的解释。这就充分反映了会计理论对实践的指导作用。人们对会计理论进行研究的一个重要方面，就是要对现有的会计实践进行一个合理的解释，来解释为什么在一项交易中使用了这样的方法和步骤，而没有使用其他的方法和步骤，这样就可以为现有的会计实践提供理论基础。最后，预见性与实践的作用。会计理论不仅是对会计实践在一定时期内是怎样进行的、会产生怎样的作用的解释，而且还要对会计实践中可能出现的新现象和新问题做出预测，并对会计实践的发展趋势和前景做出预测。“预见”指的是会计理论能够对将来可能出现的新的会计实践做出预测和指引，并为将来的会计行为提供一个理论基础。在许多还没有制定出会计规范的领域，需要运用会计理论来指导制定各种规范，包括会计准则和制度，来解决实践中出现的新问题。当前，我国正处于向市场经济转型的重要阶段，这给会计理论带来了新的发展机会，因此，对会计理论的研究也变得前所未有的活跃，在会计改革中出现的新情况和新问题，都迫切地要求会计理论在适当的时候，对其进行科学的解释和指导。而建立符合中国市场经济特点的会计制度、会计政策和会计准则，更离不开对会计基础理论的研究。除此之外，还应积极吸收发达国家的先进会计理念、会计理论和会计方法，为我国会计改革服务，促进我国的经济发展和经济体制进一步完善。

第四节　会计理论体系及其构建

一、会计理论体系概述

（一）会计理论体系的内涵

会计理论体系是一种多层次的、综合性的、多学科的、以某种逻辑关系为基础的理论结构系统。也就是说，它是一种能够理性地理解和引导会计活动的规范理论体系。作为会计理论的一个重要组成部分，它反映了会计理论研究的科学性，因此，加强对这一问题的研究，既符合会计理论体系自身发展的要求，又能有效指导会计实践。本节通过对国内外不同学者关于会计理论体系的研究，提出了建立我国会计理论体系的设想。我国会计理论体系应由“内涵会计理论”和“外延会计理论”构成。

“内涵会计理论”是指会计学的基本原理；“外延会计理论”是一种会计应用论。会计基础理论是对会计工作进行最普遍、最基本的理论总结，是对会计概念、会计原理、会计方法、会计假定等方面的研究与规范。会计应用理论是在基础理论的指导下，将其应用到财务会计实践中而产生的一系列方法性的理论，其主要内容是对各项会计实务规范的制定和实施。

会计准则是会计实践的准则，是指导与约束会计工作的准则，也是对会计工作进行评价的基础。各国会计学者在讨论会计理论体系时，都会考虑到其由什么理论要素构成，并注意到它们是以怎样的逻辑关系来安排的。构成会计理论体系的诸要素必须按照一定的逻辑关系排列，才能构成一个逻辑严密的理论体系框架。因此，要对会计理论体系进行研究，首先要确定其逻辑起点，然后确定其组成元素。在对逻辑起点和组成要素进行研究和选择的时候，虽然存在着会计环境、会计本质、会计假设、会计目标、会计对象等不同观点的差异，但是希望能够构建出一个首尾一致、逻辑严密的会计理论体系。要从会计理论的出发点、由什么因素构成的角度对会计理论体系进行研究，而且，很多学者在这一点上达成了共识。在此，会计理论的起点指的是组成会计理论的起点，也就是会计理论体系所依赖的最原始的抽象范畴，它不仅是会计理论体系的组成部分，还是一种对会计理论体系的构成起着决定性作用的前提理论。原因是，会计理论的起点是会计学科体系中最基本、最抽象、最本源的一个理论范畴。这个范畴所蕴含的内部矛盾，是整个会计学科理论体系中所有主要矛盾的集中体现，是一个完整的会计理论体系不可或缺的组成部分，也是从简单抽象到复杂具体演绎推导会计理论的起点。

（二）会计理论体系的类型

我们应当以会计理论体系中的起点理论为出发点，研究会计理论体系。纵观中西方会计理论，虽然可以将其划分为不同类型，但是，如果从会计理论的起点来看，主要有四种类型。

1．以会计对象为起点的会计理论体系

以会计对象为起点的会计理论体系是在将会计对象作为建立会计理论体系的首要依据的基础上而形成的，这种模式会计理论体系是按照会计对象、会计本质和功能、会计任务、会计制度、会计程序和方法等研究对象的逻辑结构进行划分的。在这种会计理论体系中，会计被看作一种管理工具，它强调了会计为政府的计划管理服务，它的任务就是为了满足政府的要求，它的制度是由政府的职能部门来制定的。例如，在 1992 年 7 月 1 日之前，我国在推行按行业、分所有制制定的各种会计制度的时候，就强调了会计要为政府的宏观计划管理服务，因此，会计要依附于国家计划。这就导致了会计本质与会计实务缺乏内在逻辑联系。

2．以会计假设为起点的会计理论体系

以会计假设为起点的会计理论体系是将会计假设作为建立会计理论的首要依据，西方传统会计理论模式就属这种结构。这个理论体系不是以会计研究对象为确认体系模式的依据，而是以市场经济环境为前提，其逻辑体系为：会计假设、会计基本原则、会计具体原则、会计实务。这种会计理论体系架构，强调了客观环境对会计的约束，但是在整个会计理论体系中，却缺少了一个清晰的会计目标，这就导致了会计理论难以起到对会计实践指导的作用，因为没有一个清晰的会计目标，这就导致会计理论中缺少了逻辑上的连贯性。

3. 以会计目标为起点的会计理论体系

这种以会计目标为第一基础的会计理论体系，就是以此为基础的会计理论体系。这样的会计理论体系，不是以会计理论研究对象为基础，也不是以市场经济环境为前提，而是以会计信息为依据来确定经济决策目标，并以此为前提。其会计理论体系结构为：会计目标、会计基本准则、会计具体准则、会计实务。这种会计理论体系的最高理论层次是财务报告目标，它是以会计理念为基础，推导并制定出会计准则，并以会计准则为依据，对会计实践进行规范。这样的会计理论体系相对来说更具合理性，各个因素之间的逻辑性也更强。但是，会计目标的设定要早于会计实践，因此所设定的会计目标带有很大的主观性，缺少客观的基础。

4. 以会计环境为起点的会计理论体系

在科学认识论中，逻辑起点是构建一种学科的理论体系的出发点，也是这一学科中最基本、最抽象、最简单的理论范畴，是决定这一学科中其他理论因素的形成与发展，进而决定这一学科的整体结构。

前面的三种说法，在当今中国和西方会计学界都有很大的影响力，而且看起来已经形成了一种权威。但从逻辑起点这一基本含义来看，我们忽略了更重要的一环，也就是“环境决定一切，存在决定一切”。世间之事，皆因时、因地、因势而定，是亘古不变的真理。无论是会计假设、会计本质、会计对象，还是会计目标，它们都是人们在一定的社会政治、经济、文化、教育等环境下对会计现象的一种认知，有了什么样的环境，就必然会产生什么样的会计理论。

举例来说，在 20 世纪 60 年代之前，美国的会计学学者将会计视为一门艺术；到了 20 世纪 80 年代，随着“老三论”“新三论”等理论的运用，人们开始把会计看作一种经济信息体系，从而产生了一种新的认识。而我国的会计学家在 20 世纪 80 年代初期认为，会计是一个管理系统，而在 20 世纪 80 年代后期则认为，会计是一项经济管理活动，目前大多数人也都是这样的看法。因此，要建立我国的会计理论体系，必须从会计环境出发，对其进行充分的认识，才能在对现代会计理论的研究中找到其实质及精华。会计环境是会计外部环境和内部环境共同作用的结果。会计外部环境，指的是与会计有关的社会政治、经济、法律方面的因素。这一部分主要涉及社会经济发展的各个方面，如社会经济发展水平与条件、相关的法律制度、社会文化背景等。

会计的内部环境，指的是会计实践和它的发展，在每一个发展阶段中，会计人员的价值观念、会计思想、会计工作程序和方法、会计工作手段、会计工作内容等会计信息系统的内部因素。可见，内部环境对会计的性质、功能、程序和方法起着决定性作用。会计外环境决定了会计目标，进而确定了会计信息的质量特点，对会计程序和方法产生了影响。而会计假定又受到内部和外部环境的共同影响。因而，会计的本质，会计的对象，会计的假设和会计的目标，在一定的时间和空间条件下都是统一的。

因此，会计环境应该是建立会计理论体系的逻辑起点。会计环境具有很强的综合性，它囊括了所有的会计业务活动，并孕育了所有的会计理论元素“胚胎”。建立在会计环境基础上的会计理论体系，能够将会计发展过程中的所有要素和客观规律都展现出来，因此它是一套完整的会计理论体系。

二、会计理论体系的构建

（一）会计理论体系的构建原则

1. 客观性原则

首先，在会计理论中，应该尽可能地包含更多的经验内容；会计理论的基本内容有两种：一是经验知识，二是理论知识。经验知识既是理论认识的依据与先决条件，又是构成理论认识的根本内容。理论的经验内容及其相关关系都必须在理论结论中表现出来，而整个体系，尤其是那些作为它基础的概念和基本原理，其唯一价值和根据，就在于这种表示的可能性。由此可见，如果会计理论体系中所包含的可以对之进行实证检验的经验命题或观察命题的数目越多，并且这些命题又能被经验所检验，那么这个理论体系中所包含的经验内容就越丰富，越有价值。

其次，会计理论必须有高质量、多数量的证据来支撑，而这一点与其是否能真正体现会计理论的价值有着直接的联系。一个会计理论体系要想得到普遍的认同，就必须有准确可靠的证据，而不能只有正确的理论知识本身。

2. 逻辑性原则

逻辑性原则决定着会计理论的结构及其内部的连贯性。逻辑性原则的内涵包括以下几点。

（1）会计理论体系的构建要遵循一定的思想逻辑

这包含两个层面：第一，会计理论体系的内在逻辑结构应当是一个整体，前后一致，首尾相承。这就要求在概念框架、推理判断等方面，理论体系应严格遵循一定的逻辑规律。会计理论体系的逻辑结构严谨，保证了它的相对稳定与坚韧，能够承受住外界异常事件的冲击。第二，外部兼容性是保证新理论与已被公认并被认可的旧理论在逻辑上相互配合、相互关联的必要条件，无论一种理论含有多么丰富的创意思维成分，它们都要从现有的理论中汲取养分，获得灵感，寻找新的增长点。兼容性既指新旧理论之间的兼容性，也指要确保整个理论体系的逻辑统一性。

（2）要使会计理论体系具有本质上的简洁性

在构造一个理论体系框架的时候，要用一种逻辑上简洁的方式来表达。科学家阿尔伯特·爱因斯坦（Albert Einstein）认为一个理论，其前提越简单，其涵盖的东西越多，其适用的领域越广泛，其影响越深刻。有的学者甚至把这个标准称为“科学理论的美学原则”。

（3）对会计理论体系进行逻辑组织与推理

当一个理论遭遇到反例时，它可以用其自身的构造来解决问题。理论的推理能力，就是从已有的理论中推导出可以被实践验证的经验性结论。这是检验一个理论的必要步骤，但也是最难的一步。

3. 总体性原则

构建会计理论体系时，要有一个总体观念。要想确定现代会计理论体系在总体上应包括哪些要素，应划分哪些层次，就必须先进行战略性研究与规划，制定一个宏观框架。这个战略性研究与规划当然是建立在对现代会计规律正确认识的基础上的。在这个体系中，对会计诸要素按照一定的逻辑关系进行系统归类。

4. 历史性与动态性原则

由于会计处于一个具有多样性和层次性特征的复杂社会经济环境中，这就使会计理论体系不可能是绝对的、不变的，而是历史的、发展的。随着人们对会计实践活动及其所处社会经济环境的认识从微观向宏观发展，从经验向理性和科学抽象发展，会计理论体系的内容发生了显著变化。但是，会计理论体系的内容调整，不是主观随意的，要受到社会历史条件的限制。

（二）会计理论体系的构建设想

随着会计对象内容的丰富和会计实践的发展，会计理论界对我国会计理论体系的构建发表了一些建设性意见，这里不作评述。下面只是讨论如何构建我国会计理论体系。根据马克思主义认识论，对会计进行认识所得到会计理论，并不是互不相干的，而是紧密联系、相互依存的，它们、共同组成了会计理论体系。会计理论各层次、各要素之间互相联系所形成的会计理论体系包括以下几方面。

第一，它以“价值”为逻辑起点，以时间和空间为基础，对一定的时间和空间环境下的会计理论进行了阐释。

第二，会计学的实质不只是一种学问，而是一种认知过程，一种研究方法。对会计研究方法的认识，其重要性非常之大。因为，对会计理论研究方法本身的研究成果，除了可以直接丰富和发展我国会计理论的内容，还可以通过它来解决新旧会计理论问题，与此同时，还可以帮助人们从方法理论的高度，统一研究者对一些重要会计理论问题的认识，从而促进多出成果和快出成果。但是这一领域至今仍未得到应有的重视，同时又有相当多的问题值得大家研究，因此它也是会计理论体系中的一个重要内容，且影响各个方面，可把它单独列为最高的层次。

第三，会计基本前提、会计目标、会计要素、会计信息质量特征以及会计的确认、计量、记录和报告等，是基本理论通向会计应用理论中的会计准则理论的“中介”或是两者之间的“桥梁”，可称为“会计准则基本概念”；同样，会计行为基本概念也是会计行为基本理论通向会计行为应用理论的“桥梁”。也就是说，会计基本理论和会计应用理论之间存在着紧密的联系，两者之间没有不可逾越的鸿沟。至于它们同其他层次理论的关系，将在下面作较为详细的论述。

第四，会计应用理论，除了会计准则制定的有关理论，还包括有关会计行为理论，这里又涉及会计行为这个概念。当前会计行为这个概念常出现在有关的会计文献中，但人们的理解不尽一致。如有的人把会计行为理解为会计信息使用者的行为等。在这里，对各种不同的理解不作详细讨论。现在引入这个概念可以作这样的理解：目前所讲的会计，是以企业、单位为主体的会计。但从事会计工作的人，是生活在经济关系网中的人，其“身份”也十分复杂，因为目前还存在着国家、企业和单位、个人物质利益上的差别。这些差别，往往在会计人员的行为上有所体现，加上会计对象的特点，于是产生了会计程序、方法的多样性，这也就为会计人员实现“倾向性”创造了客观条件，会计信息往往难以做到客观、公正。为保证会计信息的客观、公正，除了必须对会计的程序和方法，通过诸如会计准则进行规范，还必须对会计人员的行为进行规范。也就是会计除了通过会计准则对会计的程序方法进行规范，还有第二次的规范，这就是对会计人员行为的规范。而对会计人员行为的规范必须有理论的指导，把这方面的理论独立出来，叫作会计行为理论，会计人员的行为包括会计人员的职业道德、素质修养、职责与权利，等等。会计行为理论可以再具体分为四个部分：会计行为是怎样形成的、会计行为的主体是谁、会计行为的目标是什么以及会计行为如何优化。

第五，无论是对会计理论进行定义，或是对会计理论内容进行分类，或是对会计理论体系进行构建，我们均把马克思主义认识论作为理论依据，并把这一理论依据坚持到底，这无疑是一种新视角。

第二章　会计基础理论

会计基础理论是关系未来会计发展道路的重要内容，是日后会计教学的基础影响因素。本章分为会计本质理论、会计职能理论、会计对象理论三部分。

第一节　会计本质理论

会计的本质是什么，或者说会计是什么，会计学界一直存有不同看法。国内最典型的三种观点是“信息系统论”“管理活动论”“会计控制论”；国际上也有一些颇具影响的观点，如“艺术论”“工具论”“过程论”“受托责任论”“信息系统论”“会计契约论”等。这些观点都有其立论的基础，都是从某个角度进行的阐述，正如盲人摸象，各有各的理，谁也不能说服谁。

一、会计艺术论

（一）会计的形式美

会计的形式美是基于会计的科学性而言的，是指建立在财务会计与管理会计理论架构内容上的天然美感和逻辑真理性。例如，财务会计理论中的会计恒等式、复式记账法具有天然的科学美，管理会计理论中的平衡计分卡、盈亏平衡点具有逻辑的“真”。形式美体现平衡之美，包括静态平衡美和动态平衡美。静态平衡美，如会计恒等式的“资产”和“权益”、借贷复式记账法的“借方”与“贷方”、资产负债表的左方和右方等。动态平衡美，如经营中的现实平衡——盈亏平衡，也是一家公司能够持续运营的最基本条件。

（二）会计的理念美

会计的理念美是基于会计的艺术性而言的，是指在会计政策选择、会计估计行为和会计职业判断过程中要追求“当”的理念。“当”指恰当、正当。例如，在收入确认的时机和数额、存货计价及其跌价准备比例的确定、应用谨慎原则的谨慎程度等会计政策选择和会计估计行为中做到恰如其分；在具体的会计职业判断过程中遵守会计职业道德。会计的理念美既体现了中和之美，又体现了良好的职业道德。

（三）会计的结果美

会计的结果美兼具会计的科学性和艺术性特点，是指会计工作最终要达到企业价值的“善”。“善”指完美。会计工作的结果既要达到企业价值“呈现”的要求，又要助力企业价值的“创造”。例如，把管理会计活动嵌入企业业务活动的各个领域，财务部通过分析业务数据、发现问题，与业务部门共同寻找原因、共同推进企业发展，进而助力企业的价值创造。会计的结果美体现为会计价值美。

二、会计管理活动论

（一）会计管理活动论综述

会计管理活动论是我国会计理论学家首先提出的会计学基本理论。1980 年，在中国会计学会成立大会上，会计学家杨纪琬教授和阎达五教授合作发表了《开展我国会计理论研究的几点建议——兼论会计学的科学属性》一文，文中首次提出“会计管理”这一概念，将会计视为一种管理活动。随后，两位教授又发文针对会计信息系统论的相关观点，提出了以下看法，即“处理会计数据和加工会计信息本身也是一种管理工作”“无论从历史还是现实看，会计工作都是一种管理工作，会计工作中属于信息处理的内容，也是伴随着对会计信息反映的经济业务进行不同程度的管理活动而进行的”。

1983 年 6 月，江西省会计学会时任会长成圣树等专家发表论文指出：会计是经营管理的核心，是反映和控制经济活动并使之达到一定目的的一种能动行为，是有组织、具有管理职能的一种管理活动。1984 年，杨纪琬教授和阎达五教授再度联合发表文章《“会计管理”是一种价值运动的管理》，为“会计工作是一种重要的价值管理工作”提供依据；其后，阎达五教授先后于 1985 年和 1987 年分别出版了《会计理论专题》和《责任会计的理论和实践》两本著作，这两本著作的发表也代表着会计管理活动论初步成型。其中，《会计理论专题》更是论述“管理活动论”的专著。1988 年，阎达五教授发表《会计管理理论的框架结构》一文，文中提出了“会计管理循环”，将一个完整的管理周期划分成分析七个环节或三个阶段。1993 年，我国著名财务会计专家王世定发表《“管理活动论”的哲学基础》

一文，文中指出，会计是一种通信系统，会计是由人直接参加的、按预定目标管理控制生产活动的一种实践活动。随着战略管理的兴起，会计管理也随之发展。

随着会计与控制理论的发展，也有学者将会计管理职能扩展到会计治理职能。会计管理活动论强调会计是一种大会计；从本质上来看，会计是人类有意识的价值管理活动，是有人参与的一种管理实践活动。其主张把会计看成人们管理生产过程的一种社会活动，会计管理就是人们对生产“过程的控制和观念的总结”，管理的内容是对“劳动时间的调节和社会劳动在各类不同生产之间的分配”。会计属于经济管理范畴，与生产力、生产关系乃至上层建筑都有关系，会计随着管理模式的变革不断进行相应的发展和调整。会计管理活动论还认为，在微观经济中，会计是企业管理的重要组成部分；在宏观经济中，会计是国民经济管理的重要组成部分，是国民经济管理的基础。

（二）会计管理循环

会计循环一般是指将会计核算分为会计确认、会计计量、会计记录和会计报告四个步骤。会计确认是指依据会计准则等标准，对政府发生的经济事项是否应该被会计记录进行确认，明确某一经济业务涉及哪些会计要素，是将经济业务数据转换成会计数据的过程。在确认进入会计核算的政府经济事项时需要通过会计计量确定金额并登记入账，会计计量属性包括历史成本、现值、公允价值、名义金额等。会计记录是指对经过会计确认、会计计量的政府活动，采用复式簿记方法记录下来。会计报告就是会计主体把按照会计核算方法确认、计量、记录的会计要素信息以报表的形式进行反映。会计报告的出具意味着一个会计循环的完成，由此进入下一个循环。

在会计管理活动论理论下，阎达五教授提出了“会计管理循环”，即一个完整的管理周期包括会计预测、会计决策、会计预算、会计计量、会计控制，会计报告、会计分析七个环节，亦可以分为事前计划、事中控制和事后报告分析三个阶段。会计管理循环是建立在会计和核算循环基础之上的更高层次的循环，强调激发会计人员的积极性，是对有关经济业务信息进行处理、加工、传输和使用的过程，其最终目标是积极主动地运用经济信息，引导和控制资金运动，而不只是消极被动地反映资金运动。会计管理职能类型众多，名称复杂，但归根结底就是上述七种，阎达五教授通过循环的形式将会计职能连接起来，使会计管理类型及其关系一目了然。

由上述分析得出，阎达五教授的会计管理循环很好地满足了实现会计管理的四点要求，即会计具有明确的管理目标；会计不仅是信息的输出者，也是基本信息的使用者，即根据管理目标来调整输出信息的内容；会计系统具有信息反馈过程，会计可以根据反馈做出不同的反应，以保证预期目标的实现；会计有相应的手段和方法来引导或制约经济行为。

（三）会计管理活动论的意义

20 世纪 80 年代，国内会计学界围绕会计的属性和职能问题展开了大讨论，会计管理活动论、会计信息系统论、会计控制系统论等理论相继出现并不断完善，对我国会计理论建设及会计实务发展产生了重要影响。随着经济的发展，会计管理活动论的基本思想得到了越来越广泛的认同，会计学的发展趋势也表明会计管理活动论具有科学性和预见性。会计管理活动论逐渐成为我国会计理论的代表性观点，并在国际上产生了重要影响。

“会计管理”是国内学者综合考虑我国体制因素、社会因素、经济因素等具体国情提出的原创理论，具有理论意义和现实意义。会计管理活动论的提出和不断完善，无论是对会计理论研究还是实务发展都意义深远。一方面，会计管理活动论为我国会计理论研究提出了适合我国国情的新思路，推动了我国甚至世界会计理论领域的发展。另一方面，在会计实务方面，会计管理活动论为构建会计体系、界定会计职能、提高会计工作和人员地位等实际问题提供了理论依据。

在会计管理活动的指导下，现代企业的核算和管理紧密结合在一起，已经形成包含预测、决策、预算、控制、报告及分析等环节的会计管理循环过程，形成了以责任中心为单位的分层管理机构，进而产生了完整的会计价值管理体系。这为我们将会计管理活动论运用到政府会计领域，形成政府会计公共价值管理体系提供了参考。

三、会计信息系统论

（一）会计信息

1. 会计信息的定义

会计信息指的是会计数据经过加工处理后产生的，为会计管理和企业管理所需要的经济信息。它包括：反映过去所发生的财务信息，即有关资金的取得、分配与使用的信息，如资产负债表等；管理所需要的定向信息，如各种财务分析报表，对未来具有预测作用的决策信息、年度计划、规划、金额等。会计信息能够连续、系统、全面、综合地反映企业在不同时间段的经营状况。企业会计可以通过信息的提供与使用来反映过去的经济活动，控制目前的经济活动，预测未来的经济活动。企业管理者在日常经营中可将会计信息作为制定决策时的重要依据。

2. 会计信息的特点

对于投资者和其他用户来说，高质量的会计信息是指在财务会计报告中对提供决策有用的会计信息。会计信息能够反映出企业的经营情况，记录企业的经济活动，同时也是企业会计过程以及企业会计处理结果的重要载体。企业会计信息为企业决策提供了切实可行的依据。同时对于上市公司来讲，会计信息需要确保其完整性和准确性，要求上市公司及时披露会计信息，以方便投资者和监管机构了解公司的经营情况。会计信息具有以下特点。

（1）公开性

会计信息具有公开性的特点，要求会计信息及时向社会公开和公布，能够使得社会中相关的组织及个人使用企业会计信息，在使用的过程中不会使信息受到破坏，信息的质量不会因多人使用受到影响。

（2）决定性

会计信息披露的目的是使投资者通过对企业会计信息的判断准确地掌握企业的经营情况，进而作出科学有效的决策。上市公司在会计信息披露时，为了确保投资者的权益，要求所披露的会计信息必须真实可靠，防止因为会计信息质量不达标导致投资者决策失误。

（3）可理解性

对于投资者来讲，由于不同投资者所掌握的会计知识存在很大的差别，因此为了使投资者能够理解企业所公布的财务信息，要求会计信息中不能有过多的专业术语，能够使大部分投资者读懂企业的财务信息，进而帮助投资者作出有效决策和投资行为。

（4）真实性和客观性

企业所披露的会计信息必须确保其质量，具体来讲就是要求企业所披露的会计信息必须保证其客观性和真实性。企业所披露的会计信息必须能够准确地反映出企业的经营情况，会计信息需要在态度上保持客观和中立，不得对投资者进行诱导。

（二）会计信息质量

1. 会计信息质量的定义

会计信息质量，从不同角度探讨有其不同的定义：站在会计信息使用者的角度，会计信息质量是其能够满足使用者需求的程度，越能满足需求则认为会计信息的质量越高；站在生产者的角度，会计信息质量则是会计信息符合当下会计制度中有关规定的程度，会计信息越合规，则认为会计信息的质量越高；也有人将会计信息本身视为一种产品，从产品质量管理角度认为，会计信息质量应是会计信息满足所有明确和隐含需求的能力的总和，能力越强，则认为会计信息的质量越高。

2. 会计信息质量的特征

会计信息质量具有多种特征，根据不同国家与地区的法律法规，在大致相同的方向上有着不同的具体内容规定。会计信息质量包括可靠性、相关性、可理解性、可比性、实质重于形式、重要性、谨慎性和及时性八个特征。而在会计实务中，会计信息的使用者往往会出于不同的使用需求，在处理会计信息时对于各个会计信息质量特征的体现有不同程度的倾斜与侧重。

3. 会计信息质量对企业财务管理的影响

会计信息作为一个企业运营中各项会计数据的集中体现，其信息质量会在不同层面对企业的财务管理产生影响。

从企业经营发展的角度而言，会计信息反映了企业是否有达成经营目标的能力、已制定的经营计划是否合理，从而反映出企业当前的经营状况以及企业的基本财务状况，因此，会计信息的质量将直接影响管理者制定企业经营战略以及决策的质量，从而为企业整体财务管理奠定基调。

从企业内部的角度而言，会计信息既反映了企业内部生产活动的情况，也体现了企业内组织管理的质量，会计信息的质量决定了企业内部各部门之间在日常生产中沟通交流的效率，同时也会对企业内财务预算、内部控制等环节的管理与实施产生影响。

（三）会计信息系统

1. 会计信息系统的定义

会计信息系统（Accounting Information Systems，简称 AIS）通常是指利用信息技术，搜集、存储和处理内部用户用于向投资者、债权人和税务机关报告信息的财务和会计数据的平台。

会计信息系统中包含的信息往往因行业和企业规模而异，但一个典型的会计信息系统包括与收入、费用、客户信息、雇员信息和税务信息相关的数据。例如，销售订单及其分析报告、采购申请、发票、检查登记册、库存、工资单、分类账、试算表和财务报表信息等，涵盖了会计循环中的各种要素。

总体而言，会计信息系统是社会发展到一定阶段及特定环境下的产物，体现了会计的本质特征，主要借助电子计算机在会计中的应用，完成各种各样的会计核算，提供会计管理决策等服务，体现了会计行业的发展趋势。当前会计信息系统在发展过程中，主导模式有手工会计信息系统、电算化信息系统、总现代化以及现代会计信息系统。

2. 会计信息系统的特征

（1）集成性

会计信息系统作为企业内所有会计信息数据的汇总地，是一个集成了诸多下属模块功能的系统。

从模块属性而言，一个会计信息系统是多方面的集成，包括但不限于软硬件集成、数据信息与网络服务集成、企业内部不同部门组织集成等。

从功能属性而言，会计信息系统需要对企业内会计信息数据进行归纳收集，在汇总后还需负责供不同部门调阅，在对数据进行处理后得到的有关会计报表还需满足不同使用者的需求，因此要求会计信息系统也是一种企业内部系统与企业外部系统的集成。

（2）信息化

当前语境中的会计信息系统，其本质是一种基于信息技术而成的操作体系。进入信息化时代后，会计电算化的变革使得会计信息系统更多向线上化、无纸化方向发展。虽然会计核算流程未发生根本性的改变，但越来越多依托于信息技术而产生的会计信息系统要求将所有的账目以及财务数据通过电脑软件记录而非纸质记账。因此，在一个会计信息系统中从录入到审核乃至后续分析数据等各种功能，往往都在将会计信息数据化后通过信息化手段进行处理。随着互联网技术的发展，大数据、人工智能、移动互联网、云计算等技术也被逐步引入会计信息系统中，进一步加快了会计信息系统向信息化发展的速度。

（3）渗透性

会计信息系统全面渗透在企业业务活动乃至财务决策的每个环节中。管理会计的目标之一是推动企业内部财务与业务的有机融合。在实际操作中，会计信息系统涉及企业日常运营的每个部门，从生产环节对企业资源、产品、服务等要素的成本管理，到对生产经营过程资源的合理调配，再到事后企业的绩效评价与管理，会计信息系统的使用贯穿始终。

也正是会计信息系统在企业内部的广泛的使用程度，使得会计信息系统的使用者也渗透在各个部门，从生产车间到财务科室乃至决策管理层，企业内部不同人员共同通过使用会计信息系统来满足生产经营中的不同需求，从不同的维度对企业的会计信息进行记录、存储、使用，从而使企业得到更好的发展。

第二节 会计职能理论

会计职能的主要内容是在经济管理体系的框架下，发挥会计的日常核算业务职能以及各种专项会计的事后检查监督和服务职能。在企业会计手工核算业务背景下，会计人员还需要熟练地进行手工记录、计量、分类、汇总、核算等会计工作，以及时、准确、真实地反映企业的经济和经营状况。由于一般会计业务对象的复杂性，再加上金额范围差异较大、会计处理方法和程序复杂，会计数据的准确性就显得尤为重要。及时、有效地对经济事项全过程进行审计监督，对企业的经济发展能够起到积极的促进作用。在信息时代，原来简单、重复的手工作业逐步被计算机取代。会计凭证资料表在线自动汇总填写，会计账簿资料在线实时同步登记，会计报表凭证无纸化，使资料编制更加准确、及时、规范。因此，在当今信息时代会计原有的手工审计功能逐渐减少。计算机的使用正在逐渐弱化会计基本职能，从简单的会计责任向会计管理职能转变。

一、会计确认职能

会计确认是指会计数据进入会计系统时确定如何进行记录的过程。会计确认需要判断企业的经济业务是否对会计要素产生影响以及对哪个会计要素产生影响，主要解决该经济事项能否入账以及能否如表的问题。进行会计确认时要把非会计核算的内容排除在外，如企业建立的员工准则和企业文化，显然不能用货币进行表示，不能对其进行会计确认，因而不能纳入财务报表。

因此，发生的经济事项满足以下条件时才能予以会计确认：第一，可定义，予以会计确认的经济项目必须符合会计六大要素中的特定项的定义；第二，可计量，予以会计确定的事项可以用某种计量属性对其进行正确的计算；第三，可靠性，予以会计确认的事件必须是实际发生的，需要真实可靠而不是企业凭空编造的事项，予以会计确认的事项应当有相应的证明材料。

会计确认对准确执行核算工作有重要的作用，它在整个会计过程中一直存在。会计在工作中需要搜集很多关于数据的资料以体现企业的各项活动，但是这些数据资料应不应该在会计账务中进行记账处理，以及如何将账簿中的资料信息转到财务报表，应该通过会计确认来进行判定，所以会计确认在会计核算过程中起着非常关键的作用。会计确认是把某个项目，作为一个会计要素纳入会计系统，予以记录前的一连串过程。

具体来说，它是指一个特定的交易，是否应该纳入会计系统，什么时候纳入会计系统，作为哪些要素纳入会计系统都是需要注意的。在会计确认交易或事项时一定要注意以下几个问题：第一，该交易或事项是不是应该予以会计确认（亏阿基确认的标准）；第二，该交易或事项什么时候予以会计确认（会计确认的基础）；第三，该交易或事项予以会计确认的是何要素（会计要素的问题）。

二、会计计量职能

会计计量是指利用某种计量单位和计量属性，决定在会计处理程序中应记录的会计要素的金额。会计信息系统包括会计确认、会计计量、会计记录和会计报告四个主要环节，这四个环节具有一定联系，一起完成会计系统的运行过程。其中会计确认是会计计量的基础，会计计量是会计确认的结果，假如会计计量不存在，会计确认也就没有存在的价值，这两个过程一直存在于整个会计系统。另外，会计计量又是会计记录和会计报告的基础，假如会计计量不存在，完成会计确认的经济业务就无法使用一定的金额转化为财务信息。因此，会计计量在会计系统中处于重要位置，起着核心作用。

会计确认主要解决企业的经济活动是否影响会计要素的问题，而会计计量主要解决影响会计要素的数量情况、产生影响有多大的问题，即会计计量就是用货币或者其他计量单位来度量各项经济业务及结果的过程。

目前我国有五种会计计量属性，计量属性的选择需要考虑项目要素的特征、外部环境的条件以及计量属性的优劣，无论采用哪种计量属性都应当保证相关金额能够可靠获取，最终的目的就是满足财务报告使用者对财务信息的需求。不同的资产呈现出不同的特征，不同的会计计量方式导致资产计量结果不同，对资产计量时需要综合考虑。

三、会计监管职能

会计监管又被简单地称为专门企业会计监管，在广义上可以泛指一个国家或者地区对企业会计行为进行监督和管理的一种重要制度安排，主要包括对有关法律、行政、专门企业人员、职业道德及其职务道德等的监督和管理，通常可以分为地方政府会计监管和专门企业人员职业道德自律两种会计监管模式。

当前，信息技术的高速发展也给会计行业带来了巨大的冲击，随之也产生了一些新的“名词”，如“会计大数据信息系统”“财务共享中心”“财务智能平台”等，在这形势多变的会计环境中，会计监管工作的重要性变得尤为突出，对于会计监管工作来说，这是一把“双刃剑”，既是机遇也是挑战。因此，在会计监管方面的创新应是当前及今后一个时期我国会计监督管理制度改革的一个主攻方向，进而让会计监管工作能够真正地进入一个现代化、信息化、集成式的新阶段。

第三节　会计对象理论

一、价值链会计论

（一）价值链会计相关概念

价值链会计论更多地表现为广义价值链的概念。该理论将价值链管理理论与会计管理理论进行综合处理，从而实现对企业价值链的管理和控制。价值链会计论在后续学者的研究中逐渐发展为从内外部环境分析价值链，以核心企业为研究主体，通过内部价值链、横向价值链、纵向价值链着眼于企业的绩效评价，最终为了实现企业的价值增值，使得企业的管理人员和投资人员能够从各细分维度判定各价值活动对企业绩效产生的影响。

内部价值链是着眼于企业内部经营运作过程，在一定程度上体现波特的价值链框架。内部价值链在整个价值链体系中占据重要地位，因而，内部价值链的运行情况对价值链会计的其余两个维度都会产生影响，三个价值链维度之间会形成联动效应。要维持企业内部价值链的稳定运转，就需要企业内部的采购部门、生产部门、研发部门、销售部门等各个部门相互配合，以维持各个环节的稳定性。

横向价值链是对核心企业在行业中的地位进行衡量，表现为竞争与合作关系。通过横向价值链分析，企业可以发现在同业价值链中自身的竞争优势，发现自己与竞争对手的差异，进而发展优势产业；寻找合作企业，实现自身效用最大化。

纵向价值链强调产品生产运转环节，即从产品下单到最终交付中间涉及的主体。根据一般的生产流程，纵向价值链包含供应商、核心企业、分销商、客户等主体。在纵向价值链中，每个生产链上的相关企业都处于至关重要的地位，任何主体的经营战略都会对价值链上的其他企业产生影响，因此企业可通过将相关主体连接成完整的网链结构，构建战略联盟，获取战略竞争优势。

价值链会计应该从内部价值链、横向价值链和纵向价值链三个方面进行分析。内部价值链注重产业链中的核心主体，包含企业在经营过程中的采购、加工、人力资源等。横向价值链注重价值链中的竞争者和合作者，企业作为社会主体，应当将社会责任人融入其中。纵向价值链中的上游主体、下游主体对核心企业至关重要，同时应当注意上下游主体的数量可能不唯一。通过对三个价值链维度进行绩效划分，能够更加完整地对企业的运作进行评价。通过对内部价值链进行研究可以明确企业中的关键环节；通过对横向价值链进行研究可以使企业发现自身的竞争优势与存在的不足，进而发展市场中的战略合作伙伴关系；通过对纵向价值链进行研究可以准确地找到生产过程中的利润来源。

（二）会计财产权责观

明确会计核算对象，就是让会计人员明白自己到底应该核算什么。如果说，会计主体明确了会计人员核算的组织范围，核算对象则明确了会计人员应当核算的组织范围内部的特定事物，至于组织内部的其他事物，则不应当纳入会计核算系统当中。例如，公司的人事变动事项显然不应当被记录在会计系统当中，更不应该通过会计报表对外进行报告披露。但是，人事变动导致的工资福利待遇变动，自然就应当被记录在会计系统当中。那么，会计的核算对象客体到底是什么呢?以下将对各种有关核算对象的观点进行介绍和评价。

1. 核算对象理论

首先，很多人认为会计的核算对象是各种实物及其发生的变动。持有这种观点的人，凭借的是直观感觉，认为会计核算的是组织拥有的各种建筑设备和产品存货，因为它们都是实实在在有形的，看得见摸得着的，而且被明明白白地记录在会计账簿上的。但是，这种观点有些狭隘。不能认为这种观点完全错，但至少是偏颇、不完整的。会计的确会记录各种实物资产，并且实物流出企业时，会计也会进行终止确认。但会计系统当中也会记录各种非实物项目，比如各种金融资产项目、无形资产项目、负债项目、所有者权益项目等，这些项目是没有实物与之相对应的。因此，这种观点是存在重大缺陷、站不住脚的。

其次，还有很多学者认为会计真正的核算对象是资金运动，并将会计恒等式

“资产＝负债＋权益”简化为资金运用＝资金来源。与该观点相似的一种观点认为，会计的核算对象是价值及其运动。该观点的持有者将资产项目看作“资金运用”，将负债和所有者权益项目看作“资金来源”，将收入、费用和利润看作“资金的增加、减少和结余”。不得不说，该种观点具有高度的抽象性，很具有极强的概括力和解释力。但是，这一观点在某些核算事项上，却很缺乏说服力。例如，将短期借款、长期借款、实收资本等看作资金来源，没有任何问题，可如果将应付职工薪酬、应交税费、预计负债也看作资金来源就不太妥当，因为员工、政府和某些外部主体并没有向企业注入资金，它们不应当被看作是企业的资金或价值来源。

最后，还有一派观点认为，既然上述观点要么太具体，失之偏颇；要么太抽象，不能解释个别项目，都有缺点，所幸不如认为会计的核算对象就是各种资产、负债、权益、收入、费用等元素概念。不得不承认，这种主张虽然对会计核算对象进行了抽象概括，但还是太过烦琐复杂，不够凝练简洁，更是没有指出会计核算对象的本质。因此，该观点还有改进的空间。

在此，我们可以认为，会计的核算对象是会计主体所拥有的财产权利以及承担的财产性责任。简而言之，就是财产权利责任及其变动，即“财产权责”。

2. 财产权责理论

其实，对于会计来说，其更多关注的是核算对象的产权变动，而不是商品货物等物品的空间物理运动。无论什么商品，不管发生什么变化，哪怕是从一地运送到另外一地，只要它的产权实质关系没有发生变动，那么就不需要进行会计处理。而如果是房屋的话，就算没有移动的过程，但是只要产权发生了改变，就需要进行会计处理。这也就是说，会计的核算对象是附着在实物上的财产权利，而不是看得见摸得着的实物。其实，仔细思考各资产项目，不难发现，它们全是会计主体所享有的财产权利。对于金融资产和无形资产来说尤其明显，虽然其没有对应的实物，只是附在纸质合同或电子系统中的代码数据，但它依旧是会计的可核算对象，而产生这种现象的原因就在于这些合同契约承载了主体享有的财产权利，故而才会被会计进行记录和报告。国际会计准则在 2018 年对资产的定义做出了修改，即从“由于过去事项而由企业控制的、预期会导致未来经济利益流入企业的资源”，变为“主体因过去事项而控制的能够产生经济利益潜力的现时权利”，而“权利”也代替“资源”成为资产的本质。与权利相对应的是责任。从法律上讲，组织主体一般享有很多权利、需要承担很多责任义务，比如政治权利责任、刑事权利责任、民事权利责任、诉讼权利责任等，但会计并不需要核算记录每一种权利责任，会计真正关注并需要核算的仅仅只是与财产相关的权利责任。如果说“负债”是企业承担的一种责任，想必大家都认可，而将负债解释为企业承担的对债权人的一种财产性责任，比将负债解释为“资金来源”更具概括力和说服力。因为无论是短期借款、长期借款，还是应付职工薪酬、应交税费，都可以概括为企业的一种财产性责任，而履行责任是要付出一定数量的货币或放弃一定的经济利益的。

同理，如果站在企业主体的立场就会发现，所谓的“所有者权益”，如同负债一样，恰恰是会计主体所背负承担的对股东的某种财产责任，即股本保值增值并发放股利的责任。“所有者权益”这个概念，带有很强的主体对象性，“权益”是谁的呢？是所有者的，体现的是股东或所有者的财产权益，并不是会计主体的财产权益。“资产”和“负债”概念，其主体对象都是企业公司。在相同的主体立场和一贯性原则的基础上，如果把资产作为会计主体享有的财产权利，把负债作为会计主体承担的财产义务，那么，把“所有者权益”作为股东的身份来命名，明显是不恰当的，存在一定的逻辑错位与混乱。从会计主体的角度来看，可以把它重新命名为“股责”。因此，负债和股责就都属于企业承担的一种财产责任，只不过承担责任的优先顺序有所不同，而具体区别是，负债是企业需要优先承担的责任，股责是企业承担的一种剩余责任。如此一来，会计基本恒等式“资产＝负债＋所有者权益”就应当变为“资产＝负债＋股责”，如果再将“资产”看作更为本质的“财产权利”（简称“产权”），将“负债”和“股责”合并看作“财产责任”（简称“产责”），那么会计恒等式就可更加简化为“财产权利＝财产责任”或“产权＝产责”。这一恒等式是根据会计主体理论，从单一会计主体立场出发总结出来的。该恒等式具有很强的逻辑自洽性和统一性：等式左边是主体享有的财产权利，等式右边是主体承担的财产责任。这里之所以不用“义务”这一概念，主要是因为“义务”含有“必须”的意思。“股务”这个词，是指公司对股东负有的对股票进行保值、增值和派发红利的责任，放在这里明显是不合适的，因为公司不一定能够保证股票保值、增值进而派发红利，这些只是一种或然行为。而用“股责”这一概念，则表明企业主体以保证股本保值增值并发放股利为目标，且尽最大努力实现目标，至于现实中能否实现，则要视经营状况和其他具体情况而定。换言之，会计的真正核算对象不是简简单单、看得见摸得着的实物，也不全是资金价值，更不是较为琐碎的分类要素，而是会计主体所享有的财产权利和承担的财产责任。

简言之，会计核算对象的本质是抽象的“财产权责”及其变动。至于说收入、费用、利润等概念，也只不过是会计主体的期间财产权责增减变动。如果站在“财产权责观”角度解读国际会计准则和中国企业会计准则当中租赁准则的新旧变化，就变得比较容易理解。在旧租赁准则中，租赁被分为经营租赁和融资租赁，只有融资租赁才会被承租方确认为资产和负债，纳入资产负债表进行报告披露，而经营租赁是不会被确认为资产负债的，它只会被确认为费用，进入利润表而不能进入资产负债表。但是，如果站在“财产权责观”下，承租方与出租方既然签订了经营租赁合同，那么承租方就享有一定的财产权利，理应将经营租赁权确认为一项租赁资产（使用权资产），同时，承租方也承担了一定的经营租赁财产责任，也应当确认一项租赁负债（使用权负债），经营租赁这一交易事项就应当反映在承租人的资产负债表当中。这样一来，才能更加可靠准确地计量和反映出我们当前时代的真实经济业务活动。而旧准则不确认经营租赁资产和负债，则人为忽略了很多重要的经济业务实质，这给很多企业留下了钻准则漏洞的机会。

另外，从“财产权责观”出发，还能解释很多现象。我们知道，会计主体要对财产委托人承担财产责任，这种责任也可以理解为要对委托人负责，遵从委托人的意志安排。会计基础恒等式和资产负债表可以反映投资来源，自然也就反映了权力来源，如果一个组织刚开始的融资来源都是政府，这个组织自然就应当听从政府的安排，该组织的职能和权力都是政府赋予的，其人事安排、思想方针、经营方略、投融资与分配决策自然也应当听从政府的安排。照此推理便不难理解，学校、医院等事业单位组织，虽然其基础恒等式变为“资产＝负债＋净资产”，并没有出现“权益”要素，而是以“净资产”代替，但这并不妨碍这些会计主体承担对上级政府的财产责任，并因此听从政府的人事、运营方针方面的安排。这也可以解释，在计划经济时代，各类组织几乎不存在负债，初始资金来源全部由政府拨款，组织主体自然要对政府负责，听从政府的安排，缺乏自主决策权力。那么，如果要编制政府资产负债表，其基本平衡公式为“资产＝负债＋净资产”，此处的“净资产”应当理解为政府承担的对人民的财产责任，这种由社会契约衍生而来的公共受托财产责任与企业受托财产责任的性质是相同的。在此，有必要区分一下“财产权责观”与“权责发生制”这两个概念。两者虽然都有“权责”二字，但具体内涵和适用范围存在巨大差异。财产权责观，主要讨论的是会计核算对象。权责发生制又称为应收应付制，对应收付实现制。它是以收入和费用应不应该计入本期为标准，来确定收入和费用的配合关系，而不考虑收入是否实际收到或费用是否实际支付。权责发生制是指以取得收到现金的权利或支付现金责任的发生为标志来确认本期收入和费用以及债权和债务，即收入按现金收入及未来现金收入——债权的发生来确认，费用按现金支出及未来现金支出——债务的发生进行确认，而不是以现金的收支来确认收入费用。权责发生制从一开始讲的就是收入和费用，是和“收入确认原则”“费用确认原则”（合称“收入费用配比原则”）联系在一起的。也就是说，权责发生制抛开了现金的实际收付，即本期发生的所有会计业务，无论是否在当期形成实际现金流量，均应确认为当期的某项会计要素，并相应记录在账簿和报表中；对不属于本期发生的会计业务，即使在当期形成了实际现金流量，也不作为本期的收入和支出。要运用权责发生制，关键在于判断权利义务是否发生，这既需要会计人员具有较高的素质，能准确理解和判断，同时更需要完善的制度，对如何判断进行规范和明晰。按照权责发生制原则，凡是本期已经实现收入和已经发生或应当负担的费用，不论其款项是否已经收付，都应作为当期的收入和费用处理；凡是不属于当期的收入和费用，即使款项已经在当期收付，都不应作为当期的收入和费用。因此，权责发生制属于会计要素确认、计量方面的要求，它解决收入和费用何时予以确认及确认多少的问题。

但其实我们要论述的，不是收入费用，而是会计到底在计量什么。不过，权责发生制在企业、政府乃至国家统计层面的广泛应用表明，权责发生制是以财产权责观为基础标准的，会计上收入、费用和利润的时间划分和确认，更加侧重“财产权责”层次上的交割时间，而非实物和现金层面的转移时间。这也就是为什么国际会计准则普遍选择权责发生制而非收付实现制来确认相关交易事项的发生时点。中国之所以使用“权责发生制”概念，而不是“应计制基础”，便是因为中国会计学界明白此概念背后的本质。

3. 财产权利责任

虽然我们讲到了财产权利和财产责任等概念，但还不够深入。在此有必要从法理层面深入详细地介绍一下财产权利和财产责任，以便更好地理解会计核算对象以及平衡公式。

马克思主义财产权理论认为，财产权是一个多层次的概念，并不是一个单一概念。对于财产权，马克思主要是从法学与经济学两个层次上理解的。从法学的角度来看，财产权是一种反映经济关系的意志关系，是经济关系的法律表现，这种法律表现被马克思称为财产权或所有权。从经济学的角度来看，财产权是一种经济关系，是在社会物质生产过程中，人与人之间对生产资料的占有、使用等方面形成的物质利益关系。财产权是指生产关系的所有、占有、支配与使用的权利。财产权的内容是由经济关系决定的。综上所述，马克思认为，财产权是指在一定社会生产关系中，人与人之间对于生产资料的所有、占有、使用、支配等方面的物质利益关系的法律表现。财产权是所有制的法律表现或法权表现，所有制是财产权的现实形态或经济内容。

财产权具有如下特征。

第一，主体限制。财产权的主体限于现实地享有财产或可以取得财产的人和组织。它既不像人格权，为一切人所享有，也不像亲属权，只要与他人发生亲属关系即享有亲属权。财产权的客体限于该社会制度下法律允许私人（自然人和法人）可得到且享有的。例如，在我国社会主义制度下，矿产等自然资源属于国家所有（全民所有），因而矿产等自然资源不得作为民事权利的私人财产权的客体。在债权中也有这种情形，所谓不融通物是指不得为交易客体从而不得为债权客体之物。因此，财产权的情形常因各个国家的社会制度而有所不同。在这一点上，财产权是与社会制度密切相关的权利，与人格权、亲属权大不相同。

第二，价值计量。财产权除极少的例外情形以外都是具有经济价值的，这种经济价值又是可以通过实物或金钱进行核算计量的。正是因为财产权可以用实物或金钱单位进行计量，这才导致现代会计可以用货币计量各种各样的资产、负债和权益等要素。

第三，无专属性。财产权原则上都是可以处分的，不具有专属性。可以处分，是指可以转让、可以继承、可以抛弃。不具有专属性，因而可以由他人代为行使。在一般情形下，权利的归属与权利的行使是可分的，例如，未成年人的权利由法定代理人行使、破产人的权利由破产管理人行使、失踪人或严禁治产人的权利由管理人行使等。当然，财产权中的某些权利也是具有专属性的。财产权主要包括物权和债权两大类。物权是直接支配物的权利，物也包括某些权利。物权具有排他的效力、优先的效力与追及的效力。物权包括所有权与限制物权。其中，限制物权又分为用益物权与担保物权。前者包括地上权、地役权（从前还有永佃权与典权），都存在于土地（不动产）之上；后者包括抵押权、质权（质押权）、留置权，存在于动产、不动产与某些权利之上。债权是请求他人为一定行为（作为或不作为）而得到生活上的利益的权利；债权与物权的差异在于其对人性（相对性）、不具排他性（平等性）、债权的可移转性不如物权。债权方面不存在物权法定主义而存在合同自由，因而债权很难分类，更无法列举。一般也不对债权加以分类。

至于知识产权，可看作无体财产权，算是财产权中的独立第三类。2020 年 5 月 28 日第十三届全国人民代表大会第三次会议审议通过了《中华人民共和国民法典》，并于2021年1月1日起施行。这对于保护中国境内自然人、法人、非法人组织的财产权利具有重要而深远的影响。对于自然资源而言，无论是可再生资源还是不可再生资源，如矿产资源，均存在权属，除了地球的南北极和公海，已经不存在“无主土地”或“无主之物”。只要存在产权关系及其变动，就容易产生负债问题。矿产资源基本存在清晰的产权关系，要么属于国家和政府，要么属于企业或居民。负债的本质是债务人接受债权人特定产权的委托代理协议而承担的受托责任，资源负债乃至矿产资源负债也是债务人或受托人承担的一种责任，这种责任是由债权人将其享有的资源产权通过某种委托代理关系赋予债务人而产生的。责任义务总是与权利如影随形的，两者是一枚硬币的两面，从来就不存在无权利的义务责任，也不存在无责任义务的权利。权利就是指在一定的社会关系中，权利主体所拥有的正当行为自由与行为控制。而法律上的责任义务（虽然责任与义务是两个不同概念，但本文不做具体区分，混合使用），则是指在一定社会关系中，义务主体根据权利主体的要求而必须进行的行为约束与要求。

权利与义务有如下关系。第一，结构上的依存关系。权利和义务作为构成法律关系的内容要素，是相互独立、紧密联系、不可分割、相互依存的。第二，数量上的等值关系。任何社会的权利总量和义务总量总是相等。第三，功能上的互补关系。权利与义务在功能上的互补关系是由它们的特性所决定的。第四，价值上的主次关系。在价值意义上，权利处于主要和主导地位，而义务处于次要和非主导地位。权利是义务存在的依据和意义。第五，权利与义务的一致性。权利与义务的一致性是指特定主体所享有的权利与所承担的义务是相对等的。显然，讲到财产权利，必然就要讲到财产责任（或者财产义务）。根据上面权利与义务的一致性和等量性，我们自然可以推论出，财产主体自身所享有的财产权利与承担的财产责任是相等，而财产主体承担的财产责任与其他主体所享有的财产权利也是相等。这也就是说，会计主体享有的财产权利（资产）与承担的财产责任（负债与所有者权益）是相等，而会计主体承担的财产责任与其他主体（债权人和股权人）所享有的财产权利之和也正好是相等的。所以，会计的根本核算对象是“财产权责”，且有“产权＝产责”这一平衡关系，其可看作是比会计恒等式“资产＝负债＋所有者权益”更简化、更本质的会计基本平衡逻辑公式。

二、价值或货币表现经济活动论

严格说来，“价值表现经济活动”和“货币表现经济活动”是有区别的，因为“价值表现经济活动”论者认为，会计对象是经济活动过程中能够用价值量来表示的方面，且这一对象是任何社会形态下共有的会计对象；而“货币表现经济活动”当然只适用于商品经济社会。但在商品经济社会中，价值是用货币来度量和表示的。尽管该观点的持有者反对“资金运动论”，但是，该观点与“资金运动论”并无实质性区别。按照一般的看法，资金是再生产过程中运动着的价值。也可以说，在社会主义条件下，资金是现象，价值是实质，价值以货币形式表现出来就是资金，两者是从不同的层次去反映同一事物。因此，经济活动中的价值方面，或者说在社会主义条件下可用货币表现的方面就是资金。

三、财富会计论

（一）财富论相关概述

想要更好地了解财富会计论，我们首先应该对财富论的相关理论进行陈述。

1. 马克思主义财富观

（1）马克思的财富观

马克思主义把“人的没有差异的劳动用时”看成量化商品价值的标准。劳动是鞭策社会前行的关键能量，财富的取得脱离不了劳动。民众结合个体的智慧与勇气参与劳动谋求财富、攒积财富，提升物质生活条件。财富观流淌于人类文明长河之中，财富观具有历史性，不同历史阶段内民众对于财富的创造、取得、配比与使用的想法与立足点大相径庭。“财富伊始以残余跟多余的形态表现存在，即不被当作具有直接使用意义的品类，换言之不是生活必需品。”由此，大众意识中的财富通常指消耗价值的充裕与消耗价值的多余。

财富可分为以下两种：一是生物财富，如可以长时间供应和调节生物成长所必需能量的土地，可直接产生渔获的湖泊等；二是劳动生产资料财富，如可兴修水电站的江河湖泊、可供砍伐进而获取木材的山林、可供探采矿石的矿脉等。文明伊始，生物财富有关键性的作用；但当人类进入更高文明阶段，意味着劳动生产资料财富发挥了关键作用。由此而言，财富就是生物财富和劳动生产资料，财富就是非人为世界内可以满足民众生存与发展必要的财富，像可供耕耘的土地资源、可产出渔获的湖泊、可供开采的矿脉等，而民众寻常的起居日子里的财富更普遍的是从非人为环境中取得的。马克思认为有劳动才有财富，即劳动孕育财富，马克思认为在手艺人的财富观中，手艺人用手艺追加了原始材料孕育财富的能力，这也佐证了马克思“无劳动不财富”的主张。马克思对古典经济学中主张的“劳动创造财富”的见解非常认同，在之前财富见解改良的底子上，马克思缔造了科学的劳作财富观，即以具体劳动与抽象劳动划分劳动。

马克思认为财富来源于劳动，劳动是过程的动词而非名词，财富主体应为劳动，为劳动做出了新的注解。马克思既重视具体劳动又重视抽象劳动，偏好于对人的具体劳动做探讨，这与古典经济学片面关注抽象劳动有明显不同。马克思认为劳动孕育财富的过程就是劳动者有规划地将劳动初始材料的特性应用于另一种物质的过程。在这一生产劳动进程中，劳动者是财富生产的主体，劳动初始材料仅仅是劳动者在财富生产环节的一环，没有劳动者自然也不会孕育出财富。由此而言，劳动者即“人”才是财富的本质，没有人也就不会有财富。

马克思还认为人类天然具有劳动的能力，人类具备的智识是劳动能力生效的原因，是人的本质能力，人的智识应当受到重视。马克思由此得出以下结论：人的智识是财富孕育的源头活水，人尽其才将会是全人类最丰硕的财富。由此而言，马克思宣扬通过提升人的智识来促进财富的孕育，丝丝入扣地展示了以人为本的财富观，并将社会目标定为人尽其才。

马克思认为财富应当为通往民众的价值兑现的正确道路，指出了财富之于民众的影响，且人的财富积累是人最终能不能达成内心成就的关键，要想达到以实现人的解放为目的的共产主义，人的全面成长与社会生产力的占有是必由之路。共产主义社会要想真正实现就一定要建立在过去积累的财富数量上。人如果没有财富积累，那么生活就不会称心如意，也就没有机会提所谓的发展。由此而言，人的个人发展应是在孕育财富的过程中取得的，在孕育财富的过程中人与外部的因素都在时刻变化着，必须在进程中提升个人的素质，也就是说劳动将促进人的发展成果的更新。从这一维度上讲，马克思认可了财富促进人向上的作用。

从马克思主义的劳动价值理论上来看，价值是无差别的人类劳动，因此价值是抽象的。而财富是实在的，财富的载体在历史进程中丰富多样。一般认为商品与货币是财富的代表与象征。劳动创造价值，价值的外显是财富，价值凝结在商品上，价值与财富的关系是本质与现象的关系。价值与财富在本质上是不同的，因为财富通常指具有价值的东西，而价值不取决于数量的多寡，而取决于生产或获取的困难或便利。

在马克思看来，财富并非外在于人的“物”，而是相对于人而存在的，人是表现“物”的财富背后的主体，它在本质上是人通过自身的实践活动实现对人自身力量的占有的，是人的生产力的体现，作为“物”的财富的最终目的是实现人的全面发展。因此从财富的主体性维度出发，马克思认为财富是人对自然力统治的充分发展，是人的创造天赋的绝对发挥，真正的财富就是所有个人的发达的生产力。人的发展是财富的最终表现，人的发展是最本质的财富。

无论财富的形式如何，马克思坚持认为，财富或者使用价值的生产同时包含自然和劳动两个方面的要素，虽然人类的生产劳动产生了使用价值，但是，人类的生产劳动必须作用于自然并从自然获取物质资料。

（2）习近平的生态观

进入新时代，习近平同志更深层次地发展了马克思主义财富观。习近平同志讲："绿水青山就是金山银山。"人与自然应当和睦，协调共生。财富的追求假使离开了人同自然两者之间的均衡，脱离了经济与社会之间的和谐，便会受到客观规律的惩罚。生态环境与财富是可以相互印证的，山清水秀的生态环境可以带来财富，但财富换不回山清水秀的生态环境。由此而言，生态环境与财富虽存在矛盾，但亦是辩证统一的。

新时代以来，在习近平生态文明思想指引下，中国不仅加强了自身的生态文明建设，也从全人类共同利益出发，积极参与全球环境治理，为全球提供了更多公共产品。中国坚定践行多边主义，致力于推动构建公平合理、合作共赢的全球环境治理体系，促进人类可持续发展，建设清洁美丽世界。我国生态环境保护成就得到国际社会的广泛认可，我国成为全球生态文明建设的重要参与者、贡献者、引领者。

2. 西方主要财富论

（1）威廉·佩蒂的财富观

17 世纪伊始，重商主义渐渐"退烧"，古典政治经济学登上首秀舞台；第一代兰斯顿侯爵威廉·佩蒂（William Petty）是这一时期学界热门的意见领袖，他对资本主义国度财富的高速增长高度关注，并专门研究了这些国家财富能够积累的影响因子，威廉·佩蒂发现了一个国度积累财富的秘密，即"社会劳动生产率"的提升。他找寻到了规律：分工的专业程度和国家工业产出规模与该国家的社会劳作生产率相关联。总的来说，分工专业化越高，细分化越强，社会劳动生产率便越高，工业生产的规模便越大。大量的产出压低了产品成本，对其他国家便形成了价格优势，薄利多销的策略帮助国家快速积累财富。在《赋税论》中，威廉·佩蒂也从硬币的两面论述了税务税收对于一个慢慢变富的国度的影响，过度的税务税收使得国家机器在短期内能获取一些快速收益，但长期来看将大大滞缓国家财富积累的速度；而较轻的税务税收给民众、商人、生产者、消费者等带去了实惠，却又给国家收入消减了一个要紧的财税进项，长期来看也将拖缓国家的财富积累速度。由此，威廉·佩蒂认为应当根据局势来制定税务税收政策，即在居民消费外部进口货品时，要提高进口货品的进口关税；在国家出口商品货物时，调低出口关税。一进一出就能为国家快速积累财富。不得不说这在当时是非常机敏且巧妙的国家财富积累思路，但仅就理论而言，实践中的贸易对象国往往也会效仿采用相似的税务策略。与此同时，威廉·佩蒂的一些观点还保留着后期重商主义的影子，他认为生产生活的最终目的与成就应当是取得金钱即货币上的充裕，而不是其他经济意义上所认为的财富。稍晚几年，他意识到了问题的所在，在后来的财富观相关作品中，他明确指出：财富就是一切对社会有益和珍贵的稀罕物，金币、银币、纸币等流通货币仅仅是一个国家全部财富的冰山一角。

威廉·佩蒂对于传统财富层面的思考也没有停止，西方传统财富主张“土地为财富之母”即威廉·佩蒂所提。威廉·佩蒂把土地比作财富的妈妈、劳动比为财富的爸爸。将财富的本源问题做了较为透彻的研判，即认为劳动是财富的本源。威廉·佩蒂的财富思想对西方文明财富观的形成有紧要的牵动效用，在后世我们也经常看到威廉·佩蒂思想时隐时现的身影，对我们研究西方主要财富论有关键的鉴戒作用。

（2）布阿吉尔贝尔的财富观

重商主义的又一批判者，与威廉·佩蒂同时期的法国经济学家布阿吉尔贝尔（Boisguillebert）也表达了自己的财富主张。作为重农主义的排头兵，布阿吉尔贝尔对农产品与财富的辩证关系情有独钟，在《谷物论》中，布阿吉尔贝尔写道：所有财富均源自沃土之上的耕耘。人世间的财富均可被人所耗费，所有可以被耗费的就是财富。布阿吉尔贝尔还写道：财富构成人世间可供人们消耗的万事万物，不光包含生活必需品，还应当涵盖高档耐用品、娱乐消遣服务等，财富与一个国度的千行百业均有盘根错节的关联。

布阿吉尔贝尔认为财富具有一定的使用价值，他偏好钻研琢磨农业门类与工业门类，对于财富的思考也和重商主义的财富论相区分，对于国家发行的金币、银币、纸币等流通货币，布阿吉尔贝尔并不认可其真正的价值，在财富判定标准上还是以“是否能满足人的消遣娱乐需求”为财富标准。

（3）坎蒂隆的财富观

爱尔兰经济学家理查德·坎蒂隆（Richard Cantilion）则认为：财富的源泉就是沃土，而推动财富之泉奔涌的，正是人类的劳动。理查德·坎蒂隆在《商业性质概论》一书卷首语上论述到：财富的本源唯有地皮，推动财富之泉奔涌的是人类的劳动。财富仅仅是使产出生存继续维持进行的一类资料。重商主义的货币财富主张受到重农主义的挑战，资本主义经济理论中的研究重点在此后发生转移——由货币流通方面的财富研究转向对生产生活方面的财富研究。对于重商主义误人子弟损害国家财富积累的主张，重农学派忍无可忍，批判了重商主义“外贸创造财富，流通货币也是财富”的观点。

（4）弗朗斯瓦·魁奈的财富观

在经济学家弗朗斯瓦·魁奈（Francois Quesnay）看来，纯产品的增加只存在于农业部门，因为农业在生产过程中，“自然”参加了工作，但不要求任何报酬。因此，扣除补偿消耗的生产资料和生活资料外，还有剩余产品。至于其他部门，由于自然不参与生产，即使有新的使用价值产生，也是“虚假的财富生产”，物质本身并没有增加。弗朗斯瓦·魁奈通过大量精细的工作表达了农业领域才能“可持续”生产出“可不断积累的财富”。弗朗斯瓦·魁奈是这样论述他的主张的：土地里长出来的产出资料并不是财富，当土地里长出来的产出资料被需要，且当它们发生交易行为时，产出资料才能真正成为财富。在弗朗斯瓦·魁奈看来，农业财富生产部门与工业财富生产部门、商业财富生产部门最大的区别在于农业财富生产部门的生产劳动过程中融入了大自然这一特殊角色，农业财富生产部门得益于大自然的自然恢复能力，在生产耗损后大自然具备恢复的特殊功能，可以弥补财富生产过程中发生的损益，除农场主、投入的种子资料与人工资料之外，农业财富生产部门没有其他的耗损，甚至还能将结余农作物的残值作为额外的财富效益，而工业财富生产部门与商业财富生产部门并不具备这一特殊性。在这一论述中，笔者甚至感受到了可持续发展这一现代财富理念的简略版，弗朗斯瓦·魁奈受限于时代背景，仍能得出这样的财富见解，令人叹服。

（5）亚当·斯密的财富观

经济学之父亚当·斯密（Adam Smith）在《国富论》一书中对国家财富与民众财富之间的辩证关系做了极具启发性的论述。例如，公民的富裕应当先于国家的富裕，公民的富裕对整个国家财富的积累与社会进步有着举足轻重的影响，而且公民的富裕是判断国家富强的关键标志。要保证公民富裕、国家富强的理想社会形态，就需要合适的社会政治制度作为法制保障，这个合适的政治制度就是，政府在国家财富的第一次分配过程中要减少行政干预，更加重视市场自身杠杆的调整节制作用，政府只需充当一个财富分配规则制定的角色；在财富的二次分配进程中，政府这时同样需要减少其干预，积极保护低收入人群，促进整体上财富分配的公平公正，维护社会的和谐稳定，同时积极促进第三次分配财富体系的建立。关于商品交换，亚当·斯密指出，“我们所需的食物不是出自屠宰业者、酿酒业者、面包业者的恩惠，而仅仅是出自他们自己的利益的顾虑，我们不要求助于他们的爱他心，只要求助于他们的自爱心。我们不要向他们说我们必需，只说他们有利”。[①] 由此可以看出，亚当·斯密认为商业社会中普遍存在的商品交换建立在人的自利之心的基础之上。更重要的是，亚当·斯密在《道德情操论》中进一步通过同情共感为核心的道德心理学阐释，赋予了自利之心以道德情感基础，将古典社会中一度被贬低的自利之心改造为了商业社会所预设的“善”。在亚当·斯密看来，人们对“财富”的崇拜根源于人自身的道德情感的发生机制。亚当·斯密认为，由于同情当事人的悲伤情绪会在旁观者心里引起痛苦的情感，反之，同情当事人的快乐情绪会在旁观者心里引起愉快的情感，加之人性中趋乐避苦的倾向，相较于悲伤，人们更愿意去同情他人的快乐。在普通大众的日常经验中，财富和社会地位总是象征着快乐，而贫穷和卑微总是象征着悲伤。因此，获取大量的财富和拥有很高的社会地位不仅能满足自身的物质生活，而且能够获得他人的同情和满足自身的虚荣心。

（6）大卫·李嘉图的财富观

英国著名的政治经济学家大卫·李嘉图（David Ricardo）是古典经济学派最后的扛旗人士。大卫·李嘉图积极推动劳动财富论，通过吸收亚当·斯密思想成果的底子，对劳动财富论做出了当时的大背景时代下最具影响力的经典论断。大卫·李嘉图始终如一地坚信货品的代价有赖于生产这一货品时连带损耗的劳动。对亚当·斯密主张中不科学不妥当的部分进行了批判，他也因此将古典经济学的研究送上巅峰。在《政治经济学及赋税原理》中，大卫·李嘉图这样写道：假使一类商品在任何方面对我均没有益处或用处，不管这类商品的生产过程多么复杂、耗费的劳动量有多大，都只会有一个结果——没有任何交换价值。假使一类商品原本具备耗费代价，但逐渐失去了耗费代价，那么这类商品也便失去了任何交换价值。

当然大卫·李嘉图非常严谨地添了一句：特殊的商品如文物、古玩是例外的。由此而言，大卫·李嘉图业已意识到耗费代价只是形成交换价值的一个负担部分，互换价值的根本不在于耗费代价。

（7）瓦尔拉斯的财富观

开创一般均衡理论的数理经济学家、洛桑学派创始人瓦尔拉斯（Walras）分析财富价值问题时，引用了他父亲倡导使用的“稀缺性”一词。他认为价值取决于财富标的物的“稀缺性”，即取决于“一单位财富标的物的消费所满足的最后

① 亚当·斯密．国富论[M]．章莉，译．南京：译林出版社，2018.

欲望的程度”。他把财富的交换价值当作价值，而财富交换价值不过是价格的一个外在表现。这样，瓦尔拉斯实际上用财富的价格论替换掉了价值论，从根源上反对科学的劳动价值论。

在此分析的基础上，瓦尔拉斯进而提出“一般均衡理论”。他认为各种财富现象都是由财富的数量关系表现出来的。这些财富数量相互依存、相互影响，在一定条件下实现财富的均衡。他特别强调，要标定某些财富变量的值，必须把这些财富变量间的关系用数学中的函数关系表示出来，用方程式来求它们的值。

（8）叔本华的财富观

哲学家亚瑟·叔本华（Arthur Schopenhauer）在《人生的智慧》中也有关于财富思想的论述，从理性出发认为最大的愚蠢也就是为了诸如金钱、晋升、文学问、声名，甚至为了欲念和其他片刻的欢娱而付出人的本质财富即“身体安康”。他认为前人的论述还是过于物质化，最大的财富应该是人的“身体安康”。

总而言之，厘清以上主要财富观点，并且加入哲学家的财富思想，兼听则明，偏听者暗。谨以此指导我们正确地认识和理解世界各国主要的财富观点，从而加深对会计对象理论里关于财富观的基本认识。

（二）财富会计对象理论

财富论认为，把会计对象单纯地归结为价值运动或社会劳动时间都是片面的，会计对象一般是社会财富运动，社会财富运动在不同阶段的表现形式是不同的。在自然经济中，其表现为使用价值；在奴隶社会，表现为土地、劳动产品、奴隶；在封建社会，表现为土地、地租劳动产品的分配、消费；在资本主义社会，表现为劳动力、土地、草原、自然物；在社会主义社会，表现为劳动产品。

把财富作为会计对象也有值得商榷之处。首先，财富是一个含义很广的概念，且不说精神财富和未经劳动改造的自然资源不是会计的对象，就是一切积累的劳动产品，由于它是物质内容和社会形式的统一，会计也不能同时把这两个方面作为会计对象。其次，拿社会主义社会来说，财富论认为财富表现为劳动产品，而劳动产品中有的是商品，有的不是商品（不交换），这种只生产满足劳动者自己需要而不交换的产品不是会计对象。商品是使用价值和价值的统一，而会计对使用价值是不进行核算的。因为任何时候，在计算、记账时，我们都把商品转化为价值符号，把商品当作单纯交换价值固定下来，而把商品的物质和商品的一切自然属性抽掉。最后，财富及其在社会主义条件下的劳动产品都不可能分解为各个会计要素。

第三章　会计目标理论

会计目标要求向财务报告使用者提供与企业财务状况、经营成果和现金流量等有关的会计信息，会计目标在不断变化的经济环境下，也会不断调整，会计报表使用者对信息质量的要求也会随之改变，会计目标有助于财务报告使用者作出经济决策。本章分为会计目标的演进、会计目标的主流观点、会计目标基础理论三个部分。

第一节　会计目标的演进

目标是一个系统建立与发展的最主要原因，对系统完善与进步也起着重要的导向作用。1989 年发布的《财务报表编制和列报概念框架》对会计目标进行了正式确认，概念框架指的是准则制定者在制定和修订会计准则时遵循的一致概念。会计目标也称会计目，是会计工作应该达到的要求和目的，主要向会计信息使用者提供可反映企业财务状况、经营成果和现金流量的财务信息，体现企业管理者受托责任的履行情况，帮助会计信息使用者做出经营决策，即要求提供的会计信息具有真实可靠性和决策相关性。会计目标既是一个理论问题，又是一个实践问题。

会计目标是关于会计所要达到目的的抽象范畴，它在会计准则基本概念中占据重要位置。在 20 世纪 40 年代之前，会计目标还不是会计理论中的一个特别引人注目的问题。会计的目的是提供关于某一企业的财务数据，加以汇集、整理与提供，以满足管理当局、投资人和社会公众的要求。20 世纪 50 年代，有学者将会计目标作为直接研究对象，并提出了会计目标就是提供对投资人决策有用的信息。自 20 世纪 60 年代后期美国提出“会计是一个经济信息系统”的观念以后，会计目标的研究开始引起会计学术界的关注。到 20 世纪 70 年代初期，会计目标的研究已受到普遍重视。

在国际会计准则中，会计目标共经历了多次变革，国际会计准则理事会对会计目标的界定在《财务报告概念框架》的各个版本中均做出了解释。其中，在

1989 年的《财务报告概念框架》中指出，一方面，财务报告需评估企业的营利能力、获取现金及现金等价物的能力；另一方面，财务报告需评估管理层履行其职责的表现等。接着，在 2010 年的《财务报告概念框架》中，国际会计准则理事会则对会计目标的定义进行了大幅修改，认为会计目标仅仅包括为预期报表使用者提供对决策有用的信息，并将“受托责任”这一概念剔除。在 2010 版的《财务报告概念框架》中不包含这一概念。在 2018 年的《财务报告概念框架》中，受托责任的理念被重新加入会计目标当中，但是并不作为主导会计目标的地位。2018 年的《财务报告概念框架》仍将提供有利于决策的会计信息作为财务报告的主要目标。

在中国企业会计准则下，会计目标一直被规定为以受托责任为核心理念的相关会计目标，即会计信息应满足包含企业管理层受托责任履行状况的一系列要求，并能够为预期报表使用者提供帮助。

在会计目标的演进过程中，“决策有用观”和“受托责任观”是会计学界关于会计目标的两大主流观点，它们对整个世界的会计理论研究和会计实务发展都产生了一定影响。决策有用观是财务报告需要提供有助于使用者做出决定的信息，信息使用者包括投资者和潜在投资者。受托责任观是财务报告需要维护股东权益，起源于法律和伦理所形成的委托代理关系，即受托方以经济高效的方式使用资产并向委托方做出报告，履行并解除自身受托责任；基于资本市场形成的委托代理关系，即财务报告要能提供有助于会计信息使用者做出有效决策的信息。

第二节　会计目标的两大主流观点

一、受托责任观

（一）公共受托责任理论及产生

公共受托责任（Public Accountability）是经济、管理学科的重要理论。政府权力的行使因公共受托责任的要求而合法，可见，公共受托责任与民主政治相伴相生，对公共受托责任的探讨，是研究政府与公共关系的起点，也是研究政府会计的基础。关于其定义，最高审计机关亚洲组织（ASOSAI）认为：“公共受托责任是指受托管理公共资源的个人或当局报告资源管理情况和说明其履行所承担的财务、运营和计划责任的义务。”公共受托责任即执政者或准则制定者承担的对其选民进行解释的义务。政府公共受托责任较为明确的定义，就是在民主制度下，人们基于公共生活的需要，以投票的形式将公共资源及其权力让渡于政府，政府则必须以有效的方式运用资产为公民提供公共产品和服务，同时担负起管理社会的责任。直到现在，关于公共受托责任的定义众说纷纭，并没有得到完全的统一，但我们也不难发现，大多数学者更倾向于将它解释为政府的一种义务和责任。要探究它与当前政府会计改革和经管资产核算的关系，我们就应首先分析该理论的演化过程。

我们以演化过程为起点分析公共受托责任理论。全体国民及立法机关是公共资金、资源和财产的所有者，如果将相关的公共权力委托给各级行政和司法机关代表的经营者，公共受托责任将由此产生。公共受托责任其实是受托责任在公共部门中的一种具体表现形式。权力的公共性是它的本质特征，同时公共权力也是公共受托责任产生的根源，是它发展的基础和前提，正因如此，各国对公共受托责任的重视程度在不断提高。

公共受托责任其实就是公民和政府之间因委托代理关系而产生的受托责任。委托代理可用于解决信息不对称问题以及企业管理问题，委托代理人替委托人行使表决权。受托责任是指当所有者将财产交由他人管理而失去直接管理权力时，就产生了受托人对委托人的受托责任。受托方接受委托方的委托经营管理，自己自然要承担起管理者应承担的责任，这一责任就是受托责任。受托责任的产生源于委托关系的建立。

由此可见，受托责任产生于委托代理关系，根据委托代理理论，委托代理关系是社会发展到一定程度时，由私有财产的出现以及经营权和所有权的分离而自然产生的。当委托方将其所控制的资产及其使用权利委托于受托方时，此时双方就处于一种委托代理状态，而受托方要以委托方的利益为导向，做出最有效、最经济的决策，同时要确保资产的安全和完整，最终向委托方报告其作为，使委托方获取受托客体的利用效率，这便是基于委托代理关系而产生的受托责任。委托代理关系的存在范围是极其广泛的，相应的受托责任也分布于各种组织中。在以企业为代表的营利组织中，企业所有者和管理者之间的委托关系所产生的受托责任体现为经营受托责任，而当这种委托代理关系发生于公共领域、委托方是公民、受托方是政府等权力机关、委托客体是公共权力或财产时，双方的受托责任则表现为公共受托责任则。受托责任制度决定了政府与公民之间的关系，公众允许政府对其负责，善用公共权力，履行政府职责。此处的职责正是公共受托责任。

如果要用该理论解决实际问题，就要清楚公共受托责任在不同衡量依据下的细分类别。首先，对公共受托责任内容的探讨，最具影响力的是“梯形受托责任”：从下至上依据受托责任客观性的逐渐增强，将公共受托责任按政策、项目、绩效、过程、正直与合规进行了细分。其次，可将政府及公务人员的公共受托责任分为三个方面：一是遵守法律法规，以最大善意执行公务并报告；二是以最有效、经济的方式管理资源；三是使用前项资源尽可能达到预算目的。最后，对公共受托责任产生的根源和动机进行考察，从多个角度对其进行分类：按受托责任的客体将公共受托责任分为公共权力受托责任和公共资源受托责任；按责任履行程度分为过程上的合规性受托责任和结果上的绩效性受托责任，过程上的合规性受托责任是指政府在履行公共受托责任过程中获得、应用和监管公共资源是否遵循了相关程序、法律法规、预算和合同的契约等，结果上的绩效性受托责任是指对政府在履行公共受托责任过程中取得的业绩与所消耗的公共资源进行衡量，考核这种配比关系是否满足经济性、效率性和效果性的要求；按责任履行顺序分为行为受托责任和报告受托责任。政府公共受托责任不仅有行为上的义务，还有报告相关信息的义务，政府不仅应当以人民的公共利益为出发点，管理好社会公众受托管理的公共财产，履行好国家层面的管理职能，还应当向人民及其代表披露报告其受托责任的具体履行情况；根据代理链条分为内部受托责任和外部受托责任；根据责任期限长短分为年度性的受托责任和长期性的受托责任；依据政府职能分为政治、经济、社会、文化、教育受托责任。

政府公共受托责任的范畴处在持续扩展的过程中，随着社会、经济和政治环境的变化其内涵和重点也将不断地变化。政府所要履行的公共受托责任，不仅包含对公共资源履行合理配置和管理的责任，还要对公共资源使用效用负责并对信息进行披露，因此政府必须制定一系列的机制去加以约束和管理，这些机制便是国家治理的工具。政府会计以公共受托责任理论为基础，以履行公共受托责任为首要目标，是重要的国家治理工具。

随着政府在公共管理职能上的不断完善，公众对政府公共受托责任的履行提出了更高的要求。公共受托责任的内涵和公众关注的焦点也在不断变化。在这种情况下，政府会计作为政府财务信息披露和公开的主要来源，不仅可以帮助信息使用者对于政府的公共受托责任的履行状况有更全面的认知，还可以使得政府的工作服务质量以及整体运作效率得到提升。因此，我国政府将权责发生制引入政府会计工作，主动积极地推进政府会计方面的改革，以适应公共受托责任发展对政府会计工作提出的新要求。

在实际中，公共部门实务工作的开展与对应公共受托责任的产生几乎是同时发生和消除的，公共受托责任按照产生、履行、解除三个阶段进行细分，设计了逻辑分类框架。其中，责任产生阶段按“代理链条顺序”分类，责任履行阶段按“责任履行顺序”分类，责任解除阶段按“责任履行效果”分类。在责任产生阶段的具体构造过程如下。

①代理链条顺序分类。公共受托责任源自公民与政府的委托代理关系，这是最本质的代理关系，这里的政府指的是中央政府。由于国家事务的庞杂性，中央政府不可能将提供公共产品和服务的职能全部转化为实际工作，更多的时候，中央政府是在履行管理和调配的职能，即通过法律法规的形式将其对公共资源使用和调配的权力配置到各个职能部门，各职能部门再依次下放到各个层级或移交同级，连带着将相关的公共受托责任也分配出去，直至具体到每个国家公务人员。正是由于这种代理关系的逐级委托、层层递进，更为细化的公共受托责任就此产生，公共受托责任的委托方和受托方分为公民与政府、立法部门与行政部门、行政长官与公务员三大类。按照从组织结构的角度将受托责任划分为内部受托责任和外部受托责任的观点，政府对公民的受托责任就属于外部公共受托责任，而行政部门对立法部门、公务员对行政长官的受托责任就属于内部公共受托责任。很明显，外部委托代理关系是产生内部委托代理关系的必要条件，因此，我们把委托代理链条分为前端和后端，前端委托代理链条对应“外部公共受托责任”，后端委托代理链条对应“内部公共受托责任”。前端委托代理链条是后端委托代理链条产生的前提，但内部公共受托责任履行的结果也决定了外部公共受托责任的最终解脱。

②前端委托代理链条再分类。前端委托代理链条对应公民与政府之间的公共受托责任。从委托客体上分析，公民委托给政府的既有无形的公共管理权力，也有有形的公共资源，这两者之间是否也存在逻辑关系呢？首先，从政府的形成过程来看，公民的聚集形成组织，当这个组织满足一定条件时就成为国家，而公民作为互相独立的个体，不会主动提供非营利性的公共服务，更不具备领导庞大组织，处理国家事务，短时间内调动、管理和分配资源的能力，因此在民主社会，公民便通过宪法的形式将公共权力集中于立法机关，立法机关通过投票的方式选出行政机关的首脑，这些首脑及其所代表的组织也就是政府。政府在接受公共权力委托后，自然要承担起提供公共产品和服务的公共受托责任，这种由权力的委托而形成的责任便是“公共权力受托责任”。另外，为了能使政府顺利履行职责，公民同时会将公共资源和财产的管理权、使用权以各种方式（比如纳税）委托给

政府，政府不仅要保障资产的完整性，更要经济地、高效地“取之于民，用之于民”，这种由资源的委托而形成的责任便是“公共资源受托责任”。上述两类责任相辅相成，公共资源和公共权力的委托是公共受托责任的基础，充分体现了公共受托责任的特征即“公共性”。可见，公共权力的委托是公共受托责任的开始，公共资源的委托则是履行公共受托责任的必要路径。

在责任履行阶段，公共受托责任的划分也可以从受托方的履行过程去考察。

①在受托方收到委托方的委托之后，首先就要以最大的善意、最有效的方式履行义务，这是从行为层面对受托方的责任约束，因此我们把这种公共受托责任称为“行为受托责任”。

②但在受托方完好地履行了行为受托责任后，其公共受托责任并没有解除，因为受托方还负有向委托方报告使其了解资产使用情况的责任，这种公共受托责任就是“报告受托责任”。

③对于两者之间的关系，报告受托责任是行为受托责任的必然延伸，当然，行为受托责任和报告受托责任之间也是相互作用的。政府行为受托责任履行的结果直接决定了报告受托责任履行的顺利与否，如果政府没能按规定管理使用资产或有效地提供公共服务抑或完成上级指标，即使其向公民或上级报告也无法将公共受托责任解除，这么看来行为受托责任是占据决定性地位的。

当然，报告受托责任也会反作用于行为受托责任，因为向公民或上级报告工作状况的义务，会在无形之中向政府或下级部门施加压力，迫使它们尽其善意履行职责，所以报告受托责任对受托方来说依然有其影响力，毕竟它是责任履行的最后阶段。除此之外，行为受托责任处于实质层面，而报告受托责任处于理论层面，报告受托责任的履行及其履行结果还受诸多环境因素的影响，其中最重要的是委托代理双方的实力与博弈。

在责任解除阶段，受托方履行责任的根本目的是解除公共受托责任，而公共受托责任的解除与否在于其履行责任的效果能否获得委托方的满意。

①就公共受托责任而言，公共部门要以最大的善意管理公共资产、行使公共权力，而在民主法治社会，对“最大善意”的界定就是“遵纪守法、公正廉洁”，所以参考对公共受托责任的细分，此处公共部门承担的是“过程合规性公共受托责任”。

②不仅如此，随着政府会计目标“管理取向”的变革，政府作为一个会计主体其自身的财务绩效也愈发被重视，倘若说以往执行单一“控制取向”的政府只关注预算是否达标、行为是否合规，那么新时代强调“管理取向＋报告取向”新

会计目标的政府更要关注其资源使用是否有效且高效、各项工作是否遵循成本效益原则，此处公共部门承担的则是“结果绩效性公共受托责任”。

③从责任解除的角度看，上述两类公共受托责任也是有逻辑关系的。政府履责过程的合规性是解除公共受托责任的最基本要求，当政府对私利的关注超越公民利益时，其难以取得令公众满意的绩效；但我们也应看到，即便政府以最大的善意行使其权力，也不见得一定能取得卓越的政绩。因为高效的政府依赖于各种因素，如自身的财政管理能力、资源的配置能力等。由此可见，过程合规性公共受托责任只是结果绩效性公共受托责任的必要条件，而非充分条件，但相对于结果绩效性公共受托责任，过程合规性公共受托责任更容易评价。

（二）受托责任含义与来源

受托责任理论指出审计因受托责任的发生而发生，又因受托责任的发展而发展，对于受托责任的含义，目前主要有三个观点：报告观、行为观和综合观。报告观的重点放在报告上，认为受托责任指的是向委托人报告的义务，受托人需要向委托人提交报告并说明解释其行为的正当性。行为观的重点则放在受托者的行为上，认为受托人应当对自己的行为负责，对于自己管理的企业，需要承担将企业发展得更好的责任。综合观是目前的主流观点，它将前两种观点结合在一起，认为单纯强调某一方面都是不合理的，既要合规使用受托资源并产生效益，又要实际报告其经营状况。同时，受托责任还有广义与狭义之分，狭义的受托责任只是对其委托人负有责任，而广义的受托责任是对所有的利益相关者都具有责任。了解了受托责任的含义，我们还需要知道受托责任的来源。之前的观点主要赞同的是企业的两权分离产生了受托责任，当企业规模较大、信息量较多时，企业所有者做不到面面俱到，或者企业所有者并不擅长管理，因此需要委托其他人来帮助管理企业，经营者的报告则是所有者了解企业状况的通道。随着两权分离现象的普遍化，产生受托责任的范围扩大，现在的观点认为，并不只是两权分离才会产生受托责任，只要存在授权关系，受托责任也随之产生，即管理分权制也会产生受托责任。当企业规模达到一定程度时，企业的管理者同样不能做到直接管理所有的事情，于是产生了权力下放，形成了受托责任长链，下级管理者需要对上级管理者进行报告，说明企业财产的实际使用情况，因此也会存在受托责任。

受托责任是内部审计的本质，内部审计作用于企业各个层次的受托责任中，委托方和受托方进行资源转换和沟通时，需要第三方来进行监督和考核。内部审计发挥公司治理作用的前提是存在受托责任，内部审计会随着受托责任内容和范围的变化而变化，而促进内部审计变化的具体措施就是内部审计制度变革。面对新时代的变化，内部审计制度的变革，既是应对内部审计新挑战的方式，也是更好行使受托责任监督的重要工具。

（三）受托责任观的基本观点

受托责任观注重对信息的真实反馈，受托责任观产生于会计产生发展初期，发展于工业革命之后。随着公司制的逐步发展，委托代理关系逐渐形成，受托责任观发展成一种流行的观点。受托责任观强调委托方和受托方的关系，委托方将资源交付于受托方进行管理和经营，受托方出于责任和义务，应当定期向委托方汇报对资源进行经营管理的成果。委托方汇报、反馈企业经营成果的主要途径就是财务报表。为了保证委托方监督管理职能的实现，委托方更加强调信息的可靠性。在这一目标的驱动之下，受托责任观更加关注企业的历史信息记录，需尽可能客观地还原已经发生的交易事项。事物总是有两面性，受托责任观过于注重信息的可靠性，但是却忽略了信息的预测价值和决策相关性，这种列报模式下，报表使用者很难对未来的事项作出准确的判断。另外，受托责任观比较关注已有委托方的利益诉求，却容易忽略潜在利益相关者的利益诉求。

受托责任观产生的背景是两权分离，即企业的经营权和所有权分离，由此产生了职业代理人。“受托责任”一词来源于《圣经》，英文为“stewardship”，过去常被用于管家为主人管理财产等场景。随着经济的发展，逐步被应用于管理者受到资源所有者的托付，为所有者管理资源，并且对其的要求也由保值逐步衍生到增值。在现代经济社会当中，人们认为，“受托责任”不仅是以往所需求的保值，“受托责任”的根本需求应该是兼具保值与增值的属性。1973 年，美国注册会计师协会（AICPA）曾明确提出，“stewardship（管家责任）”已经无法满足现有的会计需求，“accountability（经管责任）”所包含的对资产的保值和增值负责才是经营管理的根本，这一过程还包括资产的使用、利用、废弃等，这一观念也被国际会计准则理事会在 2015 年的财务报告概念框架意见征求稿中提出。

（四）受托责任观下的会计目标

会计主要是向股东提供有关管理者经营业绩的历史信息，反映企业管理者在受托期间的财务状况和经营成果是否达到股东事先设定的要求以解除受托责任。受托责任观认为，股东和管理者之间存在代理问题。管理者并不总是和股东的利益一致，其经营管理企业的努力程度并不能够被股东获得，即双方之间存在的道德风险会导致代理成本的发生。解决代理问题的措施是监督和激励。监督是在企业内部制定制度、完善内部控制制度和通过外部审计对管理者的行为进行约束，并能够在一定程度上确保会计工作的正常进行，按照企业会计准则的要求提供可靠的会计信息。激励则是对管理者进行业绩考核及评价，并把评价结果与激励挂钩，引导管理者和股东的目标相一致。受托责任观下的会计目标如图 3–1 所示。

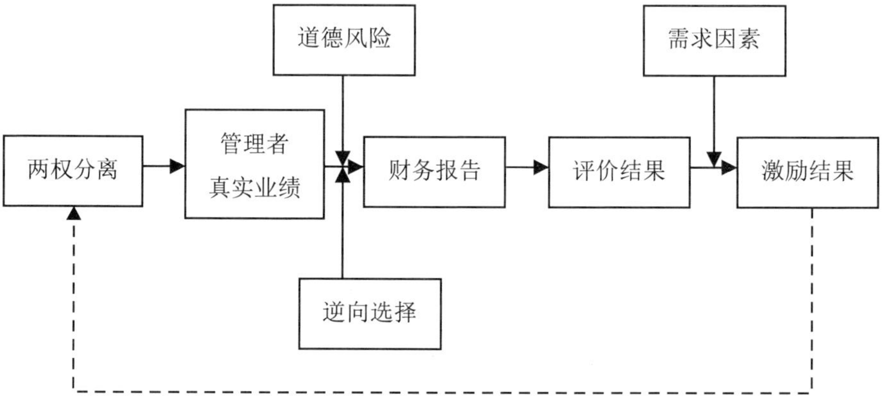

图 3–1　受托责任观下的会计目标

二、决策有用观

决策有用观主张能够帮助外部用户做出相关经济决策的会计信息才是他们真正需求的信息。这一理论的形成始于 20 世纪下半叶的美国，当时的资本市场相对成熟且发达，而企业的所有者结构则较为分散。这一环境的特点就是当企业需要进行重大决策或任免时，中小股东并不能对此发表意见，这种情况下中小股东的需求就由关注管理层的履职情况转变为重点关注其所能够获取的收益和报酬（如股息）等。也正是当时市场环境下的股权相当分散，使得存在非常多的分散股东，这一部分投资者在进行投资时就需要参考和借鉴企业的会计信息，并在借鉴的基础上做出投资决策。基于该种背景，当时的美国会计准则机构将这一信息需求作为财务报告的关键目标，强调会计信息对于投资者投资决策的有用性。

1960 年以后，关于财务报告目标的观点世界各地说法不一，其中“决策有用”一直是能够被多数群体广为接受的主流观点。1978 年，美国财务会计准则委员会在其发表的第 1 号财务会计概念报告《公司财务报告的目标》中指出，“决策有用”即“对投资决策和信贷或类似决策有用”，当信息使用者可以做到“做出合理的投资，信贷和类似的决定”时，会计信息被认为是决策有用的。这些信息可以识别资源的有效使用或无效使用，评估投资机会的风险回报比，或帮助促进金融或其他市场有效地发挥其功能。

（一）决策有用的信息观

只有当信息能改变信息使用者的观念和行为时，它才是有用的。投资者会基于已获悉的新信息修正对未来收益的预期，并做出决策进而导致交易量和股价的变化。因此，会计信息含量或有用程度可通过其公布后所导致的交易量和股价变化程度来衡量。这种将证券价格变动程度与信息含量，进而与决策有用性等同的财务会计理论方法称为决策有用的信息观，该方法验证了会计盈余具有信息含量。在有效资本市场中，会计信息会改变信息使用者对未来股利支付的预期，进而影响股价。人们可以基于当期会计盈余预测未来会计盈余，未来会计盈余将会直接影响企业未来的股利支付金额，未来现金流（主要是股利）现值的大小将作为投资者决策的重要依据，进而影响股价。

企业价值在资本市场的最直接体现为股票价格。若股票价格低于计算出的企业股票的价值，则认为股票价格被低估，此时应做出继续持有和购买的决策。反之，若股票价格高于计算出的企业股票价值，则认为股票价格被高估，此时应做出抛售股票的决策。从理论上来说，当期会计盈余与股票价格（或股票收益率）是紧密相连的，有关会计信息含量的研究方法主要有事件研究法和关联研究法。

①事件研究法。事件研究法以有效证券市场为前提，其基本原理是根据研究目的确定事件发生日，根据事件发生日股价或者交易量变化情况来验证或推断某一会计事件是否向投资者传递了增量信息。事件研究法的事件窗相对较短。假设证券市场有效且投资者理性，股价能反映所有公开可获得的信息，而且，股价会基于新信息迅速进行调整，投资者方能通过投资决策获得超额报酬。因此，可以用超额报酬来衡量股价对事件的反应程度。事件研究法的基本研究步骤如下：首先，确定事件发生日、事件窗口期和估计期；其次，根据股票的日个股回报率估计事件窗口期（正常条件下）的正常报酬；再次，根据实际报酬和正常报酬的差额计算出超额报酬；最后，进行统计检验，判断其显著性。

②关联研究法。会计信息含量中的关联研究法主要检验较长的窗口期内会计信息对股价或股票回报的影响，其研究事件窗口期比事件研究法要长，一般为一年或者更长。根据已有文献，关联研究法最常见的是增量关联研究和相对关联研究。增量关联研究，主要是关注模型的回归系数，如果主要研究变量回归系数显著且不等于零，则说明该变量具有价值相关性。相对关联研究，通常用于比较不

同的会计信息数据与股票报酬或股价之间相关性的差异。广泛应用的价格模型和收益模型即为相对关联研究，比较模型的差异，其中差异越大则价值相关性越高。价格模型和收益模型各有利弊，价格模型易产生异方差问题，而收益模型中会计收益的解释能力通常较弱，因此有的学者采用不同的模型进行实证检验，也有的学者鉴于二者各有利弊而同时采用价格模型和收益模型进行研究。

“信息含量”这一表达源于决策有用的信息观，最初以会计信息公布后所导致的交易量和股价变化程度来衡量其信息含量的大小，多以股票市场研究为主。后来，会计信息含量的外延逐渐扩大，主要涉及管理层讨论与分析、年报核心竞争力信息披露、分析师研究报告、审计报告、审计质量和关键审计事项披露、电话会议的自愿性信息披露、交易所问询函、社会责任信息披露等，由会计信息拓展到非会计信息领域，研究视角由投资者拓展到债权人、证券分析师、审计师、管理层等。

（二）决策有用的计量观

会计作为一个信息系统，其核心职能是会计计量。在对收益进行计量时，不得不面临计量模式的选择问题。会计计量模式的选择是各种要素相互影响的结果，可从理论和现实两个不同侧面加以考察。从理论上看，会计计量模式的选择受一定财务报告目标的驱动。不同财务报告目标对计量属性有不同的偏好。受托责任观倾向于事实性基础，即尽可能客观、公正地反映计量对象的真实状况；而决策有用观则更倾向于目的性基础，即对信息使用者即将做出的决策有用。目前，财务报告目标越来越侧重决策有用观，报表使用者对会计信息相关性要求较高，现行价值计量迎合了这一目标的转变。然而，会计计量模式的选择，除了受理论因素的影响，还受经济环境、经济利益、政治关系、技术可行性、成本约束和限制等多种现实因素的制约。

首先，从经济环境来看，自 20 世纪 70 年代以来，会计主体所处经济环境发生了巨大变化。面对物价波动、汇率浮动造成的币值不稳、金融工具加速创新、新型保险产品的涌现等经济发展新形势，历史成本计量的弊端日益凸显，越来越多的资产负债需要以公允价值或者现值计量才更具合理性。收益的内涵也发生了变化，从收入费用观下的净利润逐步引入大量与现行价值计量密切相关，具有波动性、暂时性等特征的利得和损失，逐渐形成与总括收益观、实物资本保全相一致的收益理念。

其次，从经济利益角度看，会计信息代表着一定的经济利益关系，其披露具有经济后果，会直接或间接影响各利益集团的切身利益。各利益集团会通过各种途径对准则制定或修改施加影响，对会计信息质量的要求、会计计量方法和模式的选择都是各利益主体协调的结果。就会计信息质量的要求而言，目前相关性和可靠性（如实表达）是最基本的会计信息质量要求，随着财务报告目标越来越侧重决策有用观，财务报告使用者对会计信息相关性的呼声逐渐加强，公允价值和现值计量更符合相关性要求。

再次，从技术可行性层面看，目前用现行价值计量全部资产和负债在技术上仍不具备可行性。

最后，从成本效益原则来看，受成本约束和限制，历史成本信息相对容易获得，部分资产负债以现行价值计量即使在技术上可行但代价相对较高，不符合成本效益原则。简言之，由于理想状态所需条件不完全具备，不能使用现行价值计量所有资产和负债，综合考虑理论和现实中多种因素的影响，在会计计量模式上不得不引入混合计量模式。

随着对决策有用观重视程度的加强，决策有用的计量观也逐渐取代了决策有用的信息观。信息观强调历史成本计量和信息的充分披露，以投资者理性和有效证券市场假设为前提，认为信息披露的内容重于披露的形式。现实中，市场并非完全有效，投资者存在认知的局限，容易过度自信，容易犯代表性偏误和自我归因偏见等，说明投资者是有限理性的，导致噪声交易期望值不等于零。这无疑增加了企业财务报告在资本市场的重要性，代表市场并不是充分有效时，减少的包含于实际股票价格中的信息。说明在市场不是充分有效的情况下，股价并未反映所有可以获得的公开信息财务报告不仅可将企业内部信息外部化，还可在提高市场有效性方面发挥积极作用。然而，现实中投资者是有限理性的，信息的内容和形式均会影响投资者的信息解读。换言之，信息列报和披露位置会影响其信息作用的发挥。一般而言，信息使用者对报表列报的信息关注度较高，对补充披露、附注等不够重视。将现值会计纳入报表体系，是增加财务报告作用的重大尝试，理论上可以减少信息使用者获取信息的成本，提升信息透明度，为信息使用者的理性决策提供帮助。现实中，证券市场并非充分有效，且存在大量有限理性投资者，这从某种程度上支持了决策有用的计量观。

决策有用的计量观认为，在保证信息可靠的基础上，强调财务报表尽可能以现值计量，以增强决策的相关性。企业价值全部由资产负债表信息决定，利润表没有任何信息含量。而现实处于非理想状态，存在未记录的商誉，企业价值由资产负债表和利润表各变量信息共同决定，即资产负债表并未包含所有相关信息，仍需利润表提供与决策相关的额外会计信息。此时，利润表具有信息含量，且非正常收益持续性越强，利润表对报告使用者评估企业价值、预测企业未来前景的作用则越大。报表使用者只有全面分析资产负债的价值变动，才能提高企业价值估值的准确性，不仅要关注企业过去的已实现损益，还应考虑可能影响企业未来损益的净资产价值变动。干净盈余理论说明公司价值由资产负债表与利润表基本的组成部分共同决定，并很好地支持了决策有用的计量观。

决策有用观强调信息对经济决策的价值，为报表使用者提供辅助经济决策的信息是决策有用观追求的重要目标。在资本市场日益完善的情况下，越来越多的社会公众成为公司的股东，委托方的范围逐步扩大，不再仅仅限于过去少数的投资者，并且社会上的中小投资者并非关注企业的持续发展和长久经营，而是更加关注企业影响股价变动的信息。因此，信息的细化分解更有助于报表使用者获取更多支撑经济决策的依据。在决策有用观的指导下，不管信息是否需要依赖于主观判断，只要遵循成本效益原则，就应当尽可能地提供更多的信息。决策有用观不再苛求信息的可靠性，而是更加注重企业提供的信息是否有助于报表使用者做出有效的判断决策。

（三）决策有用观下的会计目标

在会计理论及实践发展的过程中，财务报告的目标并未发生什么改变。其主要观点有三条：第一，会计本身的功能与财务报告的目标从过去到现在几乎没有发生什么变化；第二，财务报告目标不是由外部信息使用者的需求所决定的，而是由会计本身的功能和性质所决定的；第三，会计信息是一个信息系统，是为更好地满足信息使用者的需求而服务的。

随着经济的发展，资本市场规模和企业规模的扩大，单个所有者占企业股权的比例逐渐缩小，股权越来越分散，这导致任何一个股东都不会花费成本对公司管理者进行监督、考核评价和激励，而让其他股东“搭便车”。监督的经济外部性造成股东对公司管理者受托责任的监管转移到资本市场。在资本市场中，公司股票具有极高的流通性，股东通过财务报告等方式搜集信息，做出经济决策，然后通过“以股投票”向公司管理者传递股东意愿。同时，随着市场竞争的加剧，公司经营环境发生变化，股东虽然掌握着公司利益的剩余索取权，但其他利益相关者在公司发展过程中正发挥越来越重要的作用，其诉求也越来越受到公司的重视。公司会计为其他利益相关者提供信息支持以帮助他们做出相关决策已经得到普遍认可。决策有用观下的会计目标如图 3–2 所示。

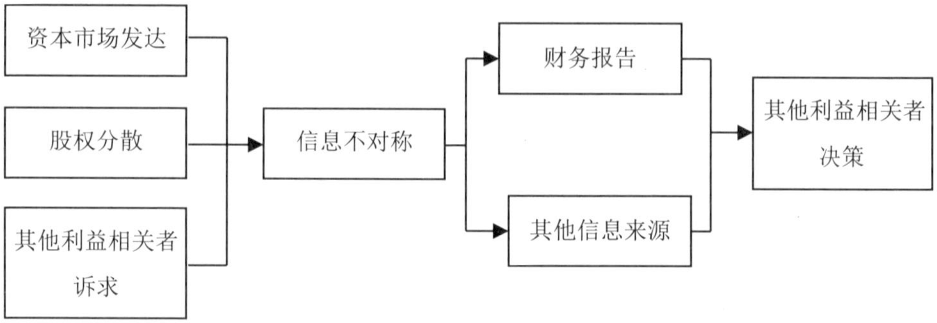

图 3-2 决策有用观下的会计目标

三、两大主流观点的融合

目前，受托责任观和决策有用观这两大主流观点已出现融合之势。受托责任观和决策有用观，在相互斗争又相互融合的过程中，对各国的会计理论研究和会计实务产生了深远的影响，并催生出不同的会计模式。会计目标观下的受托责任观和决策有用观，都是因“所有权和经营权二权分离”这一商业模式而存在，由于产生的背景不同（资本市场发达程度不一），二者产生了分歧。在资本市场发达度低，或是股权分散的国家，如20世纪上半叶的美国或是日本等，其市场环境则适合以明确的受托关系为主导、提供管理层履行责任与否的信息的受托责任观。从预期报表使用者的受众来看，对于企业的大股东来说，受托责任观更适合其信息需求；而对于更为广泛的企业外部信息使用者来说，决策有用观则更适合其信息需求。不过值得注意的是，虽然二者目前看来存在一定的出入，但是本质来看并没有什么矛盾，因为二者保持着相辅相成、你中有我、我中有你的运用关系。对于需要有用信息进行决策的投资人而言，同样需要了解管理层的履职情况，以对企业做出全面的评估和判断，其主要产生分歧的部分是基于信息的使用需求会受到一个很广泛的受众群体的影响，每一部分群体的信息需求及侧重点都有差异，要满足所有信息使用者的使用需求本身就存在困难，也正是在此基础上，会计目标衍生出两大理论。

总体上，从动态的角度看，受托责任观和决策有用观这两种观点是有融合性与共性的。二者的融合性主要体现在我国的会计规范体系中。《企业会计准则》指出，会计信息应当与我国的宏观经济发展相契合，对于各方的需求应当充分了解，在了解各方需求的基础上，基于企业财务状况和经营成果，满足企业经营需要，优化企业管理结构，提高企业管理的合理性。以上的描述中，从实质角度上来看，对受托责任观和决策有用观进行了反映，只不过在描述中是一种比较模糊的表述。首先，会计信息的需求者方面，需求者所包含的人员很广泛，包含了投资者（现有投资者、意向投资者）；其次，财务报告主要是包含资产负债表、利润表和现金流量表，我们都知道资产负债表、利润表是权责发生制为记账基础出具的报表，被受托责任观所重视，而现金流量表是收付实现制为依据出具的报表，被决策有用观所重视。

第三节　会计目标基础理论

一、会计目标相关理论

（一）委托代理理论

委托代理理论最初诞生于20世纪30年代。在分离经营权与所有权之后，代理人与委托人随之诞生，前者主要指管理公司一方，后者则代表拥有公司所有权一方。该理论强调，代理人和委托人掌握的信息存在差异，即存在信息不对称，按照理性经济人假设理论，代理双方主要基于自利目的做出相应的经济反馈行为。从掌握的信息程度来看，委托方了解的信息少于代理人掌握的信息，处于信息弱势一方，因此面临一定的逆向选择与道德风险。整体来看，可以将该理论问题划分为下述几类：其一，股东与管理者之间的代理问题；其二，大股东与中小股东之间的代理问题；其三，股东与债权人之间的代理问题。

1. 股东与管理者之间的代理问题

在代理理论的框架下，代理问题会带来股东对管理者激励、监督的成本增加，加上管理者的自利行为，企业代理成本上升，对企业价值产生不利影响。因此，如何解决代理问题、降低代理成本，成为现代企业研究的重要命题。依据代理理论，解决公司代理问题的思路有两种：一是使用激励监督机制使管理者与股东的利益目标趋于一致；二是避免管理者与股东之间的信息不对称。

一方面，监督与激励机制的建立更多的是从企业内部进行考量，如何从公司内部解决代理问题，是现代公司治理研究的核心命题。自代理问题提出以来，公司治理环境的改善能够缓解代理问题已经得到了充分的验证。从企业内部来讲，当公司缺乏有效的治理机制时，管理者也更容易对企业盈余进行操控。公司治理的改善有利于降低企业的盈余管理水平，减少盈余波动，提升企业盈余的持续性，改善盈余质量，从而提升公司价值，即有效的公司治理机制能够缓解代理问题。

另一方面，避免股东与管理者之间的信息不对称，除了依赖内部公司治理的完善，还需要配套相应的政策制度。盈余是企业管理者生产经营的成果，盈余持续性是企业盈余质量的重要特征，对企业价值具有重要影响，也反映了企业的代理问题。当企业存在代理问题时，管理者为了自身的利益考虑可能会做出非效率投资，包括投资过度和投资不足。因此，代理问题的解决也将直接影响公司的投资效率。

2. 大股东与中小股东之间的代理问题

在英美股权高度分散的资本市场中，大股东与中小股东之间的代理问题并不明显，企业的代理问题主要表现为股东与管理者之间的利益冲突。但在股权相对集中的资本市场中，大股东控制公司的情形较为普遍，尤其是在投资者法律保护机制并不健全的国家。在股权相对集中的资本市场中，控股股东占有较高比例的股权，能够更好地监督管理者的行为，管理者与股东之间的利益冲突能够得到缓解，但产生了大股东与中小股东之间的代理问题。

对于中小股东而言，难以参与公司的投资决策，也处于信息劣势方，他们要承担公司投资的风险，却很难享有公司的投资收益，但对控股股东而言恰好相反，他们可能会为了投资有利于自身利益的项目，同时在所有股东之间分担成本，比较普遍的问题是大股东对上市公司的掏空行为，导致公司出现非效率投资。

可见，缓解大股东与中小股东之间代理问题的机制，很难从企业内部治理解决，更多地依赖于投资者保护机制的构建，包括相应的政策制度的优化，通过缓解大股东与中小股东之间的信息不对称，降低中小股东的信息劣势，缓解这类代理问题所导致的低效资源配置。

3. 股东与债权人之间的代理问题

负债是现代企业重要的融资方式，企业一旦采取负债进行筹资，便形成了股东或管理者与债权人之间的委托代理关系。对于债权人而言，其最关心的问题是资金的安全，即能够定期获得利息，到期收回本金。因此，他们会期望公司在进行资金规划的时候，投资那些风险较小而收益稳定的项目；而股东或管理者，他们则会期望资金给企业带来最大化的收益，在进行资金投资时会倾向于选择那些高风险、高收益的项目，确保在给付利息之后还能有较大的项目投资收益。可见，二者在利益目标上也存在差异。

当股东或管理者从债权人手中获得资金后，便拥有了这部分资金的控制权，出于对自身利益最大化的考虑，可能会产生冒险投资的行为，不利于债权人的利益保障，而债权人作为外部利益相关者，对于企业股东或管理者的行为也无法完全监督，由此产生了股东与债权人之间的代理问题。债权人为了控制自己的资金风险，可能会在债务契约中加入资金的使用范围等限制性条款，或者要求更高的贷款利率。这些条款或者资金成本的上升会限制股东或管理者的投资行为，从而引发企业投资不足的问题，使得企业的资源配置效率降低。除了债权人自身在债务契约中设置限制性条款，要想解决企业股东或管理者与外部债权人之间的代理问题，更重要的是提升公司的信息透明度，提高盈余质量，避免二者之间的不对称，从而确保企业能够获得资金，又不会受到债权人对于资金使用的限制。

委托代理理论研究的核心问题是企业所有者与管理者之间的委托代理关系及代理问题。由于企业内部的委托代理关系是通过签订契约的方式形成的，是契约关系，因此，委托代理理论实际上是契约理论的延伸。“经济人”假设是代理理论的前提，股东将以追求利润最大化、股东财富最大化等为企业经营目标，而管理者也将追求其自身效用最大化的目标，包括更高的薪酬、更好的职业发展等。当满足“经济人”假设，并符合以下条件时，代理问题便会产生。

一方面，当股东与管理者通过签订一系列的契约，形成委托代理关系后，股东将其对企业资源配置的权利转移给管理者，并期望管理者能够按照他们的目标进行生产经营，然而在“经济人”假设下，管理者可能并不会完全按照股东的意愿去完成，这便是代理问题形成的第一个条件，股东与管理者的目标不一致。

另一方面，管理者作为企业的实际经营者，具有先天的信息优势，相比股东，他们不仅直接拥有了企业资源的控制权，还比股东更加了解企业的实际运营，即在股东与管理者之间存在信息不对称。由于股权的分散对管理者构成有利条件，股东也无法进行完全的监督，于是便产生了代理问题。管理者将做出有利于其自身效用最大化的决策，管理者的自利行为将有损于股东财富与企业价值。

依据委托代理理论，会计准则是直接影响企业盈余信息的重要因素，准则的优化缩小了管理者进行盈余管理的空间，改善了盈余质量，提升了盈余持续性，从而降低了管理者的内部信息优势，缓解了二者之间的信息不对称，缓解了代理问题。基于此，委托代理理论为会计目标奠定了重要的基础。

（二）契约理论

根据委托代理理论，企业是契约集合得到的产物，也是各个部分组成的集合体，参与主体由非股东和所有者的利益相关者构成。经济活动无论时间长短，经济主体无论显性还是隐性，市场经济活动各主体之间均可以视为存在契约关系，并且也可以利用其来分析经济情况。契约则是涵盖各方利益的协议，具有一定的法律约束关系，其最初诞生于常态化交换物品和剩余物品的时期，交换过程并非简单的利用制度对双方权利和义务进行界定和规范。由于掌握经济主体交换的方式、维持经济活动正常的秩序和结构也是必不可少的过程，因此，经济活动的主体能够形成一种规范方式并将其内化为一种习惯，在优化资源配置的过程中促使交易顺利进行。

在企业经营过程中，面对稀缺资源时，由于不同利益相关者的目标并不相同，而契约要求各参与者根据契约规定承担相应的责任与义务，如共享经营成果和提供资源等，因此契约关系可以起到监管和约束缔结者的作用，进而减少矛盾和冲突。流转经济权利是建立契约的基础，并且为了使缔约方经济预期与经济状况得到改善，在契约过程中一般会遵循意思自治、自由平等的基本要求。从会计和契约关系的发展和变化来看，交易演进对二者的发展起到一定推动作用，而从不同特征的交易维度来看，与之对应的契约功能也存在差异。

在经济快速发展的社会环境下，生产生活逐渐变得多样化，日常交易也将趋于完善。在此过程中，为了界定交易经济责任与权力、各方在契约中的基本条件，逐渐利用会计多样化来处理交易。显然，会计控制职能不仅能在交易中体现出来，在契约中同样可以诠释这一点，并且在签订契约方面也可以起到一定的促进作用。在现代社会环境下，面对更加复杂的市场交易活动，会计理论与实务研究因势而变，交易双方各个主体利用契约关系得到的利益耦合体开始成为当前业内的研究热点。不仅交易活动的主体可以反映契约关系的特点，而且相关准则、制度与目标等也可以体现出来。与此同时，在新常态、新经济市场化环境下，若以信息计量基础为历史成本，则一些较为重要的会计信息也容易出现滞后性明显的现象。在制定投资决策时，投资者会发现会计信息发挥的作用和预期存在一定差距。此外，历史成本计量在通货膨胀等因素的影响下，其真实性与可靠性也逐渐丧失。

实际上，现代契约理论可以划分为不完全契约与完全契约。完全契约理论的前提条件为当前面临的市场状况是完全竞争的，交易主体可以对即将发生和安排的事项预先了解，同时会主动遵守契约规定，属于一种理想的完全契约状态。尽管契约双方会在契约中约定对应事项的条款，但这些条款是基于现实的情况和一些可能事项而设定的，双方在履行契约的过程中，可能会出现无法预料的情况，如环境的变化、有限的理性行为、信息的不对称等，契约无法预计未来的所有事项，因此提出了不完全契约的思想。由于未来难以预测，所以在契约中所约定的商品或服务期限越长，契约所约定的条款便越难实现，契约所对应的商品或服务的买方对于契约规定的条款越难敲定，这便是契约的不完全性。随着行为金融学和实验研究方法在契约关系中的应用，不完全契约理论得到了进一步发展。

按照经济学对企业的理解，企业是一系列契约的联合体，契约主体包括股东、管理者、债权人、员工、供应商、客户、政府部门等企业内外部的相关利益者，这些契约主体通过显性与隐性的契约联系起来成为一个企业。由于契约的不完全，制度的安排便显得尤为重要，这包括内部的公司治理和外部的政策规范。

由于资本市场中存在契约的不完全性，因此需要制度和机制的设计来解决不完全契约所带来的问题，从而提升资本市场的资源配置效率。从企业内部来讲，完善的内部公司治理机制和制度设计可以缓解代理人的机会主义行为；从企业外部来讲，会计准则的完善有利于补充契约的不完全，从外部形成对管理者的约束和监督，从而有利于会计信息质量与盈余持续性的提升。不完全契约理论属于实务常态，以下几个方面体现出其存在一定的非完备性：第一，契约的签订和落实都会引发成本，如果这项经济活动所带来的利益不及自身成本，那么将与成本效益原则理念不符；第二，签订合同的双方均为有限理性经纪人，在多变的经济环境下，信息获取存在不确定性，而且不同的契约签署人在信息与环境的识别上也会有所不同；第三，信息网络不对称情况充斥在整个资本市场中，各个契约主体会凭借在信息上的优势获得更多收益。由于契约关系中的一些情况都可通过契约理论来解释，所以可对因会计政策调整而发生的企业行为进行解释。

契约经济学的探究开始于整套分析方法、范畴和概念。在分析契约的形成过程中，通过推导出一系列的公式和模型，在结合相应的理论与实务的基础上，进而衍生出细分理论，例如，不完全契约理论、隐性契约理论等一系列新理论，突破了经济学原有边界，拓展和丰富了经济学理论。

为了对与公司管理者之间产生的委托代理问题进行控制，公司所有者需要妥善处理自身与管理者之间的利益冲突，其中监督和激励是公司所有者对管理者行为发挥治理作用的两种主要方式。虽然监督和激励都会为公司所有者带来一定治理成本，然而由于激励机制有利于提高委托代理双方的关系融洽，所以薪酬契约一直是众多公司所有者最为关注的公司治理方案。最优契约理论认为公司股东为管理者制定薪酬契约的初衷是激励管理者努力工作，从而最小化委托代理成本、并最大化股东的财富。然而，在两权分离的制度下公司股东往往难以深度参与到公司经营活动当中，因此管理者的努力程度难以被股东所观测到，此时公司股东可以将公司业绩作为衡量管理者努力程度的指标。由此可见，最优契约理论的核心思想是，公司股东将自身财富与管理者薪酬进行相互挂钩，股东根据公司的业绩向管理者支付薪酬，从而推动管理者为了谋取利益而努力工作，实现公司股东和管理者之间的利益趋同。

当然，为了保证最优契约理论充分发挥效用，还需要满足诸多理论条件，这些条件在公司治理实践中往往是难以被完全实现的。例如，公司股东需要确保激励内容满足管理者的利益需求，即满足“激励相容”条件；还需要确保激励内容所提供的期望收益要高于管理者从其他行为中所能获取的基本收益，即满足“参与约束”条件；还需要确保公司的业绩能够尽量避免噪声干扰对管理者努力程度进行刻画，即满足“业绩信息量”条件。尽管在实践中这些理论条件往往无法被完全满足，然而最优契约理论还是得到了公司实践的广泛运用，基于国外公司样本的研究已经证实了业绩薪酬的普遍实施，而基于我国公司样本的研究也逐渐验证了管理者薪酬与公司业绩之间的正向关联。

虽然普遍实施的业绩薪酬制度有利于解决股东与管理者之间的委托代理问题，但具体到公司进行研发创新而言，为了鼓励管理者积极从事创新，股东应该反向运用最优薪酬理论，适当为管理者薪酬的业绩考核松绑。根据最优薪酬理论的前提条件，公司股东在制定业绩薪酬时需要确保公司的业绩能够准确地反映管理者的努力程度，即业绩衡量指标应该尽量保持一定的信息含量。因此，如果某项业绩指标存在较多的噪声，不能准确地刻画管理者的努力程度，那么公司股东应该降低其在薪酬契约当中所赋予的权重。研发不同于常规性的经营活动，投资创新需要在无确定方向的情况下反复进行尝试。尤其在创新活动的初始阶段，股东和管理者只有经常面对失败，才有可能在后期享受研发成果所创造的利润空间，因此创新活动为公司所带来的业绩收益并不稳定。此时，为了减少创新活动所导致的委托代理问题，公司股东应该放松对管理者薪酬的业绩考核，转而寻求通过其他合适的方法对委托代理问题进行控制。

（三）信息不对称理论

早期的经济学假设中，信息通常被认为是完全的，在市场交易中，双方都拥有对等、完全的信息。然而在现实环境中，这种情况并不存在，市场交易的双方很难拥有完全的信息。信息不完全的思想，可以追溯到英国经济学家亚当·斯密的《国富论》，他在《国富论》中认为，当贷款利率上升时，好的借款者会退出市场。这便是信息不对称可能带来的问题。

所谓的信息不对称，指在针对同一个体的信息中，有一部分人拥有比其他人更多的信息，拥有更多信息的一方是信息优势方，而其他人则是信息劣势方，在不同的事项中，信息不对称的程度存在差异。20 世纪 70 年代，美国著名经济学家乔治·阿克尔洛夫（George Akerlof）对二手汽车市场交易双方的信息不对称而引发的逆向选择进行了深入的分析。此后，信息不对称备受关注。在乔治·阿克尔洛夫的分析中，二手车市场中存在两种类型的车——好车和差车。相比二手车市场的买方，卖方对自己的车辆拥有的信息更加完全。由于买方对于车辆拥有的信息不完全，无法准确区分好车和坏车，因此对车辆的定价会根据新旧车在市场中的可能性估计出一个平均价格。对于坏车的车主来讲，这个价格高于其车辆价值，会愿意卖出，而对于好车来讲，这个价格由于低于其车辆价值，他们将不愿意卖出；长此以往，二手车市场中的好车车主将会退出该市场，而市场中将会只剩下一些坏车，由此出现二手车市场的失灵。这便是信息不对称所带来的逆向选择。

依据信息不对称理论，信息不对称可能带来逆向选择和道德风险两大问题。逆向选择问题通常在交易事项之前就存在，该问题之所以存在，是因为市场买方对卖方商品掌握的信息不完全，这也被称为隐藏信息的不对称；道德风险问题是指在交易事项之后信息不对称所带来的问题，表现为市场上一方对另一方的行为无法观察，这为隐藏行为的不对称。

在社会、政治、经济等活动中，存在交易关系的一类人所获得的信息量不同的现象称为信息不对称现象。信息掌握较为充分的一方在交易过程中将会有更多的主动权，而信息掌握不充分的一方将会在交易过程中处于更为被动的局面。拥有更加充分的信息的一方会更倾向于向拥有信息较少的一方传递已知信息，进而获得一定的收益；而拥有信息较少的一方也会努力从拥有信息较为充分的一方获取想要的信息。

在市场经济的各种活动中，各个交易主体，从各自的实际出发，能够获得的与交易有关的信息并不充分，通常，那些在市场交易活动中处于优势地位的主体，获得了相对丰富的信息；而在市场交易活动中位于不利地位的主体，缺少有效的知识。从信息不对称的角度出发，如果某一主体在经济竞争的活动中能够比对手获取更多的有关交易的有用知识，那么他就具有信息优势，并能以此取得经济利润。为了消除双方能够掌握的信息质量和数量的差异所造成的不利局面，信息劣势的一方在经济交易活动中应努力争取获得高质量的信息。信息不对称理论作为现代信息经济学的核心理论，能够有效解释商品的市场占有、信贷配给、商品促销、失业现象、股市沉浮等经济现象。市场交易活动中存在的信息不对称问题容易导致道德风险和逆向选择问题，会给市场交易活动带来负面影响。

信息不对称在资本市场中广泛存在。资本市场中的逆向选择问题通常表现为投资者的“用脚投票”，其根源在于管理者的内部人信息优势。由于管理者掌握了公司资源的控制权，也对企业的实际运营负责，因此会比股东掌握更多的信息，具有内部信息优势，他们可能会利用这些信息做出有损于股东，尤其是中小股东的行为决策，为自己谋取利益，常见的方式是做出虚假的信息披露，向投资者提供与企业实际并不相符的信息。企业的外部投资者通常会依据其提供的信息做出决策，但如果这些信息被投资者认为是不可靠的，那么他们可能会选择“用脚投票”，谨慎或放弃购买该公司的股票，这种逆向选择将导致市场机制无法有效运作。道德风险则是更为普遍的现象，现代企业普遍存在所有权与经营权相分离的治理结构，导致股东很难直接对管理者的工作过程进行监督，对其工作的态度和效率更是无法直接观察，这便为管理者创造了偷懒和做出自利行为的条件。当公司经营不善时，管理者可以将其归结为外部环境等不可控因素，而非他们自身的原因。道德风险问题的存在，将不利于公司正常的运营。可见，逆向选择问题可能会导致公司投资者的流失，股票价格下跌，企业价值降低；道德风险问题的存在，会导致企业的正常运营受到不利影响。

信息不对称理论反映了市场经济并非万能，当市场失灵时，政府的干预尤为重要。制度和政策便是常见的干预方式，具体到资本市场而言，考虑到信息不对称可能带来的逆向选择和道德风险问题，信息披露制度便被建立。《中华人民共和国公司法》和《上市公司治理准则》明确规定上市公司要定期进行公司信息披露，中国证券监督管理委员会、深圳证券交易所和上海证券交易所也明确要求上市公司要定期进行公司信息披露。其中，会计信息是企业投资者决策的重要依据。可靠一致的信息能够有效缓解资本市场中的逆向选择问题。除此之外，在对公司道德风险问题的抑制上，也可以将对管理层行为的监督与其经营成果挂钩，在对其进行考核评价时将净利润作为重要依据是常见的一种方式。由此可以看出，会计信息对于缓解资本市场信息不对称具有关键作用，会计信息质量更是直接关系着信息不对称的缓解程度。按照信息不对称理论，当信息不对称而引发市场失灵时，政策制度的规范尤为重要。

传统经济学理论假设交易双方拥有的信息完全相同，但是在实际经济活动中并非如此。现代经济学考虑到这一点，摒弃了传统经济学中的完全信息假设。一般来说，在实际生产交易活动中，交易主体发现所需信息的能力存在局限性，因而具备完全有效信息的可能性更加微弱。随着现代经济学的不断发展，信息在市场中的地位越来越重要。市场经济并不是完全合理的，信息不对称理论指出完全依靠市场中的自由体制来解决问题是不理性的，因而必须借助政府的监管手段来引导和规范市场秩序，使市场上的信息尽量做到对称，减少由市场机制给市场和企业带来的负面影响。

传统经济学理论的简单逻辑为收益即等于劳动产出，在此假设下人们很难将收益与信息不对称问题联系在一起。实际上，对交易一方来说减少信息不对称就意味着增加收益。当经济活动中存在信息不对称时，交易双方各自会面对各个方面的不确定性，而要减少此类不确定性就必须耗费一定的成本。因此，当市场中的信息不对称性减少时，交易双方能够显著减少此类成本，侧面提高交易双方的收益，因而在现代经济学中信息就意味着收入源泉。

信息不对称主要可以分为内生性信息不对称和外生性信息不对称两类，内生性信息不对称发生在契约形成之前，且该种信息不对称并不是由交易者后续经济活动造成的，因此从这一层面上来讲，它是当事人的初始禀赋；后者的外生性信息不对称则指的是在签订合同之后因无法预测、监督和观察相关行为导致出现的信息不对称现象，发生在交易双方发生经济联系当时和之后。

在减弱信息不对称带来市场效率低下的负面影响时，企业应当采取一定的手段加以缓解，以此来优化市场环境。首先，企业应当营造共享的数据环境，对数据进行标准化处理，加强数据之间的联系从而将信息不对称降到最低程度。其次，应当通过设计合理的契约条例建立目标一致性的信息机制，使得交易双方达到共赢状态。再次，应当充分发挥政府在宏观调控中的积极作用，发布相关政策调节交易双方的信息不对称，在当前的市场经济中建立有序的经济秩序，建立健全法律、法规和制度，使其相互配套，避免重复杂乱和遗漏。最后，应当培育公正、规范的中介企业，对披露信息的具体性、系统性和透明度做出明确的规定，同时建立风险预警机制并对各项风险项目进行评估和分析，达到提前准备和尽早管理的目的，使得第三方机构成为公正、可信赖的代表。

（四）决策理论

决策理论认为，决策是为了达到某一目的而运用数量方法或者对比分析选取一个最佳方案的分析判断过程。企业在运行过程中，会遇到各种机遇、挑战，一定会面临许多决策，管理层需要在众多备选方案中，根据企业实际状况选出最优方案，这一过程就是决策的体现。决策的有效性离不开信息的高效性，这就需要对信息进行整理、加工、分析，并汇总编制成报告，以便更好地为管理层提供决策依据。当企业的投资计划和战略方针制定完成后，管理层的首要任务就是扎实落实，投入具体的经济活动中。管理者做出决策，将宏大目标细分给各个部门，各部门员工根据决策进行逐步执行，确保计划和方针的实现。正因如此，决策理论对管理会计报告编制、应用和优化有一定的引导作用。管理会计报告的主要任务就是满足企业价值管理和决策支持的需要，使管理者从烦冗的信息中得到对决策有用的信息。决策理论认为，投资者的行为受期望效用最大化的影响和支配。假设投资者为理性风险规避型投资者，在期望收益一定时期承担最低风险，而在风险一定时希望收益最大。这意味着投资者在做决策时不但要考虑有关企业现金流量、盈利能力等相关信息，还需获取关于企业风险的相关信息，最终在风险与报酬之间权衡后做出合理决策。同样，包括贷款规模、贷款利率、贷款种类和借款期限等在内的信贷决策也是债权人在权衡风险与报酬之后的结果。

（五）信号传递理论

信号传递理论发展自经典的信息经济学，信号传递理论认为商品交易的卖方可以通过一定成本的信息传递向商品交易的买方传递信号，从而帮助买方根据卖方的信号对商品的质量进行判断，使买方愿意支付较高的价格以促成交易的实现。信号传递理论可应用于公司会计信息披露上，在现代公司两权分离的组织架构下，会计信息是由管理者代表公司进行编写和披露的。公司两权分离的制度赋予了管理者经营公司的责任，同时也导致了管理者对公司的信息披露的决策拥有自由裁量的权力，所以公司信息披露的内容和数量主要取决于管理者的考虑。对于公司的管理者来说，会计信息的信息使用者主要是公司的股东和投资者，因此管理者披露会计信息的主要目的有两个：一是帮助投资者更好地了解公司的经营情况；二是向股东详细地阐述自身的经营绩效。由此可见，通过积极的信息披露，管理者可以向公司股东和投资者传递公司正在良好运营的信号，此时管理者可以为公司争取到更多的投资，也可以为自身谋取更高的绩效评价，避免了股东和投资者因为信息不足而对公司运营状况产生顾虑，从而有利于减少股东和投资者可能产生的逆向选择问题。而对公司的股东和投资者来说，在两权分离的背景下，他们往往对公司各项经营活动的参与较为缺乏，他们主要通过对管理者发挥监督治理作用保障自身的权益，因此会计信息是股东和投资者了解和评价公司运营发展情况的基本依据。在这样的情况下，公司的股东和投资者都会对管理者的信息披露产生大量需求，如果管理者不积极进行信息披露，则容易造成逆向选择问题，导致管理者的经营绩效遭受股东和投资者的负面评价，进而对管理者的薪酬福利带来负面的影响。

信号传递理论可应用于创新信息披露上，并具有较好的解释性。具体而言，由于对公司的创新进行投资不同于其他的资本性投资，具有高投入、高风险、难转移的特点，所以创新活动的复杂性决定了创新项目的资金投入和成果产出往往难以被准确地量化或归类，这会导致管理者针对公司创新而发布的信息披露缺乏质量，从而降低了公司的信息透明度。较低的信息传递效率意味着管理者无法向公司股东和投资者有效地传递信号。根据信号传递理论的推论，这种情况可能会导致股东和投资者的逆向选择问题。一方面，在缺乏明确信号的情况下，股东将难以对管理者的经营绩效做出合理的评价；另一方面，投资者在没有信息引导的情况下也不敢贸然对公司进行投资。无论哪个方面，都不利于管理者薪酬福利的提高。此时，管理者将有动力针对公司的研发创新展开更加详尽的信息披露，从而缓解创新活动所带来的信息不透明，以期为公司的经营绩效进行辩护。然而，财务报告中传统的定量信息披露往往难以清晰地刻画公司创新活动的详细情况，因此管理者必须另外寻找合适的途径应对公司股东和投资者对公司创新活动产生的大量信息需求。在这样的情况下，以文本为载体的非财务信息可以帮助管理者对公司的创新活动进行阐述，从而向股东和投资者传递公司经营状况良好的信号。

（六）公司治理理论

公司治理理论源于现代股份制企业中的经营权和所有权是否应当分离，其目的是缓解经营者和所有者之间的冲突，在企业所有权层次上为企业管理者授权的同时对其进行监督。

1932 年，美国法学家伯利（Berle）和经济学家米恩斯（Means）在论述公司所有权和控制权分离的基础之上提出了一个关于公司治理结构的新理论，这也就是早期的公司治理理论。发展至今，公司治理理论已经成为一个集多种理论于一体的复杂理论，学者对于公司治理的理解也存在狭义和广义之分。狭义的公司治理仅包括内部治理，是指企业董事会、管理层等之间的结构和制度安排，着重解决两权分离的问题；广义的公司治理则加入了企业与员工、政府、社会等之间的利益关系，由此也产生了单边治理理论和共同治理理论这两个公司治理理论的不同分支。“股东为企业的最终受益者”是单边治理理论的核心，因为该理论认为股东拥有剩余索取权和控制权，因此股东利益最大化才是经营者的目标，此类公司治理模式中比较有代表性的是英美治理模式。但是目前企业大多是有限责任，当企业出现问题时，股东并不会承担与利益最大化相匹配的风险，因此股东最大化存在一定的局限。甚至在单边治理理论下，可能会出现一系列损害其他利益相关者权益的问题。例如，经营者为了追求利润最大化加大生产，节约治理成本而造成环境污染。共同治理理论则认为其他利益相关者的投入也是促进企业生存发展的重要条件，因此企业需要承担一定的社会责任，在追求股东利益最大化的同时，也要考虑其社会价值方面。共同治理理论的问题在于利益相关者的确定以及相互之间的关系协调上，同时为了保护利益相关者而忽视股东的地位也是不可取的，因此公司治理的目标应该是兼顾两者的均衡，实现各方面利益相关者的利益最大化。

公司治理的探索可以分为三个阶段：首先，在 20 世纪 70 年代到 90 年代，在尚未解决委托代理问题的背景下，当时的经济学家结合已有的两权分离思想，对所有权结构、股东、董事会等内部治理结构问题进行了深入分析；其次，在 20 世纪 90 年代后至 2009 年，研究重点主要着眼于内部控制行为，同时股东权益侵害问题也逐渐受到关注；最后，从 2009 年至今，由于受到 2008 年全球金融危机的影响，研究员们将研究重点转移到外部监管、媒体关注等外部治理内容上，并且一直成为学术界讨论和研究的重点。

公司不仅需要满足来自融资活动的信息披露需求，也需要满足内部和外部利益相关者对公司信息披露的需求。内部治理的信息需求者主要是股东和董事会，外部治理的信息需求者主要是资本市场中的监督机构和信息媒介。信息披露是连接公司和这些利益相关者之间的重要纽带，也是利益相关者了解公司经营情况的重要途径。因此，在对公司进行监督和约束的过程中，这些利益相关者也对信息披露存在大量需求。

内部治理结构是由股东和董事会形成的管理结构，内部治理机制主要包括股权集中度、董事会结构和高管薪酬等。股权集中度可以影响公司的信息披露水平，而且信息披露水平会随着公司内部人或家族人员持股比例增大而降低，当外部股东持股比例较大时则不存在这种情况。公司的股权结构、董事会特征和经营状况都会影响公司的信息披露水平，提高政府持股比例、降低管理层持股比例、减少独立董事数量、扩大经营规模都可以提高信息披露水平。提高大股东持股比例、提高管理层持股比例都有助于缓解公司的代理问题，因此能够提高公司的信息透明度。管理层持股比例较高的公司，管理者会更加关注股东利益和所持股票期权的价值，这种股权结构能够提高公司的信息披露水平。扩大董事会规模能够提高国有公司的信息披露水平，但对民营公司的效果不明显。扩大董事会规模和提高独董比例都能促进公司更全面地进行信息披露，而且在代理问题更为严重的公司中更有效。董事会设立审计小组或提高独董比例都能够减少代理问题，有助于促使管理者遵循最优信息披露原则发布信息。

高管薪酬也是公司治理的重要组成部分，高管回应利益相关者的信息需求是一种能力信号传递，管理者会出于表达才能的动机提高公司的信息披露水平，由此谋求更高的薪酬和福利。信息披露是股东考察管理者表现的重要依据，更高的信息披露水平能为管理者带来更高的薪酬待遇。管理者会对自身的超额薪酬进行回应，获得超额薪酬的高管会提高信息披露水平，披露更多的战略信息。也有的管理者为了提高薪酬业绩敏感性而提高信息披露水平，增加信息披露内容有利于改善股东和管理者双方的福利，特别是提高管理者薪酬和业绩之间的关联程度。管理者可以通过信息披露向股东解释公司绩效发生变动的原因，在业绩发生下滑时有助于降低薪酬黏性。信息披露能创建管理者与股东之间沟通的渠道，管理者能在其中充分发挥讨价还价的能力，从而争取到更高的薪酬业绩敏感性。公司的信息披露水平与管理者的薪酬业绩敏感性正相关。股权激励也可以起到类似薪酬激励的效果，能够促使管理层提高公司的信息披露水平。

随着公司治理的不断发展，一些学者开始将利益相关者治理模式引入其中，并将相关机制分为两部分，一部分为内部治理；另一部分为外部治理。前者指的是从公司层面出发，明确如董事会等内部机构的权责，以便将股东利益提升至最大。后者包含内部治理的决策、监督、激励三大机制。其中，激励机制可降低代理人的不当行为发生概率，降低信息不对称性程度；监督机制能够对公司管理层经营行为进行监督和约束；决策机制通过公司逐步形成的决策权而确立。企业的外部治理环境主要以市场为核心，结合第三方力量对企业外部相关经济活动进行控制和监督，通过协调各个交易主体之间的利益关系，保障公司日常经济活动能够平稳持续运行。外部治理包括制度环境约束、外部监管、媒体监督等。分析和研究公司治理内容，有助于更好厘清新收入准则、盈余管理和会计信息可比性之间的关系。

近年来，随着对公司治理目标和结构的深入研究，多边治理模式不断拓宽公司治理的边界并逐渐成为学术界的主流研究主题。企业作为多方主体组成的联合体，不仅由资本所有者组成，同时也是由股东、管理者、债权人和员工组成的契约联合体，因而公司治理结构是由股东、管理者、债权人和员工组成的利益共同体。公司治理结构处于动态发展过程中，由于公司需要不断根据外部市场以及同行业竞争者的发展策略来调整公司整体的发展战略，再加上受到外部监管机构相关政策和条例的影响，因此公司需要动态随机调整自身的发展战略。公司治理的本质是带来经济利益流入，评价公司治理结构的标准就在于其能否为公司创造源源不断的经济利益。由于公司治理结构是根据国家法律法规建立的，相应的法律法规对于利益相关者的义务和责任有着明确的界定。在实际经济活动中，由于受到市场波动的影响，公司利益相关者的经济行为具有随机性和不可预测性，因此需要通过签订一系列契约来约束经济活动参与者的行为，并且以文件的形式规范各方关系并解决争议，从而大大降低了缔约成本。

目前，受不同国家和地区法律法规和政治文化的影响，公司治理结构在一定程度上会有不同。随着经济全球化趋势的不断加强以及世界各国经济文化交流的不断深入，各国的公司治理结构开始趋同。由于我国是世界第二大经济体，在不同地区以及不同行业之间还存在一定的差距，因此在借鉴西方的公司治理结构时，要注意了解当下的中国国情，避免盲目西化，在充分兼顾内外部治理机制的情况下完善配套机制。

（七）有效市场理论

会计信息能够对资本市场投资者的投资决策产生影响，自此引发了学者对会计信息有用性的广泛关注。有学者以公司发布财务报告的日期为时间基点，发现公司进行信息披露期间其股票的股价会产生异于市场的超额收益，即会产生股价漂移现象，由此证明了会计信息能够帮助外部投资者对公司进行价值评估，进而对外部投资者的投资决策产生影响。在此基础上，又有学者针对公司的盈余信息展开研究，发现公司盈余信息能够对公司股票回报率产生影响，证明会计信息在资本市场中具有价值相关性，从而对会计信息决策有用性的内涵进行了拓展。随后有学者利用会计信息决策有用性，提出了基于净资产和净收益的公司价值评估模型，后来的实践表明该模型能够成功预测公司的实际价值，因此该模型在理论和实务研究中都得到了广泛的应用。公司所披露的会计信息是决定公司价值的核心因素，这揭示了会计信息对公司利益相关者的重要性。

在会计信息决策有用性的基础上，有学者针对资本市场的定价效率提出了有效市场理论。有效市场理论认为，资本市场可以吸收所有影响公司价值的信息，公司在资本市场中的价值等于对未来预期现金流的贴现值，所以包括会计信息在内的所有信息共同决定了公司在资本市场中的价值。随着有效市场理论的发展，有效市场被划分为三种形式：一是弱型有效市场，即均衡股价能够包含公司过去所有有关价值的信息；二是半强型有效市场，即在弱型有效市场的基础上，还能及时地将公开披露的新信息反映在均衡股价中；三是强型有效市场，即在半强型有效市场的基础上，还能及时将公开披露信息、私有信息等所有新信息都反映在均衡股价中。我国资本市场尚属于新兴市场，大多数研究认为我国资本市场不仅能包含公司过去的价值信息，也能够及时反映公开披露的新信息，即处于半强型有效市场阶段。

由此可见，在有效市场理论下公司价值是由与价值相关的信息所决定的，因此加强信息披露是提高公司价值的关键因素。公司提高信息披露的数量、质量、传递效率等都将有利于获得资本市场的积极的价值评估。

研发创新是驱动公司持续发展的必要战略，但创新活动容易导致公司的信息披露难以满足投资者的信息需求，造成公司信息不透明的问题。根据有效市场理论的推导，当公司缺乏关于创新活动的信息披露时，外部投资者难以给予公司价值积极的判断评估，反之公司则可以获得外部投资者较高的价值评价。

二、会计目标的构成

构成和制约会计目标的三个要素分别是会计目标的主体、会计目标的客体及实现会计目标的方式。

（一）会计目标的主体

会计目标的主体包括会计信息的使用主体和会计信息的提供主体两个方面。

1. 会计信息的使用主体

会计信息的使用者很多，这些会计信息的使用者由于决策目的、内容、方式的不同，对会计信息需求的内容、数量和侧重点不完全相同。在制定我国会计准则时，应把握重点，兼顾一般。会计信息的使用者主要包括以下几个方面。

（1）国家有关部门

由于我国实行的是社会主义市场经济体制，为保证社会主义市场经济稳步发展，国家职能部门会参与宏观调控、税收征管、利润分配和业绩评价等市场管理活动。但随着经济的迅速发展，国家职能部门在国有资产的管理上逐渐从经营者转变为投资者，旨在让国有资产在市场条件下发挥最大动能。在此基础上，国家相关部门包括财政部、税务部门、证券监督管理部门、市场监督部门等职能部门都需要不同的会计信息对未来我国经济发展做出相应的决策。例如，税务部门需要监督、控制企业是否如期、足额纳税，考虑税负大小、税收风险，思考我国未来的税收方向，保证国家机器有效运转，并且减少企业税负，增大市场经济活力。

（2）投资者和债权人

企业应提供有助于投资者和债权人进行投资或信贷决策的会计信息。投资者和债权人是会计信息最主要的使用者。企业的投资者希望在职业经理人的管理、运营之下，实现投资价值最大化，使其投入的资产保值、增值。企业的投资者不仅需要利用会计信息评价受托人的经营业绩，还需要了解企业的经营、获利、发展能力，保证企业能持续经营、盈利。

企业的债权人更多的是关心企业的偿债能力，企业是否能按时归还利息、到期归还本金，这些可通过财务报告获得相关的信贷风险和收益情况进而做出预断。在我国，企业的债权人大部分是国有银行，由于信息不对称，银行更加在意企业的风险控制机制，发现企业将其资金投放高风险项目或未按照约定使用资金，会提前结束约定或立即撤资，因此企业在日常经营中必须重视银行信用评估，否则资金链断裂将会对企业造成严重不利影响。

（3）企业管理当局

企业管理当局需要会计信息为其提供企业日常经营活动的一贯性、财务资金的流动情况、经营成果，考核各个部门业绩，对整个企业进行全局性的把控，以便把握企业未来发展方向、战略管理及未来目标定位，做出更科学合理的公司决策，保证实现企业经营能力最大化、股东价值最大化和企业社会价值最大化。

（4）职工

职工是会计信息的使用者之一，他们更关心企业的财务状况、经营成果及自身可获得的收益，关心企业的发展前景是否良好，以满足自身的成长需求。职工通过会计信息能够了解收入分配、福利待遇、晋升机制等与职工自身利益紧密相关的信息。

（5）社会公众

使用会计信息的社会公众主要包括消费者、潜在投资者等多元化团体。社会公众中的消费者关心企业产品或服务质量、使用产品的便捷性、是否有售后保障服务等；社会公众中的潜在投资者则关心企业的股票价值、是否履行其相应的社会义务，以便能更好地做出投资决策。

2. 会计信息的提供主体

顾名思义，会计信息的提供主体即提供会计信息者，在会计理论及会计实践过程中，提供会计信息者一般是联结企业和各类产权主体关系的会计组织机构和相关的会计人员。

（二）会计目标的客体

会计目标的客体是会计信息的使用主体需要的会计信息，会计信息的使用者从自身利益出发以及为了节约交易中的费用，必然会对会计信息质量提出要求，因此，具备可靠性、相关性、重要性、可理解性、可比性、实质重于形式、谨慎性等特征的会计信息就构成了会计目标的客体。

会计信息的概念最早在1980年由美国财务会计准则委员会提出，并且指出决策有用性是其核心观点。会计信息质量的主要功能是优化相关决策，因此会计信息的质量很大程度上取决于满足报告使用者的程度。会计信息不仅是企业内部做出经营决策的主要依据，而且是帮助债权人、投资者等其他利益相关者做出理性决策的关键信息。具体来看，会计信息可以分为企业的管理会计信息和财务会计信息。经济学认为会计信息也是一种商品，同样在流通过程中存在着需求者和供给者，在供给达到理性状态时，就能够有效实现资本市场的效率配置，形成强势有效资本市场。因此，改善会计信息质量，能够优化相关经济决策，从而引导资本的流动，缓解市场失灵带来的不利影响。

会计信息质量最根本的要求在于企业应该向预期报表使用者传递有用且质量好的会计信息，其高质量主要体现在以下五大特征当中：可靠性、相关性、重要性、审慎性、可比性。

作为会计学界探究的重要领域，会计信息质量问题不仅是会计准则制定时的核心问题，而且是经验探究中的重要问题之一。

会计信息可靠性的意义在于公司所确认计量的会计信息是基于实际的交易或业务所产生的，并且该信息符合确认或计量报告的条件。可靠性是会计信息具备有用性特征的基础，如果企业向预期报表使用者提供的会计信息有失可靠、不真实，那么这一会计信息则极大可能导致投资者无法做出正确的决策。

会计信息相关性的意义在于公司传递出的会计信息应当与报表使用者的经济需求相关，只有这样才能够帮助报表使用者在进行评估和投资决策时，对现时状态以及企业未来可能呈现的企业状况做出估计，提供帮助。具备相关性这一特征的会计信息主要有两大价值，分别是预测价值和反馈价值。首先，预期报表使用者所关注的信息仅仅局限于现时状态或过去发生的业务，更多的是对企业未来的情况进行预估，而相关性信息则能够帮助预期报表使用者实现这一目的。其次，当报表使用者进行决策时，具备相关性特征的会计信息能够为报表使用者提供参考，在相互比较的过程中检验决策的可行性，以避免犯类似的错误。

会计信息重要性的意义在于公司所发生的重大事项（如经营成果等）能够通过会计信息呈现出来。同时，对于重要性信息的判断高度依赖会计人员自身的职业素养，需要会计人员根据所发生的重要事项的性质（质）及其金额大小（量）两方面进行判断。通常来说会计信息重要与否，一般通过当信息发生遗漏或错误的情况下，报表使用者的决策受影响程度来判断，如果报表使用者的决策会因此受到影响，则该会计信息可以被认定为是重要的会计信息。不过，一切以实际的企业环境予以判断，例如，我国对于企业报告的要求主要有季报、半年报和年报。由于季报仅隔一季则需对外披露，基于成本效益原则，我国对上市公司的季报要求并未像年报的披露一样严格。

会计信息审慎性的意义在于公司在对资产和负债的确认时做到不高估或低估，尤其是当确认资产和收益时或是面对负债的确认时，会计人员应该保持谨慎，对于上述部分既不能高估也不能低估。考虑到当前市场环境的不稳定，企业在未来的经营过程中可能面临诸多风险，由此对于如收入的确认、预计负债的金额、固定资产的剩余可使用年限等事项，都应当做谨慎判断，全面考虑潜在风险，在符合准则所要求的确认条件下确认相应的资产或负债。

良好的内部控制能够显著提升企业的会计信息可比性。在会计信息质量特征中可比性远不如可靠性、相关性重要，但是对提高会计信息有用性仍然具有一定作用。会计信息可比性是保证会计信息有用性的最基本特征，能够使得同样的项目看起来相似，不同的项目看起来不同。会计信息可比性具有一定的溢出效应。研究会计信息可比性的影响因素可以发现，交易所的财务报告问询函能够提高收益公司的会计信息可比性。在选择会计政策时，如果所选行为是组织模仿行为，那么企业间的盈余结构将更为相似，这时的可比性也将随之提升；在会计信息可比性上，相比未变更审计师的企业而言，变更审计师的企业其会计信息可比性更低。作为强化信息质量的相关性指标，会计信息可比性不仅有利于信息治理和甄别功能的发挥，而且还有助于企业投资效率的提升，可帮助企业节约信息搜集成本，同时优化利益相关者所获取的有关企业信息的数量和内容。

一直以来，会计信息可比性在量化上一直未达成共识，在构建出衡量可比性的指标体系之后，一些相关性文献不断涌现，主要包括会计信息可比性对于经济后果产生的影响，这些经济后果主要集中于公司治理层面，包括企业估值、企业合并等。对于会计信息质量而言，可比性是其较为重要的一个特征，但是可比性的探究与其他特征的探究有着本质上的区别，因其与可靠性等特征相比需与其他企业相对比，故而研究难度更高，这也是相关领域探究滞后的主要原因。

目前，多数企业中都呈现出经营者与所有者分离的状态。在这种发展环境下，经营者与所有者会形成一种新的关系，即受托与委托经济责任，代理方与委托方随之诞生。上市公司的会计信息披露动机通常包括降低信息不对称性，从而降低在融资、投资方面的成本支出，在应对代理冲突时使监管要求得到满足。实际上，无论是自愿披露信息还是强制披露信息，上市公司披露的信息内容均为投资者提供了一些重要信息，包括公司治理情况、经营效率与业绩等。国际会计准则理事会的主要既定目标是提高可比性和报告质量，研究表明采用国际财务报告准则能够显著改善财务报表使用者的信息环境。

会计信息质量的影响因素，大致可以分为公司内部治理、外部监督及其他影响因素。在公司内部治理方面，国内外研究主要聚集于股权结构、高管特征和内部控制。完善的治理结构是保障会计信息质量的关键要素，股权结构则是公司治理的基础，决定了公司的组织结构。其中股权集中度备受关注，股权集中度与会计信息质量呈现显著的负相关关系。股权越集中，大股东与小股东之间的委托代理问题越严重，小股东利益越容易受到侵害，这将不利于会计信息质量的提高。基于利益协同效应，大股东为了企业的长期发展，会更为积极地参与公司的治理，从而更好地实现自身利益，因此股权的高度集中有利于有效提高会计信息质量。

在外部监督方面，国内外研究主要集中在审计机构和政府监管两个方面。当审计独立性、外部审计质量越好时，信息不对称程度越轻，披露的会计信息质量越高。政府审计能够从信息透明度、会计稳健性和盈余质量方面提高会计信息质量。政府监管越严格，利润操纵行为就越少，盈余质量也就越高，从而也就越有利于改善会计信息质量。机构投资者相较于个人投资者，有着更强的搜集资料、分析信息的能力，能够更好地抑制企业盈余管理行为，机构持股规模、比例与会计信息质量呈正相关。机构投资者会基于自身利益的维护，和公司的管理层进行某些“交易”，从而有选择性地对企业的会计信息进行隐瞒，并不能对会计信息质量生产正向作用。

应用现有模型对会计信息质量进行计量，集中表现为财务重述、会计稳健性、会计信息透明度、应计质量模型、机构考评结果等方面。在有效市场中，企业普遍存在自愿披露行为。若企业掌握产品私有信息，披露相关信息也无须支出相应成本，此时企业披露信息的意愿较高。在披露过程中会明确竞争者和自身产品的区别，进而得到均衡的信息披露状态。企业自愿披露的主要原因是减少潜在竞争和避免规制，在公司经营发展过程中，利益相关者与管理人员具有契约关系，若公司经营失败，管理人员也需要承担相应的责任，因此，这也是管理人员披露信息的主要动机。公司在这种情况下，信息披露可以达到适当的水平，同时会选择相应的会计政策。

从另一角度来看，若准则中明确要求公司披露的会计信息要更细致，或强制公司选择某会计政策，则容易出现企业为对手提供负面信息，使其在与对手角逐中处于劣势。因此，若披露信息无须成本且市场有效，强制性的会计准则对企业价值容易造成一定程度的损害。与此同时，企业在会计信息披露要求较为严格的情况下，信息不确定性会有所下滑，促使企业价值有所增加。如果会计报告质量和透明性较高，则管理人员制定的决策方案对企业发展更为有利。从现有情况来看，一些强制信息披露行为产生的市场反应为正向影响。在强制性要求场外交易企业披露信息时，出现的市场反应为正。与法律诉讼等制度安排相比，制定适宜的会计准则较为有效，且社会成本较低。与此同时，从制度经济学层面研究发现潜在收益和交易成本降低是改变会计准则制度的主要原因。在权衡成本收益后发现，可以通过变迁规则的方式实现提高效率的目的。显然利用成本收益权衡利弊是一个重要的评估方法。高质量的信息披露可以使代理问题得到缓解，可以起到一定的保护与治理作用。与此同时，也可以在避免内部人员侵占外部投资者利益的同时，降低投资风险、优化治理机制以及降低信息不对称带来的影响，从而使交易成本有所降低。作为较为重要的一种外部治理机制，外部审计可以借助信息传递效应降低信息不对称带来的影响，也可以选择利用鉴证机制应对代理问题。独立审计有利于监督和管理会计信息，促使上市公司的会计信息质量进一步提高。外部审计对大股东侵占资金行为可以起到抑制作用，可以使管理层盈余管理水平有所降低。

（三）会计目标的实现方式

会计目标的实现方式主要强调的是会计信息的提供方式及用途。会计信息的提供方式包括正式对外公布的会计报表和对内的会计报告及非簿记方式。会计信息的这些提供方式，降低了并避免会计信息使用主体搜寻信息的成本及由此可能导致的决策失误带来的风险。

会计信息的内容主要包括特定会计主体的信息、会计信息的时间（这涉及会计分期假设。在我国，会计期间包括月、季、半年和年，不同的企业要求不一样）和会计信息的提供（反映财务状况的资产负债表、反映经营成果的利润表、反映现金流量的现金流量表等）。对于不同的信息使用者，其关心的会计信息内容不完全一致，或侧重点有所不同。

会计信息是能够反映公司真实财务状况和经营状况的信息、数据、材料等的总称，并且该信息属于对企业发生的经济业务的如实记录，能够用以科学地反映企业已经发生过的事实、现在的真实状态以及未来可能取得的成果。有关业务成果和资本变动的财务信息是非常重要的，这有助于记录会计流程和结果，同时能够对企业的财务状况进行展示，并且是评估和决策的基础。

三、我国会计目标的定位

从会计目标的主体内容和对象等方面来看，目前我国的会计目标是为信息使用者提供会计信息，以考核经营者的工作态度和负责程度。同时，由于职业投资人的存在且人数逐渐增多，他们主要的工作就是做出是否投资的决策，且上市公司资本结构日新月异，因此我们提供的信息必须是有用的，即决策有用观。

会计目标是特定环境条件下人们对会计工作质和量的要求。由于不同企业的组织形式和规模大小不同，其会计目标各不相同。我国企业的实际情况千差万别，很难存在一个统一的会计目标。也就是说，会计目标具有多元性，应根据不同企业分别研究会计目标。

第四章　会计准则理论

会计准则的编制与特定的政治体制、经济体制、法律环境、文化环境等因素密切相关。因此，各国会计准则的编制方法和对财务报告的报送要求各有不同。会计准则逐渐走向国际趋同，对引进国外直接投资、促进国内经济市场建设、融入国外市场分工体系、增强国际话语权具有较强的支撑作用，会计准则在现代经济发展中起着举足轻重的作用。本章分为会计准则理论概述、会计准则基础理论、会计准则的制定三个部分。

第一节　会计准则理论概述

一、会计准则的结构

会计学界对会计准则概念的解释比较庞杂。例如，美国会计行业协会认为会计准则囊括了计量、确认以及归纳总结的一系列规定要求。深入探究，会计准则融合了公共物品的特性，从经济活动出发，包含了对经济活动行为的测量。会计准则通过核定产权归属情况、总结利益主体的业务行为，对会计统计和复核要求进行了明确。会计准则就是对日常经济活动的计量和统计，会计准则是否贴近实际，契合经济统计计量的规定，不仅关系到经济业务汇总结果的真实性，还会对宏观经济的情况产生相应的作用。总结观察经济发展较好的国家具体经济行为来看，其对于资本配置的效率层面举足轻重，是主权国家调控宏观政策、融入世界贸易、为本国经济保驾护航的利器。

国际会计准则理事会是世界公认的会计准则制定和领导机构，发布的财务报告准则是世界上最具权威性的会计准则，有很多国家和地区都采用了国际财务报告准则（IFRS）。国际会计准则理事会认为准确、公开、实时地披露保险合同的信息数据不仅能体现外部信息使用者的使用效率，还有利于及时暴露相关企业潜在的经营风险点，保障我国经济社会正常发展。自国际会计准则委员会成立以来，其一直致力于制定一套得以在全球范围内实施的会计准则；经历重组之后，新成立的国际会计准则理事会接手推进国际财务报告准则在全球范围内的推广与实施。国际会计准则理事会认为国际财务报告准则在全球范围内的使用将有助于向利益相关者提供更高质量的会计信息，从而促进资本市场效率的提高。但也有研究者认为各国经济、政治、文化等背景的差异可能会对国际财务报告准则的推广产生影响。

随着我国改革开放进程的推进，我国在 1998 年就已开始研究与国际财务报告准则趋同的问题，且在 2007 年实现了与国际财务报告准则的基本趋同；并于 2014 年修订和颁布了相关会计准则，持续调整中国会计准则与国际财务报告准则之间的差异。实践中，我国选择在国际财务报告的基础上，根据本国国情对部分准则做出调整，而非完全采纳。一般而言，由于国际财务报告准则更加强调以原则导向为基础，在为管理者提供更多会计政策选择以刻画相关经济事项的同时，也可能导致会计信息中包含更多的测量误差；并且，国际财务报告准则更广泛地将公允价值引入准则体系中，而公允价值的确定需要依托成熟的交易市场或大量的估计方法。因此，趋同于国际财务报告准则也可能无法完全实现其预期目标，即国际财务报告准则虽然加强了对会计信息价值相关性的重视，但对会计信息的可靠性的重视程度有所减弱，故而趋同于国际财务报告准则也可能并不一定有助于实现提供更高质量和更加透明的会计信息的既定目标。

那么，我国是否能够通过逐步趋同于国际财务报告准则来实现提高会计信息质量的目标呢？根据国际财务报告准则在全球各国不同环境、时期的推行和应用，一方面，从积极作用来看，国际财务报告准则的采用有助于提升会计信息的价值相关性、增强资本市场有效性、降低资本成本、增强商业信用、提高生产率、促进国际贸易等；另一方面，从消极作用看，国际财务报告准则的采用可能会引起盈余管理、提高权益资本成本和审计收费、降低会计信息的价值相关性等不利影响。可以看出，上述是从会计信息的价值相关性角度出发对准则趋同的潜在影响进行的研究。盈余持续性是指当前盈余在未来重复的可能性，即对未来盈余的预测能力。

一般而言，相较现金流而言，会计项目由于涉及主观判断、估计误差等因素的影响，其对应的盈余持续性相对更弱；影响企业盈余的各类因素都会经由会计信息系统加工并被披露出来，因此，会计信息系统的可靠性是影响企业盈余持续性的重要因素。从中国会计准则趋同的实践看，相关会计准则的颁布或修订对会计项目的分类、计量和披露等均产生了较大的影响。但现有研究就准则趋同对会计项目盈余持续性的影响的考察还不够深入，也缺乏对会计项目具体细分构成项目盈余持续性的讨论，更少有结合我国会计准则趋同的背景的研究。事实上，相关理论研究表明会计信息可靠性与相关性之间并非相互割裂的关系，而是对立统一的关系。

我国的会计准则是会计工作人员从事会计工作务必遵循的基本要求，是会计核算的最低要求和底线。会计准则主要是针对会计核算的基本职能做的相关要求，当一笔经济业务发生后，要根据原始凭证对该笔经济业务进行财务核算，以规范企业的会计核算，提高会计信息的质量。

《企业会计准则——基本准则》要求我国企业进行会计核算的主要目标是向投资人、债权人、客户、供应商、政府部门等信息使用者提供对他们进行决策来说有用的信息，并能够及时了解企业管理层接受股东委托后是否尽心尽力工作的情况。财务报告要求满足债权人、投资人、政府部门等财务报告查阅者的决策需要，这是财务报告的决策有用观的体现，财务报告目标还要求能够折射出企业管理层接受投资人委托所经营企业的实际情况，这正是财务报告的受托责任观的表现。财务报告的决策有用观和受托责任观是辩证统一的，从投资者角度而言，出钱投资，并委托高级管理层去经营企业，期望能够获得高收益，实现股东利益最大化的目标，以便后续可以进行持续投资；从管理层角度出发，接受投资者的委托从事企业的经营管理，就要确保企业资产的安全和完整，实现保值增值，防范资产减少的风险，推进企业长久发展，更好地履行受托责任，从而回报投资者，创造社会价值，以实现企业的经营目标。不同的企业会计准则，规范了不同行业的会计核算要求：通用业务会计准则，主要针对各行业的共同业务，如固定资产、往来账项等的处理；特殊业务会计准则，主要针对如长期股权投资、融资租赁等特殊业务的会计处理；财务报表会计准则是规范企业资产负债表、利润表、现金流量表等会计报表编制方法和信息披露的准则。

（一）我国会计准则的体系

历经多年的发展，我国的会计准则体系逐步与国际财务报告准则趋同。我国的会计准则体系包含基本准则、具体准则和应用指南三个层次。从会计准则体系的内容来看，会计准则的内在逻辑保持稳定状态。会计准则体系的核心部分是财务报告目标，具有很强的正确性和稳定性。对于财务报告目标而言，会计基本假设拥有更丰富的信息，但其正确性和稳定性比财务报告目标低，被调整和修正的可能性更大。相对会计基本假设来说，会计信息质量的正确性和稳定性又大大降低。

从会计要素开始，财务报告便从抽象的概念转变到具体的内容，每个会计要素都具有特定的定义、特征和确认条件，这么多的信息含量能够提供有用价值的同时势必会让正确性和稳定性下降。会计计量标准包括计量依据和计量基础两个部分：计量依据是指运用相关理念来对会计要素进行计量，而计量基础是指收入和费用的确认条件。于是就产生了资产负债观与收入费用观之争、权责发生制与收付实现制之争。按照目前的会计准则，在计量依据上使用的是资产负债观，在计量基础上贯彻的是权责发生制。从表面上看，基本准则仅给出了五个计量属性的定义，但学术研究和企业经验表明其计量属性存在剧烈的不稳定性和丰富的价值，所以在进行计量属性考察时不能只看显性信息，还应注重隐性信息。

我国的会计准则体系除了基本准则和具体准则，还包括具有较强操作性的应用指南。这三大层次提出了会计确定、记账、编报的具体要求。会计准则应用指南是根据基本准则和具体准则制定的，为规范会计实务的具体操作提供了标准，并对具体准则中的重点难点问题进行了规定，包括会计账户的设置、财务报表的内容及其格式等。

（二）我国会计准则的特点

根据会计准则制度的变迁历程，我国会计准则具有以下特点。

1. 顺势而为，适时变迁

制度的变迁与经济发展紧密相关，因此我国会计准则的历次改革都是社会和经济不断发展变化的结果。为了跟上经济发展的节奏，诞生了各种会计制度。例如，20 世纪 80 年代，我国开始实行对外引进外资企业、对内搞活国有企业和私营经济的政策，产生了中外合资、中外合作、外商独资三类外商投资企业。这个阶段，为了促进三类外商投资企业在我国生根发芽，必须改变现有的会计核算制度，与国际会计惯例接轨，并能够与外商所在国的财务制度衔接上。20 世纪 90 年代初期，我国实行社会主义市场经济体制，积极对外开放、吸引外资，在公司治理方面推行现代企业制度。为了调整原来计划经济体制下的财务规定，我国开始以国际会计惯例为参照标准，结合我国实际情况，采取会计准则与会计制度共同存在的策略，即实施“两则”“两制”。

中国通过多轮谈判，终于成功加入世界贸易组织（WTO）。中国加入 WTO 后，对经济一体化的要求更高。随着短期的货币市场和长期的期权、期货、股票、债权等资本市场的快速发展，中国企业走出国门，把外资企业引入国内的发展战略，势必要求中国的会计准则、制度、法规、条例等形成完整的体系，为了达到与国际准则吻合，亟须改变不同行业和公司会计制度不统一的问题。

2.保持特色，适应国情

我国在各方面工作的开展都要保持中国特色，会计准则的变迁也不例外。由于我国自身的社会主义经济体制和对外改革开放的强烈需求，我国会计制度在变迁中要一步一个脚印地走下去，循序渐进，而不能一蹴而就，更不能全盘否定旧的准则和制度，而是要在此基础上，逐步完善和修订。例如，国际财务准则规定，国家持股的企业全部为相连型企业，会计信息必须充分披露，但由于我国与众不同的公有制经济性质，国家控股的企业占比很高，如果全部进行会计信息披露，会大大增加其工作量，也没有必要。因此，我国的会计准则考虑到这一特殊国情，针对不具备投资关系的国有控股企业进行的贸易不用参照关联方交易进行披露。这些适应我国国情的、与国际会计准则稍有不同的规定，既体现了中国特色，也得到了国际会计准则委员会的理解。

3.理念为上，指导实务

我国实施的会计准则仅对会计的确认、计量、报告进行基本的规定，会计实务中涉及的会计核算，需充分发挥会计人员的专业技能并借鉴其职业经验。会计人员只有具备丰富的工作经验和专业的技能，才能更好地领悟会计准则的要求。因此，会计人员需要对会计准则深层次的现代会计理念进行熟悉和把握，这对于更好地运用新准则、指导会计实务起着举足轻重的作用。

（三）国内外会计准则差异及其成因

关于国内外会计准则的差异变化，有学者做出了以下研究：不少学者在准则变化的背景下，对企业的净资产、资产回报率、净利润以及每股收益等指标进行了研究，而大家的研究结果大多指向同一个结论：随着准则不断趋同，这些指标的差异不断缩小。

在差异成因方面，学者的观点大多统一，他们认为会计准则的差异是由宏观市场经济、国家制度、法律制度等因素引起的。两个准则之间差异的环境影响因素主要有两个：一是会计准则赖以生存的环境不同；二是我国所特有的发展环境。其环境因素可以细化为社会政治、经济、法律、专业导向等内外两种环境因素。其中，经济因素是关键因素。我们要承认研究这些存在的因素，能够使会计准则得以发展和完善。

差异是由两地市场经济的发达程度不一所导致的，西方国家大多数已经处于一种发达并且资本市场有效的状态，但我国市场发展仍然有所欠缺。由于法律环节的侧重点不同，西方国家对于会计制度，政府很少干预，而我国属于大陆法系，会计也会受到国家法律的制约。另外，我国企业会计准则与国际准则对于财务报告目标的认定也有所不同。国内外会计准则之间的差异在于制定准则的机构不同、两准则间的制定导向不同，导致这些差异的原因可以列为以下几点：法律的影响、社会人文的影响和经济的影响等。

目前我们国家的企业会计准则与国际上所使用的会计准则之间依然保持着差异，但是呈现一种趋同的态势。受到经济因素、法律影响以及政治层面的因素影响，这些影响导致我国的企业会计准则与国际之间仍然保持着差异。

二、我国会计准则发展进程

会计准则作为我国会计核算的基本规范和基本遵循，对企业经济业务的会计处理做出了明确的规定，指导并影响着会计人员的基本行为和企业的会计核算，使会计处理建立在公允、合理的基础之上，为我国不同时期、不同企业的会计数据比较提供便利，并由此提升企业会计信息质量。所以，会计准则一直是我国会计界研讨和完善的重要议题。具体而言，我国会计准则的发展与变革历程具体可以分为以下几个方面。

（一）统一会计制度阶段

自中华人民共和国成立以来，到 20 世纪 90 年代初，我国一直以来都在不断地完善会计制度，以此指导和管理企业财务会计工作，并由此形成了适应于特定经济社会发展阶段的、按照行业和所有制分类的统一的会计制度模式。但是，这一阶段并没有成文的会计准则。虽然，统一的会计制度模式与当时的产品经济特征具有较高的适应性，也因此产生过积极的效果。然而，随着我国经济体制从传统的计划经济转向市场经济，这种统一的会计制度开始变得不那么有效，也变得不那么适宜。此外，随着我国经济社会的开放，国际经济惯例和模式对我国产生着愈发重要的影响。为了便于国外企业走进来以及国内企业走出去，建立一套能够与国际惯例和国际模式相适应、相匹配的会计管理模式变得非常重要。因此，在学习和借鉴国际上多数发达国家的经验后，我国迫切地期盼制定一套用以规范企业具体会计核算的准则制度，以改善企业会计处理的规范性和一致性。因此，我国对此进行了持续的改革和创新。

我国学习借鉴国际惯例，并结合国内情况出台了许多会计准则、通则和相关规定。最早的是 1979 年财政部颁布《关于中外合资工业企业财务会计问题的若干规定》，最晚的是 1992 年 11 月颁布的《企业会计准则》和《企业财务通则》，其中包括行业会计制度和行业财务制度。这一阶段的主要特点是参照国际惯例来设计我国的相关制度，如 1979 年颁布的《关于中外合资工业企业财务会计问题的若干规定》和 1985 年的《中外合资企业会计制度》。这些制度中规定了会计核算的八大信息质量要求、权责发生制度和收付实现制的处理方法，会计四大假设前提、六大要素，会计账户和资产负债表、利润表、现金流量表等会计报表内容，参考了发达国家资本市场发达的情况下常用的账务处理流程和核算方法。

（二）会计准则探索阶段

1987 年以前，中国会计学界进行了一系列的有关会计改革的讨论，但是讨论的焦点并未涉及会计准则，主要集中于会计管理体制改革。为此，中国会计学会在 1987 年成立了包括“会计原则和会计基本理论研究组”在内的七个专题研究小组，以此深入推进中国特色会计准则的制定。

1989 年 1 月，“会计原则和会计基本理论研究组”在上海召开专题研讨会，就我国会计准则地性质与内容、会计准则与现行会计制度的关系、会计准则制定的思路等相关问题进行了深入研讨，并出台了包括《工作程序》《形成会计原则说明和研究报告的程序》等在内的文件，并将研究组更名为“会计基本理论和会计准则研究组”，专门研究会计准则的制定工作，并就此向财政部提出相关制度改革建议。与此同时，财政部会计事务管理司也成立了专门的会计准则课题研究小组，并在 1988 年 10 月 31 日召开了课题小组的第一次会议，研究布置了会计准则制定的相关准备工作。在课题组的一致努力下，小组于 1989 年 3 月发布了《关于拟定中国会计准则的初步设想（讨论稿）》和《关于拟定中国会计准则需要研究讨论的几个主要问题（征求意见稿）》。至此，我国会计准则制定工作取得了实质性的突破和进展。

在一段时间的认真研究和讨论后，财政部会计准则研究小组在 1990 年 4 月提出了第一份会计准则提纲讨论稿。这份准则提纲讨论稿分别于 1990 年 11 月和 1991 年 11 月在全国会计工作会议上进行了讨论和修订。之后，财政部于 1991 年 11 月 26 日下发了《关于印发〈企业会计准则第 1 号——基本准则〉（草案）的通知》，并在全国范围内进行意见征集。在正式发布和实施《企业会计准则第 1 号——基本准则》前，财政部于 1992 年 2 月 26 日—28 日在深圳市召开了第一次会计准则国际研讨会，并组织专家进行了深入讨论。此后，为了便于会计准则的贯彻和执行，在进一步修改和完善正在制定的会计准则的同时，财政部还进行了一系列的宣传活动。经过长时间的准备，财政部于 1992 年 11 月 30 日以第 5 号部长令的形式，签发了《企业会计准则》，并于 1993 年 7 月 1 日起施行。该文件的发布与实施标志着我国正式建立起自己的基本会计准则，以会计准则取代统一会计制度的改革初步取得成功，我国由此开启了以市场经济为基础的会计准则建设的新征程。为方便会计实务的具体操作，财政部紧接着组织制定了 13 个行业的会计制度，废止了原有的 40 多个行业的会计准则。这一次改革工作标志着我国会计模式和会计体制的历史性变革，其意义重大堪称会计史上的改革“风暴”，并被认为是我国会计制度与国际惯例的第一次正式接轨。此后，从 1993 年下半年开始，财政部进一步成立了两个专家组从事具体会计准则的制定。

（三）会计准则建立阶段

在制定并颁布基本会计准则后，财政部进一步结合基本会计准则的实践及其操作问题，并在此基础上制定了行业会计制度，并废止了之前存在的行业会计准则。然而，虽然专家一再声称这些会计制度以《企业会计准则》为基础和依据，但是这些制度的理念和思路没有根本区别，只是某些具体的会计处理方法发生了变化。由此可以判断，之前的改革并没有从根本上促进会计实务的改革，而更多的是起到了解放思想的作用。

为了彻底改变这一现象，并推行真正意义上的会计准则。财政部会计司集中了几乎全部力量，全力推进具体会计准则的制定。为了有效推进这一工作，财政部组建了国内外专家组以听取有关会计准则制定的宝贵建议。财政部会计司先后就具体会计准则在全国范围内征求意见。在广泛征求意见的基础上，最终财政部在 1997 年先后出台包括资产负债表日后事项、债务重组、收入、关联方关系及关联方交易的披露、现金流量表、投资、非货币性交易、建造合同、会计政策、会计估计变更和会计差错更正等在内的多个具体会计准则。之后，财政部进一步修订和颁布了相关会计准则，截至 2001 年共颁布 16 项具体会计准则。

会计准则引入国际惯例之后，就步入了国际会计准则学习借鉴的时期。这个时期自 1993 年 7 月 1 日正式实施“两则”“两制”开始，至财政部于 2000 年 12 月发布《企业会计制度》为止。这个时期与众不同的是学习国际会计准则，侧重于对会计准则的研究和运用，并结合中国的特有情况，采取会计准则与会计制度并行的策略，实施“两则”“两制”。财政部于 1997 年制定并发行了有关第一项具体会计准则《关联方关系及其交易的披露》，后面又陆续发布了存货、长期股权投资、固定资产、无形资产、职工薪酬、债务重组等的多项具体准则。到 2001

年底中国已经颁布了 16 项具体准则，这代表着中国已逐渐建立了与国际会计准则相匹配的中国会计准则体系。

进入 21 世纪，我国经济的发展呈现出新的特征，国内市场国际化和国际市场国内化现象日趋明显，由此对我国会计准则变革提出了新的要求。为了适应对外开放新形势的要求，我国进一步加快了会计准则与国际相协调的步伐，在 2000 年及时颁布了《企业会计制度》，并于 2001 年首先在股份公司实施。与此同时，为适应金融企业改革、金融业务创新和金融业对外开放的需要，财政部颁布了《金融企业会计制度》，并于 2002 年 1 月 1 日起施行。针对小企业的特殊情况，按照国际惯例，财政部又在 2004 年颁布了《小企业会计制度》，并于 2005 年 1 月 1 日开始实施。

在 2001 年出台和修订的会计准则的基础上，财政部分别于 2002 年和 2003 年进一步颁布了新的会计准则，并在此基础上进行了修订。同时，在 2003 年对会计准则委员会进行了重新改组，从而进一步加快了会计准则制定和完善的步伐，并在 2005 年开展了多项准则的意见征集。具体而言，在 2005 年 6 月 2 日启动了《企业会计准则——基本准则》修订版的意见征集，6 月 22 日启动了外币折算、财务报表列报和分部报告具体准则的意见征集，7 月 19 日启动了合并财务报表、企业合并、发布资产减值、石油天然气开采、生物资产、投资性房地产、捐赠与补助等多项具体准则的意见征集，8 月 12 日启动了职工薪酬、每股收益、企业年金、保险合同、再保险合同、所得税等具体准则的意见征集，9 月 21 日启动了金融工具确认和计量、套期保值、金融资产转移、金融工具列报和披露等具体准则的意见征集。会计准则的制定和完善开始进入空前发展的阶段。

这一阶段的改革，以国际会计惯例为根本依循，按照国际会计基本要求推动了会计制度建设的国际接轨，在保留原有会计制度的基础上，实现了会计制度与会计准则并存的格局。

（四）会计准则国际趋同阶段

随着我国市场经济改革和对外开放的深化，建立能够满足国际化和市场化要求的会计制度体系变得尤为迫切。在深入研究和广泛调研的基础上，我国对原有的会计准则进行了修订，并制定了新的会计准则，从而构建了一个包括基本准则和具体准则在内的，与我国市场经济改革和对外开放相适应、与国际财务报告准则体系相协调，能够全面涵盖企业各类经济业务的相对独立的会计准则体系。

直至 2006 年 2 月 15 日，我国在前期广泛调研、充分论证的基础上，颁布了新的《企业会计准则》，从 2007 年 1 月 1 日起在上市公司中率先实施，并鼓励其他类型的企业结合自身情况采用这一准则。此次出台的会计准则共包括 1 项基本准则、38 项具体准则以及 22 项应用指南。其中，38 项具体准则中有 16 项直接源自 2001 年版《企业会计准则》的修订和完善，22 项则作为新的准则条款引入。新准则的颁布很好地满足了企业“走出去”和“引进来”的开放战略，提高了我国会计准则与国际准则之间的可比性，促进了我国与其他国家之间的双向开放，为企业海外投融资的开展、国际合作的深化提供了制度便利和保障。这一次准则的修订在确保不脱离我国实际国情的基础上促进了会计准则与国际准则之间的趋同，并标志着我国会计准则国际化趋同的步伐越来越快。

2006 年到 2010 年，我国对会计准则的修订和完善主要以进一步推进国际趋同为主调，并在 2010 年颁发了《中国企业会计准则与国际财务报告准则持续趋同路线图》，向外界传递了中国进一步推进会计准则国际趋同的明确方向。按照这一思路，我国在 2012 年到 2014 年进一步完善和修订了企业会计准则体系，以此为财务报告质量的提升和会计信息透明度的改善提供了制度保障，并加快了我国会计准则与国际会计准则的趋同。

其中，修订或新增的 7 项具体会计准则和 1 项准则解释，包括长期股权投资、职工薪酬、财务报表列报、合并财务报表、金融工具列报、公允价值计量、合营安排、在其他主体中权益的披露等内容。在这一轮会计准则的变革过程中，公允价值准则成为一个新的亮点，公允价值方法和理念在包括资产减值、存货、股份支付等诸多项目中都有体现和涉及，从而使公允价值方法和理念使用的基础得到了坚实的拓展。公允价值方法和理念的使用，使企业价值思维范式得以保障，从而促进了会计实务向企业价值最大化转变。通过此次会计准则变革，以公允价值计量的会计处理有了更加明确的制度指导和清晰的实践规范。这一轮会计准则变革是 2006 年 2 月基本准则和具体准则颁布以来第一次大规模修订或新增会计准则，使我国会计准则与国际会计准则非常接近。

2014 年之后，我国在 2016 年到 2017 年进一步推动了 7 项具体准则的新增或修订。其中，新增共 2 项，具体包括金融工具确认和计量、持有待售的非流动资产、处置组和终止经营的项目；修订共 5 项，具体包括金融资产转移、套期会计、金融工具列报、政府补助、收入。同时，这两年间还发布了 6 项准则解释和 4 项会计处理规定。这一次会计准则修订是继 2014 年以来第二次大规模修订或新增会计准则，使我国会计准则始终保持了与国际会计准则的同步。

在会计制度进一步完善之后，我国会计准则与国际会计准则趋同已经慢慢走向成熟，开始步入与国际会计准则全面趋同的阶段。具有标志性的事件是2007年年初正式实施的《企业会计准则》和《中国注册会计师审计准则》。相关的会计准则越来越多，越来越细，为本阶段的经济发展和各类不同的企业主体提供了很好的服务。这个时期，会计制度逐渐全面替代了会计准则，我国会计准则与国际会计准则实现了全面协调发展。中国不但从理论和制度上做了许多研究，出台了很多准则性的文件和法律条文，更是从实务的角度，积极将准则应用到企业中去，为企业走出国门、走向世界提供了制度上的保障。

到此为止，我国会计准则在国际化趋同导向下，确立了会计准则体系的基本架构和主体内容，整体实现了与国际会计准则的基本一致。我国在兼顾国内特殊经济环境和发展特点的基础上，充分借鉴国际财务报告准则特征，建立了一套能与我国社会主义市场经济发展要求相适应的、与国际会计准则充分协调和最大化趋同的具有中国特色的会计准则体系，为我国经济的发展奠定了坚实的制度基础。

三、我国会计准则的主要内容

会计准则的目标是规范企业的财务核算行为，向企业管理层、投资者以及其他财务报表使用者提供企业真实准确的财务信息，督促企业保证会计信息的质量，以便管理层清晰了解企业的经营情况，投资者也能对企业做出正确的投资决策。我国会计准则的内容是围绕会计要素设置的。随着经济的迅速发展，我国会计准则在不断地被修改和完善。

2006年，财政部以国际会计准则为标准，按照我国公司发展的特征制定了《企业会计准则》，并于2007年初开始施行，《企业会计准则》包含1项基本准则、38项具体准则和应用指南。

2014年7月23日财政部进一步完善了《企业会计准则》，扩充了具体准则，也完成了基本准则和具体准则的新修订工作，进一步完善了我国会计准则体系。

基本准则包括资产、净资产、负债、所有者权益等要素和会计计量、财务会计报告等内容。会计准则的主要任务是提升会计信息质量、规范会计行为，满足企业内部和外部主体对会计信息的需求。我国的会计准则体系包括基本准则及具体准则的应用指南和解释，其中基本准则是会计准则体系的概念基础，为具体准则、应用指南和解释等的制定提供了依据，在整个会计准则体系中发挥了重要作用。我国《企业会计准则——基本准则》的具体内容见表4-1。

表 4–1　我国《企业会计准则——基本准则》的具体内容

章节	具体内容
总则（第一章）	规定了准则目标、适用范围、会计假设、核算基础、记账方法等内容
会计信息质量要求（第二章）	规定了 8 个信息质量要求，即可靠性、相关性、可理解性、可比性、实质重于形式、重要性、谨慎性和及时性
会计要素（第三章至第八章）	规定了资产、负债、所有者权益、收入、费用和利润的定义、确认以及列示要求
会计计量（第九章）	包括 5 个计量属性，即历史成本、重置成本、可变现净值、现值和公允价值
财务会计报告（第十章）	规定了财务会计报告的定义和内容
附则（第十一章）	自 2007 年 1 月 1 日起施行，由财政部负责解释

基本准则是制定具体准则的依据，对各具体准则的制定起着指导作用。基本准则明确规定，具体准则的制定应当遵循基本准则。在会计准则体系的建设中，各项具体准则也必须按照基本准则的要求进行制定和完善。基本准则为会计实务过程中发生的、但各具体准则没有规定的问题提供解决依据。

具体准则是在基本准则的框架下，规定具体业务的处理标准，具体内容包括一般业务准则、特殊行业和特殊业务准则、财务会计报告准则。一般业务准则规定了一般经济业务的确认、计量等核算要求，如货币资金、固定资产、无形资产、应付账款、职工薪酬、所得税等；特殊行业和特殊业务准则是对特殊行业的特定业务的经济业务做出了规定，像生物资产、原生保险合同、交易性金融资产、期货保值、会计报表合并等；财务会计报告准则是适合各类企业共用的报告准则，如资产负债表、利润表、现金流量表、合并报表、中期财务报告等。应用指南从多个方面对具体准则进行了详细的指导，给出了会计实务操作的步骤，包括解释部分、会计账户和会计报表部分。

四、会计准则的影响理论分析

会计准则由国家制定，而准则的采用也是企业基于自身经营和财务特征进行选择的结果，法律、经济、教育等环境因素均会对会计准则的制定和采用产生影响。会计准则体系的发布实施是提高企业会计信息质量、促进资本市场发展的需要。进一步优化资本市场资源配置，能够有效促进市场的和谐稳定，而这离不开制定一套更有效、更全面的会计标准。企业也要通过制定规范的会计标准来提高企业会计信息质量，增强投资者的信心。会计准则的发布实施是完善市场经济体制、提高对外开放水平的需要。经济全球化的发展使得会计准则的国际趋同成为众多国家的必然选择，越来越多的国家和地区开始鼓励企业采用国际财务报告准则。作为会计处理和会计信息编制的指导文件，会计准则直接影响会计信息质量，从而影响会计信息使用者的决策。会计准则可以降低在国际资本市场的交易成本，有利于企业“请进来”和“走出去”。从世界范围看，现在不同国家和地区的资本市场，执行的会计准则是不同的。

以下从会计准则对融资决策的影响、对财务报告质量的影响、对投资决策的影响、对经营决策和企业行为的影响、对资本市场效率的影响、对分配决策的影响和对中介机构的影响七个方面进行理论分析。

（一）会计准则对融资决策的影响

我国会计准则借鉴了国际会计准则的基本理念，实现了会计准则的国际趋同，提高了我国会计信息的透明度以及会计信息在国际范围内的可比性，增强了国内外投资者对会计信息的获取能力和对企业价值的评估能力，有助于投资者的资金供给决策，从而对企业融资行为产生了重要影响。具体而言，其影响可以从股权融资和债务融资两个角度予以分析。

1. 会计准则变革对股权融资的影响

目前，长期股权投资在我国会计准则和国际会计准则规定之间主要有三项差异：一是关于企业合并过程中产生的直接费用的认定；二是在个别报表层面对于子公司、联营合营公司所采用的会计方法；三是关于同一控股企业合并这一业务的确认，这几项相关业务是目前我国会计准则与国际财务报告准则之间对于长期股权投资这一项账务处理规定差异较大的几项。

（1）公允价值观的影响

2006 年版《企业会计准则》适度谨慎地引入了公允价值，改变了以往会计信息只服务于委托代理关系中委托方用以监管受托方责任义务履行的情况，而更加强调会计信息对决策的有用性，并对会计信息披露提出了更加严格的要求。决策有用观突破了受托责任观下会计信息主要为资源委托者服务的局限，转变为向所有利益相关者提供有用的决策信息，从而使企业以面向市场的角色出现。

这样一种思维的转变，提升了企业的战略思维，促使企业不再局限于固守其原有的价值链，而是拓宽其决策视野并面向全球市场寻求资金。由此，企业决策者可以从全球范围内对比和筛选资金提供者，从而选择更有吸引力的资金来源，并获得更低的资金成本。

（2）资产负债观的影响

2006年版《企业会计准则》，在收益确认上强调了资产、负债的变化，改变了以往狭隘的收入、费用匹配。这样的处理能够便于企业更好地关注未来现金流量的不确定性，有利于更好地利用会计信息披露、刻画企业未来获取利益的能力，有利于避免投资者对企业未来现金流量的预测偏误，从而能够规避投资者的系统性风险，最终控制企业股权融资的成本。

从上市公司整体角度来看，会计准则的变革确实能够减少会计计量偏误，并有利于投资者做出有关于企业未来现金流量更为精确的预测，并因此降低系统性风险，控制整体资金成本。

（3）会计信息质量的影响

企业会计准则的变革由于强化了会计信息与价值的相关性，提高了会计信息的透明度，从而能有效压缩企业进行盈余管理的空间，促进企业盈余质量的提升。盈余质量作为影响企业股权投资者决策的重要因素，其强弱程度会显著地影响企业筹集股权资金的成本。

另外，通过会计准则的优化，企业将能更为有效地传递精确的财务信息，股东将能更为明白地估算出股权价值增加的程度，从而提高注资的动力，融资成本也因此下降。股权资本成本会受到会计信息质量的重要影响，而会计准则变革会显著地提升样本公司的会计信息质量，并因此对企业股权资本成本产生显著的抑制作用，会计准则变革引入的合并报表理论和公允价值观念显著地提升了企业会计报告有关于盈余信息的透明度，并由此显著地降低了企业的股权融资成本。

会计准则变革能够通过促进会计信息披露质量的提升，来降低信息不对称的程度，进而提高股票流动性，并因此降低企业资本成本，提高企业价值。

（4）企业合并过程中的直接费用认定

关于企业合并过程中的直接费用认定，这一处理则涉及资产的初始计量。对于联营企业或合营企业的投资，对被投资公司具有重大影响或共同控制的情形，或除企业合并形成的长期股权投资以外的其他方式取得的长期股权投资这一类权益投资，可运用权益法对其进行核算，根据国际会计准则，初始计量应根据成本确认。

国际财务报告准则解释委员会（IFRIC）更新会议纪要在2019年提出，权益法下的成本应当包括取得所支付的对价和取得投资相关的直接税费，如专业服务费和税金等，但我国会计准则对于这一点并没有提及。我国会计准则中对初始计量进行了介绍，但“权益法”的第一次提及出现在中国会计准则后续计量的内容中。

在我国会计准则中，长期股权投资“初始计量”，除企业合并形成以外，一共有四种取得长期股权投资的方式，分别是支付现金取得、发行证券取得、非货币性资产交换取得和通过债务重组取得。所以，就初始确认的计价而言，我国会计准则和国际会计准则没有实质性的区别。

对于非同一控股企业合并取得的长期股权投资在个别报表层面的初始计量金额，不包括企业合并发生的直接费用，如审计、法律或评估咨询费用等。而在国际财务报告准则下则没有类似的规定，也只是说明子公司可以按照成本、权益法或国际财务报告准则的规定进行处理，没有提及取得子公司所发生直接费用的处理。实践中通常使用的是国际财务报告准则下成本的一般概念，即将直接相关的费用作为初始计量金额的一部分。因为无论是国际财务报告准则下按摊余成本计量的金融资产（与作为金融资产的对子公司投资按成本法核算的概念最为相近），还是固定资产或无形资产，初始计量成本通常都包括直接相关的税费，尽管国际财务报告准则在合并报表层面将合并直接相关的税费计入当期损益，但不影响个别报表的处理。

（5）长期股权投资相关准则下的现有差异

长期股权投资相关准则下的现有差异还体现在，对“同一控制下企业合并”的规定不一。关于这一事项的确认在个别报表层面的规定不一致。在我国会计准则下，当企业获取同一控制的企业合并，其初始成本的确认以最终控制方会计数据为准。我国会计准则规定，这种情况下的初始成本应该以其净资产在合并报表内的账面价值乘以相应的份额，最终得到的金额则为企业合并应予以确认的金额。

但在国际会计准则之下，除个别报表层面的一项特殊情形外，国际会计准则并没有对该合并事项做出规定，也就是说，国际会计准则不单独把这一项视为特别的、与其他合并处理不一致的业务。其中，该种特殊情形为一家母公司通过设立一家新公司作为其母公司的方式进行集团重组，并同时满足以下条件：新的母公司在并购过程中，采取的是发行自身股份的方式，并且将此作为对价，获取被合并方原有母公司的相应份额，并且最终实现了对原有母公司的控股。

同时，在这一合并重组的过程中，新的母子公司与原母子公司的资产和负债并未发生改变，且原有的母公司的所有者权益的绝对和相对份额不会因重组而发生变化。在个别报表层面，新母公司应采用成本法对原有母公司这一投资进行账务处理。因此，在上述情况之下，新母公司对于原母公司的投资及其相应的账务处理则完全遵照同一控制下企业合并中规定的“以原母公司在最终控制方合并报表的相应数额为准”，这种情况下应使用成本法进行确认，也就是说，将原母公司的净资产账面价值作为确认依据。

2. 会计准则变革对债务融资的影响

（1）公允价值观的影响

2006年版《企业会计准则》出台后，我国会计准则采用了国际会计准则中的公允价值理念，并结合中国实际情况进行了适当优化。公允价值理念的引入改变了以往企业会计计量的历史成本方法，以此提高债务契约有效性水平，提升会计信息透明度，控制企业盈余操控水平，改善企业会计信息盈余质量和会计信息价值相关性。所有这些变化都会影响包括债权人在内的外部投资者对企业资金注入的决策，并对企业资金筹措成本产生重要影响。

此外，公允价值观念的引入，能为债权人在签订债务契约时提供实时评估企业债务偿还能力的有效依据。而在债务合约的存续期内，受公允价值观的支持，债权人能够更好地依据会计信息拟定限制性条款，以此约束企业管理者的过度投资行为以及清算性股利发放行为，并有助于债权人有效利用会计信息对企业财务状况和未来前景做出准确判断，以此决定是维持现有债务契约抑或提前还贷。另外，会计准则变革引入的公允价值理念也使企业与主营业务不相关的暂时性收入出现较大幅度的增加，从而提高了企业利润波动的可能性，并削弱了债权人利用会计利润预测企业未来盈利水平的能力，并由此降低企业会计信息的契约有效性，不利于企业债务融资的推进。我国采用2006年版《企业会计准则》后，企业合并报表净利润与债务契约的相关性发生了显著的下降，并且那些因公允价值变动产生较高损益的企业则更为明显。会计准则变革降低了企业净利润对银行贷款的解释力，那些受会计准则变动影响较大的企业这种解释力的下降幅度更大。

（2）资产负债观的影响

企业收益的确认从原先的收入费用观转化到资产负债观会对企业的融资渠道产生重要影响。原有的收入费用观体现的是利润最大化目标，是典型的利润中心观，而资产负债观是典型的价值中心观，体现了企业价值最大化的目标。在不同的企业目标下，企业融资渠道也会发生相应的变化。

在企业利润最大化导向下，企业利润尤其是当期利润水平被看作融资决策的重要标准，在这样的导向下企业通常会忽略长远利益和长远发展，并由此产生短期行为，并作用于融资行为，选择短期利益最大化的融资渠道。在企业价值最大化导向下，企业将会适当延长分析问题的时间维度，并将资金的风险和时间价值纳入分析框架，从而有利于企业兼顾长短期利益，并选择符合企业长远发展目标的更加全面、更加综合性的融资渠道。

（3）会计信息质量的影响

当前信息风险与债务融资成本之间联系的研究表明，信息风险是不可分散的，信息不对称问题是决定企业资本成本的重要因素之一。会计信息质量的改善能够有效地避免信贷融资决策中的信息不对称问题，并由此对债务融资成本产生影响，会计信息质量会改善企业投资效率水平，并对企业价值产生提高作用，对债务融资风险和债务融资成本也会产生重要影响。信息披露质量的改善可以有效地提高投资者预期的平均信息准确度，从而能有效推动企业资金成本的下降。因此，会计准则变革会改善企业会计信息质量，并由此影响企业债务融资成本和负债期限结构。

（二）会计准则对财务报告质量的影响

会计准则制定的目的与利益相关者的初衷保持一致，并且会计准则对企业财务报告的信息披露原则做出了硬性的要求，这会对企业的信息披露行为产生规范作用。会计准则的目的在于保护投资者的权益，为此财务报告应该达到诚信、透明、公允、可比和充分披露等基本列报要求。随着国际会计准则在世界各国的普及和推进，不同国家之间财务报告的差异逐渐减少，形成了较为统一的会计规范，这对全球范围内投资者进行有效的投资决策提供了很大的帮助。国际会计准则的制定与实施哪怕不能有效提升财务报告的质量，但是也可以帮助报告使用者比较企业的业绩。

提高会计信息质量是国际财务报告准则的主要目标之一，而会计信息质量特征可能表现为价值相关性、稳健性、可比性、盈余质量等特征。由于以原则为导向的国际财务报告准则大量采用公允价值计量，企业的账面价值与市场价值趋同。采用国际财务报告准则之后，公司权益与净收益的价值相关性提升，采用国际财务报告准则能提高盈余价值的相关性，对账面价值的价值相关性并不具有显著影响。我国自 2006 年版《企业会计准则》中引入公允价值计量后，后续准则的修订也与国际财务报告准则保持一致。有学者认为该会计准则的实施并未提高盈余的价值相关性，也有研究者发现了该会计准则有利于会计信息价值相关性的提高，能够增加盈余的信息含量。国际财务报告准则对公允价值计量的运用，导致企业确认“好消息”和“坏消息”的不对称程度降低。

会计准则国际趋同的直接后果就是不同国家或地区企业对经济业务的会计处理趋于相同，这有利于提高会计信息的可比性，会计信息可比性的提高程度依赖于公司对国际财务报告准则的遵循程度。

从盈余管理的视角，国际财务报告准则对盈余质量也有重要的影响。由于国际财务报告准则的原则导向赋予了公司管理层在会计处理上更多的自由，采用国际财务报告准则之后应计盈余管理程度并没有变化，反而有所增加，也有使之降低的作用。

在盈余管理方式的选择上，我国2006年版《企业会计准则》实施后，真实盈余管理程度没有变化，应计盈余管理程度增加。在盈余管理的手段上，由于具体准则的变化，国内学者研究发现我国2006年版《企业会计准则》实施之后，企业通过调整资产减值进行利润操纵的行为得到了抑制，延迟确认收益、提前确认费用是企业在我国2006年版《企业会计准则》实施前企业常采用的方式，调整非经常性损益是企业准则变更后进行盈余管理的常见策略。

（三）会计准则对投资决策的影响

1. 制度契约环境变化带来的影响

制度经济学认为，理性经济人会在制度约束范围内寻求自身利益最大化的决策方式。每一种制度都会为决策者框定一个可获得的机会集，决策者往往在这个机会集中进行权衡与取舍。考虑到经济事项不可预见性和不可证实性的存在，会计准则在事前通常不是一种最优的存在，而会有事实上的不完备性，具体表现为准则上存在的疏漏或政策的不确定。会计准则确定的相关规则和程序的不详尽、不完备为会计活动遗留了不少空间，需要通过准则变革予以持续的优化和补充。因此，会计准则变革会导致企业决策者潜在的利益结构发生变革，从而有可能引导企业决策者产生新的利益追逐行为，导致决策行为与制度的一致变迁。

同时，会计准则变革改变了企业的行为边界和业务范围，以往缺乏会计规范的经济业务在会计变革后得到了有效的引导和规范，从而促进了相关业务的有序开展，投资边界也因此有了一定的拓展。相反，以往企业可以采用的经营方式在新的会计准则之下有可能会不再合理，企业不得不对相关业务经营方式进行变革，投资边界、投资方式也因此需要优化。加上会计准则变革会导致所有与会计相关的活动的前提发生变化，并因此引导企业委托代理双方签订新的契约，以此激励双方目标兼容，并引导企业包括投资在内的经营活动进行相应调整。会计准则变革改变了以往的收入费用观，突出了资产负债观，并倡导根据资产负债价值的变动来度量企业的损益，从而强调基于权益增加的投资经营活动。会计目标的转变使委托人和代理人之间进行契约设计时关注的重点由利润表转移到了资产负债表，管理者在投资决策时不再将当期利润增加当作关键依据，而会更加倾向于关注股东价值的增加。所以，投资者将依据资产负债表的变化情况来做出是否投资以及投资多少的决定。他们通常可以通过比较期初和期末净资产的变化情况来判断投资行为是否对企业财务状况产生了真实的影响以及影响的效果，从而对投资效果进行评价。

与此同时，考虑到会计准则变革中公允价值的采用，企业在资产投资初始价值确认时应该将资产未来收益及风险纳入考虑范畴，同时由于在后续计量中新会计准则中公允价值的引入，企业资产价值会随市场行情发生上下波动。为了规避可能存在的风险，决策者会趋于更加谨慎和严格的分析，从而选择高收益、低风险的项目。

2. 企业组织环境变化带来的影响

会计准则的变革不仅会影响直观的短期利益，而且会导致企业潜在的经营理念和心智模式的变化。随着企业对新会计准则中相关理念的践行和贯彻，企业制度框架和经营模式都会不断调试和优化，并逐步形成新的组织行为习惯和心智模式，包括企业员工在内的所有人员都会受到这些理念的影响，并融入其思维理念和行为习惯之中，从而从整个组织环境上产生根本性变化，最终对企业包括投资决策在内的决策行为产生内部约束。

具体而言，2006 年版《企业会计准则》下公允价值的采用，由于比历史成本更强调市场变化施加的影响，从而会引起所有员工对价值理念和价值创造的重视，并引发基于职责在内的管理哲学认识的根本性改变，进而引导企业重视价值投资。同时，由于研发支出的有条件资本化，减轻了企业研发带来的利润压力，从而使所有员工更加重视研发投入和产品附加值的提升。

3. 会计信息质量改善带来的影响

新的会计理念的引入、会计处理原则的变更，使会计准则的内容更为具体、科学，体系更为全面，企业会计信息与企业财务特征的匹配更加精准。准则的变革拓展了财务报告的内涵和外延，使会计信息披露内容更为贴近市场价值，披露方式更为严格，提高了会计信息的透明程度，避免了信息的不对称，便于会计信息使用者对企业价值和项目进行评估，也有助于提高同行业会计信息的可比性，减少行业市场信息和竞争态势的错判；有助于企业决策者利用会计信息识别投资机会、发现投资前景，从而减少企业投资不足的可能性。同时，考虑到会计信息质量的提高有助于外部投资者更加有效地识别和判断企业投资项目的价值，从而能够对企业融资约束问题产生缓解作用，进而会为企业提供良好的资金支持，最终改善投资不足的现象。被投资公司的估值在强制执行国际财务报告准则后会变得更高，投资基金对企业的投资活跃程度也会由此变得更高，结果说明会计准则变革确实能放松企业融资约束，便于缓和投资不足问题。

另外，会计准则变革能够强化信息质量，帮助委托人和投资人更好地评价和监督公司的投资经营行为，从而提升投资者及股东的治理能力和治理水平，减少管理者产生机会主义行为的可能，并刺激管理者采取更为积极有效的投资行为，提高企业价值，以此抑制其进行过度投资的冲动。会计准则变革可以显著抑制企业的非效率投资。

4. 具体会计准则改变带来的影响

2006 年版《企业会计准则》的具体条款除了会计处理理念和原则的变化，还涉及一些直接影响企业投资行为的准则条款。例如，长期股权投资以及金融工具确认计量准则条款的出台，采用公允价值计量交易性金融资产，会加大企业周期估值和投资的现象，即在市场条件好的时候，企业会采取更为激进的投资行为，以此扩大公允价值带来的价值增加或利润增加，在市场条件变差时，企业投资会变得更为谨慎，以此规避市场风险在财务报表上的长期滞留；有关无形资产费用资本化问题的处理会加大企业创新投资，提高技术水平，推动企业长期发展水平的改善；由于会计准则规定了固定资产预计弃置费用的确认及其计量，从而会强化企业管理者加速固定资产更新的动力和意愿，由此改善企业的技术水平；对分期付款购买固定资产的入账问题，新准则要求按照购买价款的现值入账，也会对固定资产投资行为产生重要影响；倘若企业将非投资性房地产转换为投资性房地产，由于企业可以选择公允价值计量模式，此时两者之间转换产生的损失应当计入当期损益，收益计入其他综合收益，如果企业能够享受利润减税豁免，其投资房地产的动力会大大增加。

（四）会计准则对企业经营决策及行为路径的影响

1. 对企业经营决策的影响

企业经营决策同样会受到会计准则的影响，会计准则对企业融资提出了要求，在对子公司长期股权投资时，要求投资企业能从权益法核算转变为成本法核算。核算方法的改变会影响企业财务管理工作，最为直接的体现是财务报表数据的变化，数据在报表中发生变化，经营决策也会发生一定变化。

随着我国市场经济发展步伐的不断加快，企业会计准则要能够满足企业的经营需求，企业经营的发展需要进一步实现与国际会计准则的持续趋同，因此对企业会计准则内容要进一步修订和完善。修订和完善企业会计准则若能使企业会计信息质量得到质的飞跃，则在一定程度上可以为企业内部的目标设定、理念传递和活动优化提供科学依据和规范引导，在对企业经营决策的制定提供有效信息支撑的同时，还能够使外部投资者更加全面地了解企业经营情况。

会计准则能够对企业融资决策产生影响，影响企业的融资成本，在会计准则实现与国际趋同的情况下，企业的融资成本降低、融资渠道与市场不断拓宽。同时，会计准则会对企业的资本结构产生影响，其有利于企业资本市场发展。在会计准则下，要求企业财务管理适应市场变化、适应国际变化。在企业日常经营中，财务人员要充分了解内部及外部信息并把握各项资源，对企业经营管理中的问题有敏锐的察觉能力，并能够及时解决问题，及时为企业管理者决策提供准确、高质量的各项数据，为企业打造良好的经营管理秩序。

2. 对企业行为路径的影响

会计准则通过给予一定的标准与规则规范企业行为，给予企业计算会计数字的规则，企业根据该规则进行会计确认、计量与报告。会计准则通过向企业提供达成目标的方法论来实现对企业行为的规范。企业准则给予会计人员的主观判断的空间会影响企业实施盈余管理与机会主义行为的可能性。

直接对会计准则对企业行为的影响开展研究难以控制变量，因此通常都从会计准则变革入手，通过对会计准则变革前后企业行为的对比来分析会计准则对企业行为的影响，进而对影响路径开展研究。会计准则对企业行为的影响路径总结为两条：一条是会计准则所体现的会计观念能够影响企业的治理理念，进而影响企业的财务行为、会计行为以及管理行为；另一条是通过对会计事项与会计要素的规范影响财务报告进而影响企业行为。会计准则具有经济后果，会计准则通过影响会计报告来影响包括企业在内的多个会计报告使用者的决策。企业宏观决策与微观的具体行为都会受到会计准则的影响。企业的宏观决策主要受到会计准则所传递的会计观念的影响。企业的微观具体行为主要受会计准则中具体规范的影响，例如，会计准则对会计计量的规范会影响企业生产管理、人力资源及销售管理等多个方面；而企业的投资行为则会因会计准则对会计信息表达的规范而受到影响，这一影响是通过会计信息对企业战略决策的影响来实现的。同时，会计准则中的会计观念也会影响企业的具体行为。例如，企业资产负债表中的递延项目减少就有赖于会计准则传达的资产负债观。

为了适应经济体制变化的需要，我国建立并不断优化包括会计准则在内的会计制度体系，以更好地服务经济发展的内在需求。会计准则的建立和变革从一开始就是为了满足市场经济发展需要的，也就是说准则的变革内含影响经济行为和经济运行的使命和初衷。因此，会计准则变革的目的是更好地规范企业的会计行为，优化企业包括资本配置、经营管理、市场竞争、战略合作等在内的决策行为，从而促进企业整体行为特征的优化和整体效率的增进。

首先，从制度变迁的角度看，会计准则作为一种不完善的制度性契约，对经济发展过程中的会计事项规定存在诸多的不完善，甚至存在可供企业利用的漏洞，随着新的环境的变化，有些漏洞会变得更加严重，新的漏洞也会层出不穷。因此，会计准则从宏观角度改变了企业运行尤其是会计行为的契约环境，规避了其可能存在的非效率问题，提高了企业的整体效益。同时，会计准则变革也从微观上改变了行为人的行动范围和行为方式，使其行为活动处于制度框架允许的范围之内，企业经营决策行为也因此会更为高效，企业整体效率也会更高。

其次，从委托代理角度看，会计准则可以缓解企业内外部委托代理问题，降低契约的不完善性。会计准则会直接影响企业财务数据的计量和列报，从而对企业基于财务数据的契约和监管产生积极影响，使企业内外部利益主体能够进行更为有效的监督，约束企业朝着正确的方向发展。例如，基于绩效考核的管理层薪酬契约，由于会计准则供内部人操作的信息更少，从而能更为准确地识别有效的业绩水平，缓解股东与管理者之间的委托代理问题，促进管理者更为积极的工作，企业效率也因此得以有效提升。同时，由于会计准则变更着眼于堵住包括盈余操控、股利分配等在内的漏洞或不足，能够减少大股东借由自身控制股东身份侵占小股东利益的现象，大股东和小股东之间的委托代理问题将得以有效缓解，股权资金的使用效率也会由此提升。基于债务偿还的契约设计也因为准则变更提升的信息真实度，能让债权人随时掌握企业经营动态：在企业沿着正常的经营方向运转时，债权人的借款意愿增强，利息要求也随之下降；在企业朝着有悖于债权人利益的方向运转时，债权人可以启用惩罚性条款，终止借款合同或提高未来的资金回报要求。因此，股东与债权人之间的委托代理问题会得以缓解，并能够提升债务资金的使用效率。当然，会计准则变革进一步改变了基于税收的相关处理方式，让企业在应交税金上更加符合实际情况，企业与政府之间的代理问题也得以减轻，由此创造的税负公平的环境也为企业整体发展和整体效率的提升奠定了重要的基础。

最后，从资源使用角度而言，会计准则变革不仅会抑制企业可能产生的非效率投资和非效率融资，而且会通过引入公允价值、资产负债观、决策有用观等理念，改变企业经营管理的视角，引导企业从价值最大化的角度进行决策和管理，从而有利于企业促进各要素之间的合理搭配，促进整体要素效率水平的提升。

综上所述，由于相关会计理念的更新、会计准则的优化、会计计量的改进，会计准则会从整体上提升企业各个方面的效率，企业全要素生产率也会得以有效提升。

（五）会计准则对资本市场效率的影响

市场效率是动态发展的并且是可以进行调节控制的，所以全球很多监管机构才把提高资本市场效率作为其工作目标之一，影响资本市场效率的因素很多，在众多的因素中，会计信息是最为重要的一种。会计信息对资本市场效率的基本作用体现为现代资本市场建立在信息公开披露的基础之上，而会计信息是上市公司必须披露的最重要的信息。这是因为资本市场上的投资者或潜在的投资者，最关心的莫过于投资回报和投资风险，而这两类信息集中地体现在公司的会计报表中，会计信息也就理所当然地成为投资者重视的信息来源。当公司披露出新的会计信息，投资者就会据此修正他们对公司未来现金流量的看法，进而做出投资决策。

从整个资本市场来看，无数个投资者根据所获得的不同信息以及对信息的不同理解而做出不同的决策。在这个过程中，高质量的会计信息更能让投资者了解企业真实的财务状况和经营成果，更有助于降低投资者与企业之间的信息不对称，减少由于信息问题而产生的逆向选择和道德风险，让稀缺的资本资源得到更有效的配置。

资本市场效率分为微观配置效率、宏观配置效率和信息效率三个层次。微观配置效率是指上市公司如何高效使用筹集的资金，以为投资者创造出最大的经济效益。宏观配置效率是指资本市场将稀缺的资本资源在不同的筹资者中进行分配，最终配置到边际生产效率最高的生产部门或企业中去的程度。信息效率是指信息体现到证券价格中的速度与程度。当然，资本市场效率产生的基础是信息的公开披露制度，而会计信息是上市公司必须披露的主要信息之一。因此，会计准则的变迁，或多或少会影响到会计信息质量，进而可能影响到资本市场效率。制度的存在是为了降低交易成本，而制度的变迁则是为了提高效率。高质量的会计信息能够通过改善契约和监督，规避道德风险并减少逆向选择，抑制上市公司的投资不足和过度投资，从而提高公司资本的配置效率。

会计信息对资本市场的健康发展有着至关重要的作用，会计准则的产生就是出于降低交易费用、维持和提高资本市场效率的目的。会计准则促进着资本市场效率的提高，而资本市场的发展又要求会计准则进一步完善，两者相互促进、共同发展。

（六）会计准则对分配决策的影响

1. 会计准则对股利分配政策的影响

我国会计准则改变了企业的会计理念，并在谨慎的基础上引入了公允价值计量模式，在基本准则中加入了利得和损失的思想。这样的会计处理模式通常会导致企业利润与现金流量之间产生差别，在经济向好、股市走强或企业存在较多的非经常性收益时，企业现金流量与利润之间的差距会变得更大。此时，企业根据利润表上显现出来的收益情况进行分配将人为地夸大可分配利润的额度，从而有可能产生利润超额分配的可能。所以，股利分配以会计收益为基础，在很大程度上受到会计准则变革的影响。

2. 会计准则对职工薪酬政策的影响

我国会计准则出现了职工薪酬的具体准则。按照这一准则的规定，企业可以按照企业员工的服务对象分配职工薪酬，并将职工薪酬费用按照企业当期费用或相关资产成本进行统计与核算。虽然这样的会计处理有利于完善企业成本补偿的相关制度，但在一定程度上也会对企业损益的确认产生影响。按照这一会计处理原则，如果企业进行技术创新和开发，开发阶段的职工薪酬因为能够满足资本化条件，所以能够按照企业无形资产的成本予以核算。由此可见，这一制度的实施可以大大地提高企业引进研发人员进行研发投入的动力，并进行相应的薪酬激励。

（七）会计准则对中介机构的影响

会计信息质量的改变，必然也会对信息使用者的决策产生影响，审计师、证券分析师和机构投资者所受到的影响也成为相关研究者关注的焦点。

审计师作为会计信息鉴证主体，也会受到会计准则变化所带来的影响。当会计准则变更为国际财务报告准则时，由于国际财务报告准则原则导向的规定，客户就会选择规模更大的会计师事务所。会计准则的变化导致对审计师工作的专业要求提高，审计也相应变得更加复杂，审计收费在采用国际财务报告准则的前几年会比变更准则之前更高。

证券分析师对企业的预测以企业披露的会计信息为基础，企业主动采取国际财务报告准则能够增加公司披露的信息，这有利于证券分析师获得更多的信息，能够提高其预测的准确性。当按照政策规定，公司被强制要求采用国际财务报告准则时，公司的分析师跟踪数增加，准确度提高。国际财务报告准则能否提高分析师预测的准确度，取决于法律环境和准则变化前后的差异。在强制执行国际财务报告准则的国家，只有法律环境和准则执行要求严格，并且执行前后准则差异较大的国家，证券分析师预测的准确性才会提高。在强制实施国际财务报告准则的公司中，国外证券分析师的跟踪数量增加，尤其是那些具有国际财务报告准则经验的分析师。机构投资者是企业会计信息使用的另一重要利益相关者，执行国际财务报告准则有利于提高企业信息透明度、会计信息质量。会计信息质量的提升有利于机构投资者收益的增加，因此机构投资者会加大对采用国际财务报告准则公司的投资。国家法律执行力较强、准则前后差异大的国家，机构投资者的增持更加显著。

第二节　会计准则基础理论

一、经济后果论

所谓经济后果是有关会计报告对利益相关方影响的总称，企业、政府、社会组织等外部信息使用者是常见的利益相关方，公司营业收入及利润的增减会受到会计政策选择差异的影响。当企业对外公布所采用的会计政策时，因政策改变而引起的企业净利润变化情况就会被市场投资者所察觉，也会随即在企业价格方面有所体现。

净利润水平是一个用来证明公司价值的重要财务指标，该项财务指标的高低将对公司经营层的决策造成一系列直接或间接的影响。而现实生活中经济事项发生的环境是会计准则制定和实施的必备条件之一，经济后果一定是相关会计准则在某个特定环境下的特定产物。

二、制度变迁理论

制度变迁指的是制度的交易、转换或者替代的过程，新制度经济学对制度变迁的研究是基于需求—供给框架进行的。制度变迁在经济学研究中有着关键性作用，制度变迁是制度的替代、转换和交易过程。制度变迁的主体分为组织和企业家，他们起主导制度变迁的作用。我国则将制度变迁的主体区分为政府、组织以及个人。制度变迁的动力来自新制度产生的收益大于制度变迁所需的成本。社会上的资源是有限的，企业在追求高利润的同时需要对制度进行创新，以期在资源竞争中占据有利地位，当原来的制度无法带来收益增长时，变迁主体就会想要改变现有的制度结构，通过制度变迁来获得新的收益来源。制度变迁分为诱致性变迁和强制性变迁。由想要获利的人即需求方自发进行的制度变迁被称为诱致性变迁，从下往上，从局部到整体。由政府来推进的制度变迁则称为强制性变迁，当政府认为现行的制度与经济环境不符时，会通过法律法规来进行制度创新，具有强制性和利益双重性。制度变迁方式分为三种：供给主导型、诱致型以及中间扩散性。供给主导型制度变迁只有在权力中心获利最大时才可能发生，难度较大；诱致型制度变迁会受到很多限制，很多时候并不能自主进行；中间扩散型制度变迁是在权力中心和微观主体之间增加一个组织，既满足了微观主体的利益需求，又能为权力中心形成垄断租金最大化。路径依赖是制度变迁理论的重要内容，制度变迁存在报酬递增和自我强化机制，当制度变迁走上某一路径之后，会在这一方向上继续发展、不断强化，当方向出错时难以及时脱身，可能导致变迁主体一直停留在无效率的状态之中。

从需求方面来看，随着社会经济的快速发展，原有的旧制度已经不能满足当前社会发展的需要，或者说会成为当代社会的绊脚石，这就势必会诞生新制度以取代旧制度。例如，中国的发展史由原始社会、奴隶社会、封建社会再到社会主义社会，每一个社会意识形态不同，所产生的制度也不一样，新旧更替，直到当前的制度能够满足社会的发展需求。

从财务学的角度而言，制度变迁是因为这种制度的预期收益比预期成本要低，呈现出“制度亏损”的现象，这个时候，旧制度必然被淘汰，新制度应运而生，这就是制度变迁。信息社会时代，科技高速发展，人与人之间的不确定因素越来越多，因此，必须出台相关的制度来进行约束，只有这样，社会才能稳定发展。当一个新制度产生时，必须满足两个条件：一是该制度会让社会运行的效率得到提升；二是维护该制度的成本会降低，最终制度的效率和效益会得到相应提高。所以，制度变迁的过程就是成本高、效率低的旧制度被成本低、效率高的新制度所取代的过程。

三、博弈均衡论

博弈论又称为游戏理论，它是研究在某个前提条件下的“游戏”竞争中，不同参与方根据其他参与方的策略而实施对应措施的行为。博弈论除了在学术界被深入研究，还在社会生产、经济生活、国防军事等各个方面得到了广泛的运用。甚至可以说在任何有交易对手的活动中，只要存在两方及以上的参与者之间的竞争合作，就涉及博弈理论的使用。

博弈论被纳入经济学的研究框架内，成为研究经济活动和经济现象的分析利器，与经济学的其他理论融合，在经济、金融、社会等领域应用广泛，加快推动了信息不对称理论、公司组织结构理论、所有权与经营权分离下产生的委托代理理论的发展，成为社会经济学分析的核心要素。博弈论中最典型的案例是“囚徒困境模型”。经济生活中同样存在这种模型，如“双十一”的商家价格大战、淡季的机票折扣大战、政府出台的各种刺激或抑制经济的政策等。从博弈论的角度来看，任何政策变更的过程就是旧的政策和新的政策博弈的过程。

四、公共利益理论

公共利益理论认为，在市场失灵的领域会出现管制行为，其目的是保护公众利益，该理论的依据是福利经济学。公共利益理论有两个前提：一是自由放任的市场运行不畅、运作无效率，二是政府规制根本不花费成本。该理论假定，在政府管制过程中政府可以代表民众对市场做出理性调整，使得这一过程符合帕累托改进原则。这不仅可以提高经济水平，还可以完善社会福利。这表明了政府不是某些特定部门的“保护伞”，而是公众利益的维护者，将对任何出现市场失灵的情况进行管制。因此，该理论把政府管制看作从公共利益出发制定的规则，目的是解决市场失灵，实现社会公平正义。

公共利益理论认为，监管源于投资者纠正市场失灵的需求。市场失灵的情况时常发生，为了保证市场平稳运行，需要经济体建立监管机制。而我国的证监会等机构的设立就是为了制定相应的监管措施。监管措施的制定不仅考虑投资者的需求，实施者还会衡量监管成本与市场改善带来的收益，当收益大于成本时，才有可能实施该项监管措施。行政管制可以作为法律制度的替代机制，当上市公司信息披露存在瑕疵时，监管机构可以通过行政力量介入发挥惩戒效应。

五、演化经济学理论

新古典经济学有两个假设前提——会计准则需求和供给因素不变，而演化经济学与新古典经济学不同，演化经济学更关注现实世界，从动态的视角考量会计准则变迁问题。无论是美国还是中国的会计准则，其变迁都是不断演化的过程，而会计准则稳定性、创新性及市场的选择性属于演化分析框架的三要素，因此可以将其放入演化经济学框架进行研究。

演化经济学理论框架下，会计准则变迁产生的动因是自组织力量和构建力量，前者是准则系统的内部力量，后者是外部力量，这两股力量的影响因素也是会计准则变迁的影响因素。自组织力量的影响因素有许多，其中最重要的是社会知识的积累，只有不断地学习才能积累社会知识。在学习过程中，可以提高利益主体的会计准则执行能力。同时，在学习积累社会知识的过程中，还可以提高利益主体的创新性，从而提高制定新准则以及执行新准则的能力。当利益主体积累与会计准则制定与执行相关的知识到一定程度后，不仅会提高会计准则的执行能力，还会提高识别既有体系下潜在利益的能力，从而引导利益主体改变现有准则的利益分配关系，走出会计准则执行的“低效”状态，实质执行原则导向会计准则，使财务报告信息披露会越来越结合公司本身的特质信息、业务的特殊性，并发挥主观能动性对会计职业判断做出充分、合理的解释。

第三节　会计准则的制定

一、会计准则的制定环境

所谓会计环境，是指与会计的产生、发展密切相关，对会计理论和实务产生制约作用的外部环境因素的总和。影响会计准则制定的环境因素是多方面的，主要包括如下四个方面：政治环境、经济环境、法律环境和文化环境。

（一）政治环境

会计准则不是简单的技术手段，会计准则的规定会对不同利益主体产生直接影响。受历代政府执政思路的影响，政治环境是特定政治主体从事政治生活所面对的各种条件的总和，可以划分为政治体系内环境（包括政治体制、政治局势等）和政治体系外环境（包括自然环境、社会环境和国际环境等）。中国是社会主义国家，人民代表大会制度是中国的根本政治制度。人民通过全国人民代表大会和地方各级人民代表大会行使国家权力。全国人民代表大会是国家最高权力机关，政府是履行国家职能、管理国家和社会公共事务的机关。基于我国国情，政府为有效行使其职能，展现出了较强的领导力。中华人民共和国自成立以来，我国社会主义国家的根本性质始终没有发生改变。近几十年来，尤其是改革开放后，我国经济快速稳定增长。

任何一个国家的会计都建立在一定的政治制度上，并为该国的政治目的服务，会计的发展要反映一个国家的政治观点和政治目标。政治环境对会计发展的影响主要体现在不同政治体制下的统治阶层都需要利用会计制度安排来处理经济利益关系，因此，会计制度必定带有一定的政治色彩和社会属性；政治环境作为上层建筑，对经济环境的改革发展具有推动或阻碍作用，政治体制的发展势必会引起会计赖以生存的经济环境发生变化，进而促使会计政策、会计方法发生相应的改变；不同的政治制度有着不同的公众参与监督机制，因此，也会有不同的会计信息披露要求。

从政治体制来看，我国政府具有较强的政治领导力，在会计制度安排上强调为政府的宏观调控服务，会计准则的制定和管理机构也都是政府官方机构。除了政治体制的特殊安排会影响会计的发展，一国政治局势的稳定也会对会计发展产生影响。我国国内政治局势相对稳定，这在一定程度上保障了经济的持续繁荣，并促进了资本市场的发展，最终推动了会计的发展。

（二）经济环境

会计准则与经济发展紧密相关，因此，经济因素是影响会计准则的重要因素。一方面，会计准则能反映出一国经济发展的程度；另一方面，经济发展不但直接影响会计准则，也间接影响该国的经济体制、市场状况和社会发展速度的快慢等。我国的市场经济体制越来越完善，产业结构分布越来越合理，以制造业和服务业为主，对外开放程度也越来越高，因此中国的会计准则日趋完善，并逐渐与国际会计准则趋同。我国实行社会主义市场经济体制，公有制经济是我国的经济基础。我国“十四五”规划纲要中再次提到，中国将继续推进社会主义市场经济体制改革，让市场在资源配置中充分发挥其决定性作用，同时政府也将更好地发挥其调控作用，促进“有形之手”和“无形之手”的有效结合。“十四五”规划纲要中还提到，中国将继续巩固发展公有制经济，并且鼓励、支持、引导非公有制经济的发展，促进公有制经济和非公有制经济互相联系，公平竞争。一个国家的经济体制通常由所有制形式、经济调节机制等基本要素构成。一国经济体制客观上决定了会计主体的特征和社会经济资源的配置，而会计通常与特定经济体制下会计主体的特征以及社会经济资源的配置相适应并互相作用。经济调控方式会受到经济体制、政治体制和文化的影响。在市场化程度较高的经济体制下，宏观经济一般通过市场自行调节，政府较少干预，反映在会计上就是会计的规范和管理通常以民间为主，政府为辅；而如果一国政治和文化对社会统一性要求程度高，那么政府会更多地参与宏观经济调控，该国对会计规范的实施、对会计人员的管理和对会计信息的质量要求也会更加强调一致和统一。从经济体制和经济调控方式来看，中国虽然实行市场经济体制，但政府较多地参与了宏观经济调控。其中，我国主要受政治体制安排的影响（表现为在所有制结构上以公有制经济为主体），更多地通过政府宏观调控来保障社会的整体利益。

我国是世界上最大的发展中国家，经济总量大，改革开放以来，经过几十年的快速发展，我国经济已经由高速增长阶段转变为高质量发展阶段。经济发展水平对会计理论研究的深浅、会计实践领域的大小以及会计制度体系的规范与否都有较大的影响。经济发展水平越高，经济活动内容越复杂、丰富，会计服务空间越广阔，随之要求更多样的会计技术方法和更高的会计人员素质。可以说，经济越发达的国家，会计在经济活动中的地位就越高。随着经济发展水平的提高，中国也在不断完善现有的会计体系，不断提高对会计信息的重视程度，实现了不同程度的国际会计趋同。

中国资本市场起步相对较晚但发展十分迅猛，目前已经初具规模，但相比成熟资本市场还有一定差距。虽然从上市公司总市值来看，目前中国资本市场已成为全球第二大资本市场，但中国资本市场的市场功能、制度环境等方面仍存在完善的空间。就有资本市场发育程度主要对会计目标和会计信息质量产生影响。资本市场越发达，越多的企业从证券市场筹措资金，会计信息的市场作用就越明显。一方面，为了从证券市场筹措资金，企业提供的会计信息要更多地满足投资者的需求；另一方面，由于会计信息在资本市场中具备公共产品的特性，政府对企业提供的会计信息的监管尤为严格，进而推动会计信息质量的提升以及会计人员职业素养的提高。从资本市场的发育程度来看，我国资本市场的规模十分庞大，但在监管机制、运作效率等方面还存在完善空间。

（三）法律环境

法律是强制性和权威性的统一，会计准则需要在完善的法律体系中健康、良好地运行。市场经济主体必须严格执行相关的会计准则，杜绝违规违法行为，这正是会计准则的法律法规特征的体现，即以强制性和权威性来保障会计准则的实施。因此，只有完善的法律环境才能为会计准则的国际化变迁奠定基石。近年来，随着法律制度的不断修订，中国的法律环境越来越好，各个领域的法律条文日趋完善。自从2006年版《企业会计准则》实施以来，财政部就不断对其进行修订，并增加了新的具体准则。

就法律体系而言，我国属于成文法系国家。一般情况下，我国会计相关法律法规的内容较为具体，具备较强的指示性。目前，我国的会计法规体系包括三个层次：第一层为会计法律，即《中华人民共和国会计法》（以下简称《会计法》），主要用于调节经济生活中的会计关系，《会计法》是其他会计法规的制定依据；第二层为会计行政法规，如《企业财务会计报告条例》，其法律效力不如会计法律；第三层为国家统一的会计制度，主要包括会计部门规章和会计规范性文件，《企业会计准则》就属于会计部门规章。按照我国《会计法》的规定，企业应当严格按照国家统一的会计制度编制财务报表。《企业会计准则》由财政部主导制定，目前包括基本准则、具体准则和应用指南。另外，我国还制定了《中华人民共和国公司法》《中华人民共和国证券法》《中华人民共和国企业所得税法》等相关法律配合会计法律法规的实施。

法律环境主要包括法律体系和会计相关法律的具体内容，不同法律体系对会计的影响有所不同。在成文法系国家，政府一般主导会计法规的制定，会计规范统一性、强制性程度高，会计人员职业判断空间小；而在不成文法系国家，会计法规的制定一般由会计职业团体主导，会计规范的灵活性、可选择性程度高，对会计从业人员职业判断能力要求高。我国属于成文法系国家，其会计准则和会计制度与国家法律体系深度融合。从会计法律法规的内容来看，中国的会计法规具有更强的指示性和程序性，更加看重企业所提供的财务报告的正确性和合法性。

（四）文化环境

会计能够映射一个国家的社会文化。从古代的结绳记事到现代的财务机器人，在不同的社会阶段，会计和社会文化紧密相连，它们是社会和文化的集合体，从某种意义上而言，文化也是影响会计准则的重要因素。例如，“一带一路”沿线涉及面极广，囊括了亚、非、欧三大洲和美洲、大洋洲的150多个国家，地域不同，必然带来形色各异的文化、社会宗教和组织结构，因此，各国会计准则带有鲜明的地域文化特色。

中国是一个统一的多民族国家，每个民族的风俗习惯、宗教信仰、民族性格都存在着差异。但不管是哪个民族，他们都秉承着中国传统文化的核心精神，能够辩证地理解群己关系，更能够将个人利益与民族和国家利益融合统一在一起。中国传统文化的主要特征可以概括为如下几个方面

①权距较大。由于中国传统文化讲究等级，尊卑有序，人们为人处世常常听从父母和长者的意见。②崇尚集体主义。受中国传统文化的影响，中国人十分看重集体利益。当集体利益与个人利益发生冲突时，人们往往优先考虑集体利益。③不确定性规避程度大。自古以来，中国就有“未雨绸缪”“有备无患”的说法，中国人更加追求稳健性，对风险的规避程度较大。④阴柔强于阳刚。中国注重社会各阶层和谐相处，鼓励人们处事要低调圆滑。

文化环境直接或间接地对一国的会计产生影响。文化塑造了人的性格和价值观，人的性格和价值观会影响其对事物的估计和判断。由于会计实践过程中到处存在会计人员的主观判断，因此会计一定会受到不同文化环境的影响。从文化环境来看，中国社会权距较大，更加崇尚集体主义，风险规避意识较强，这些特征在会计上的表现主要是中国会计法规的统一性较强和中国会计人员处理会计业务时更加谨慎。

二、会计准则的制定导向

会计作为一项经济管理活动，为提高经济效益而服务。在全球经济日益一体化的背景下，各国会计准则趋同有助于减少商业沟通阻力，促进资本交流，这在一定程度上符合各国经济发展需求。但是，由于各国政治、经济、法律、文化等诸多社会基础环境因素以及会计准则制定程序的不同，各国会计仍存在较大的差异。

在会计准则制定过程中，应该坚持的基本原则和基本的理论方向是会计准则制定模式的要素之一。会计准则的制定导向有规则导向、原则导向和目标导向。规则导向的会计准则更具体、更复杂；而原则导向的会计准则要相对简单明了，主要是一些基础性的原则，在具体执行过程中更多依赖执行者的职业判断；目标导向实质是对规则导向和原则导向的折中。

（一）规则导向

规则导向的会计准则为资本市场的繁荣做出了重要贡献，但会计准则的复杂性很大程度上是因为其细则，而不是宽泛的概念和原则。规则导向会造成企业花费过多的精力在遵守“条条框框”上，导致财务报表不能反映企业活动的经济实质。

（二）原则导向

我国财政部决定采用企业会计准则与国际财务报告准则实质趋同的准则体

系，准则逐渐由规则导向转变为原则导向。原则导向认为再细致的会计准则也不能考虑到所有情况。原则导向强调“实质大于形式”，有助于提升财务报告的信息透明度，给予企业较高的自由裁量权，企业可借此向外部信息使用者传递私有信息，降低信息不对称，提高会计信息质量。但也有反对者认为自由裁量权一定会被用于自利动机，应用原则导向是不理智的。

原则导向会计准则的执行效果主要可以分为基于盈余管理框架的会计准则执行效果和基于制度框架的会计准则执行效果。

①原则导向会计准则有一个隐含的假设，即当取消基于规则标准所施加的约束时，财务报表编制者将希望做出最能反映经济现实的会计选择。然而，会计职业判断不仅取决于其对会计准则的理解能力和对经济实质的判断能力，还受到背后经济动机的影响，公司会出于自利动机利用原则导向对会计准则的灵活性进行机会主义操纵，并利用“职业判断”进行辩护。为了便于分析研究背后的理论争议点，将以原则导向会计准则的灵活性和会计职业判断是增大还是减轻公司自利性行为选择倾向为原则导向会计准则执行效果标准的这类研究称为基于盈余管理框架的会计准则执行效果研究。此类会计准则执行效果研究的底层逻辑的特点是，会计准则转为原则导向的目标是解决规则导向会计准则无法避免的机会主义行为(包括盈余管理和会计舞弊)。因此，原则导向会计准则的灵活性和会计职业判断会增大还是减轻公司自利性行为选择倾向便是评价原则导向会计准则执行效果的主要标准。公司对原则导向会计准则的滥用，会导致会计准则中的原则无法如实体现会计准则的意图和精神，最终影响原则导向会计准则目标的实现。国际财务报告准则缺乏明确的指导，给会计人员和审计人员提供了较大的专业判断和执行空间，这种更大的灵活性，再加上对如何实施这些新标准缺乏明确的指导，导致了更高的盈余管理（平滑)。当公司接近破产、发行股票或经历高增长、需要满足目标收益时，公司管理层会使用基于原则导向会计准则提供的额外酌量权进行盈余管理。

②与基于盈余管理框架的会计准则执行效果研究不同，基于制度框架的会计准则执行效果认为，会计准则转为原则导向不仅是融入国际资本市场、适应不断创新的业务模式和盈利模式等的需要，也是一项复杂制度的变迁。会计准则作为一项公共合约，是不完备的，它没有能力遏制盈余管理行为，更无法穷尽、消灭盈余管理。不依据原则导向会计准则与盈余管理之间的关系评价原则导向会计准则执行效果的研究称为基于制度框架的会计准则执行效果研究。此类会计准则执行效果研究的底层逻辑有以下两点。

一是盈余管理的动因在于公司层面的报告动机，而不在会计准则。会计准则天生可能会成为盈余管理的工具，但不是其动因；在自愿采用国际财务报告准则时，收入平滑显著下降，当强制采用国际财务报告准则时，不会影响盈余管理；而在盈余管理动机较强的公司，公司层面报告动机对财务报告质量的影响远超过会计准则能发挥的作用。早期自愿采用国际财务报告准则的公司有动机增加报告透明度以吸引外部资本，而那些被强制采用国际财务报告准则的公司则缺乏增加报告透明度的动机，从而导致在采用国际财务报告准则后增加盈余管理（平滑）。

二是盈余管理很大程度上受国家法律制度、证券监管规则或其他制度的影响。监管制度会影响盈余的动机，如摘牌政策、配股政策等动机，改进监管规则有利于遏制盈余管理。

基于制度框架的会计准则执行效果研究在具体如何评价会计准则执行效果方面又存在差异，分为以下三类。

一是认为会计准则执行效果取决于会计准则本身，会计准则国际趋同给我国资本市场带来积极影响：提升财务报告的信息含量、降低股权资本成本、吸引QFII 加大投资等。会计准则在执行层面实现从规则导向到原则导向的转换需要一段学习和适应的过程，对于仅仅依靠会计准则制定、采用这一短窗口数据检验得出的原则导向会计准则执行效果的结论均需保持谨慎。

二是认为会计准则执行效果依赖于业已形成的、静态的法律制度环境。原则导向会计准则的积极效果研究包含一个共同的隐含假设：会计准则的国际趋同必然保证严格执行。然而，国际财务报告准则趋同并非总能发挥积极作用，准则执行的效果在很大程度上依赖于本国法律制度环境。

三是原则导向会计准则执行效果依赖于动态、多样的会计准则执行机制。机会主义行为动机带来的可靠性下降，可能会影响会计准则执行的有效性。不可靠的会计信息将会影响资本市场的稳定，为保证会计信息的可靠性以及原则导向会计准则的有效性，各个国家都在为此努力奋斗，例如，提升会计工作者职业素养、加强外部监管、提高公司内部控制水平。

原则导向会计准则执行效果取决于会计准则执行机制是否与原则导向会计准则的目标充分契合，是否能帮助会计人员建立起自身的职业判断，是否能帮助企业提高信息的透明度。由于准则制定者无法提前预知所有可能性，要想发挥准则执行效果，仅仅依靠会计准则是不够的，还需要专业判断与之配合，会计准则是无法替代专业判断的，因此要不断完善专业判断执行机制。

（三）目标导向

目标导向是一种接近于、但优于基于原则的会计准则的制定模式，在原则和规则之间寻找最优的均衡点。它涵盖了原则导向，同时吸收了规则导向的优点。

目标导向以改进后得到一贯运用的概念框架进行，这意味着整个会计系统会形成一个统一的整体；明确说明准则的会计目标——决策有用性；提供适量的细节以增强准则的可操作性；尽量减少例外条款；清楚地说明它将适用于哪些类型的交易，同时它也向财务报告的编制者和审计人员提供足够的指南，帮助他们判断公司的交易应采用何种会计方法。

三、会计准则的制定机构

会计准则是由特定的制定机构和专门的人员通过一定的制定程序制定的适用于一定范围的会计确认、计量和报告的标准。会计准则的制定机构、制定人员、制定程序等制定要素的相互结合方式称为会计准则制定模式。

每个国家的政府机构不同，制定会计准则的主管部门也不同。中华人民共和国财政部主持中国财务制度及准则的编制工作。财政部下设的会计司主持开展财务制度及准则的草拟工作，成立了专门的项目起草组，并由其负责。按照要求，项目起草组吸纳会计司各部门相关专业人员参加。为了顺利推进财务制度及准则的应用，为企事业单位实施过程中提供咨询服务，财政部专门成立了会计准则委员会，目的在于对会计准则的制定、实施提供咨询意见和建议。会计准则委员会自成立以来，一直为我国会计准则的建设出谋划策，多次组织各方举行会计准则国际研讨会，积极主动地参加会计的国际交流、协调和融合，为会计准则的制定和完善提供了建设性的咨询意见，发挥了积极的作用。会计准则委员会邀请了来自会计学术界、会计师事务所等的多名专家，协助会计准则委员会开展工作。

我国的会计准则制定机构由财政部负责，并下设会计准则委员会，完成具体的准则修订工作。我国的会计准则委员会吸纳的大多是社会工作人员，代表性更强，在会计准则委员会下面成立了许多研究小组，每个小组负责不同的工作，分工明确。根据负责的领域不同，研究小组具体又分为财务理论组、企业财务组、金融财务组、国际协商组、政府会计组及公益事业单位等非营利组织会计组等，各个研究小组在会计准则委员会的带领下进行财务咨询、政策解答、实务指导等工作。会计准则委员会的职责范围是对会计准则的方案框架、内容结构等提供咨询建议；对重大会计处理方法的选取提供咨询意见；对财务会计的内容框架等基础理论开展理论指导；对会计准则的具体开展和应用情况提供咨询指导，并根据收集的具体情况及时上报给财政部，以便于更好地开展会计准则的实施。

因此，从制定机构的权威性来看，中国的准则制定机构都是官方机构，准则制定机构都具有较强的权威性。从准则制定人员的代表性来看，中国会计准则的制定人员为财政部会计司的专职人员，但中国会计准则的整个制定过程都会广泛征求财政部会计准则委员会的意见，而财政部会计准则委员会成员由社会各界的会计专业人士组成。因此，我国的会计准则制定人员具有较强的代表性。

四、会计准则的制定程序

在会计准则的编制过程中，财政部把会计准则的制定分为讨论稿、征求意见稿、草案和送审稿四个环节。会计准则的制定过程分为立项、起草、公开征求意见、发布等阶段，编制流程复杂，周期很长，需要各个部门层层审核。中国会计准则的具体实施过程更侧重征求大众的意见。

（一）立项阶段

会计司根据我国经济发展的需要，提出会计准则立项意见，向会计准则委员会和有关方面征求意见；会计司根据会计准则委员会和有关方面的意见和建议，对会计准则立项意见做出修改和调整，按规定程序报财政部领导批准后正式立项。同时，将立项情况向会计准则委员会通报，同时向社会公布。会计准则委员会应根据实际需要，结合确定的会计准则项目和立项意见，成立项目研究组，开展课题研究，形成研究报告。

（二）起草阶段

会计准则项目立项后，会计司应立即组成项目起草组，并将项目起草组的成员及有关情况向会计准则委员会通报。项目起草组在有关研究报告和实际调查研究的基础上，起草完成讨论稿，由会计司提交会计准则委员会征求意见，修改后形成征求意见稿。

（三）公开征求意见阶段

会计司应通过向各省、自治区、直辖市和计划单列市财政厅（局）以及国务院有关业务主管部门印发征求意见稿，在会计准则委员会网站和其他主要媒体上公布，并通过召开座谈会、研讨会等形式，向社会广泛征求意见。项目起草组应对公开征求的意见进行汇总，并根据反馈意见对征求意见稿进行修改，形成草案，由会计司再次提交会计准则委员会征求意见。

（四）发布阶段

项目起草组根据会计准则委员会的意见对草案进行修改，形成送审稿，会计司按规定程序报送财政部领导审定后，由财政部发布并组织实施。

第五章　会计行为理论

会计行为是提供会计信息的行为，即会计信息的生产和分配活动。会计行为目标可概括为会计目标和会计行为主体动机两者互动均衡的结果，其中含有会计最终目的，即满足会计信息使用者的有关需要。研究生产与提供会计信息的会计行为是非常关键的，它会影响有关利害关系人的经济利益。溯本求源，会计行为理应包括在会计基本理论的内容之中。本章分为会计行为及其本质、会计行为基础理论、会计行为主客体分析三部分。

第一节　会计行为及其优化

一、会计行为

（一）会计行为的概念

会计行为是指提供会计信息的行为，即有关会计信息的生产活动和分配活动。企业和其他经济单位，除生产和分配物质资料外，同时还要进行使之信息化的活动。具体来说，就是记录、计算和报告或测定与传递的行为。该定义指出了会计行为的宗旨，即提供信息；而行为方式就是记录、计算和报告或测定与传递。

（二）会计行为的本质

行为是人类有目的的一种社会活动方式，会计实践活动作为一种生产、传递会计信息、反映受托责任的行为，也包括会计人的行为动机、行为需求和的行为目标。也正因为如此，才会有人说，会计实质上就是一个行为过程。

会计行为的本质受多种因素的作用和影响，如会计行为主体、会计行为客体、会计行为目标等。因认识的视角不同，所得的结论亦有差异。

会计行为本质是指在内部动因和外在环境的刺激下，通过会计行为目标的驱动，由会计行为主体（会计行为个体和会计行为群体）应用现代会计理论、管理学原理及会计计量等技术方法、手段作用于会计客体，生产、分配和利用会计信息及其相关信息参与企业经营决策与管理，但同时又受客体影响和制约的具有能动性的、有目的的一种社会实践活动。

（三）会计行为的特征

行为科学认为人类行为由个体行为、团体行为和组织行为构成，会计行为则由会计个体行为、会计团体行为和会计组织行为构成。

①会计行为的主体性。会计人员作为主要的会计行为主体发出会计行为，会计行为主体虽然受企业管理当局的管理和制约，但是他们也有其独立的人格，他们的行为并不完全等同于企业管理当局的行为，所以有必要关注他们自身的需求和发展，这样才能实现个人、企业和社会三方的共同发展。

②会计行为的目的性。会计行为具有主体性，且主体又具有动机性、目的性以及利益追求性，会计行为主体也是如此。会计行为的根本动因就是会计行为的目的和动机。

③会计行为的技术性。会计的应用性很强，会计行为更是这样，这种技术性特点一方面表现在其技术和程序上；另一方面表现在会计行为主体选择这些技术和方法上。

④会计行为的计量性和周期性。会计行为的计量性指的是会计方法及程序的运用与计量密切相关；会计行为的周期性是指根据会计假设的要求，会计行为周而复始，具有周期性。

二、会计行为优化

（一）会计行为优化的概念

会计行为由会计行为主体、会计行为客体、会计行为目标、会计行为手段等要素构成。会计行为主体要素排在首位，没有会计行为主体，也就没有会计行为。会计行为是会计人的行为，会计人的素质、地位、职责决定了会计行为的性质和行为效果。会计人所进行的各种行为都会受到内部动机的驱动和目标的指引。而会计行为主体的行为动机是双重的，一方面追求财富最大化；另一方面追求非财富的最大化，当这种目标不一致时，会计人员可能会出于自身利益考虑把自己的成本转嫁给他人，从而产生失真的会计信息，而失真的会计信息又会对会计决策产生误导。所以，要达到优化企业会计行为的目的，就必须对企业管理者及会计人员的行为进行规范和约束。

在《现代汉语词典（第七版）》中，优化是指加以改变或选择，使优良。会计行为的优化则是指会计行为主体在优化会计行为观念的指导下，遵循会计行为规范，采取优化的手段和优化的组织结构，以尽可能少的行为投入与耗费生产出数量尽可能充分、质量尽可能高、让相关契约人满意的会计信息。会计行为优化的实质是会计行为合法、合理、合情化，即会计行为应遵循相关法律法规，符合成本效益原则，并且合乎会计职业道德的要求。

（二）优化企业会计行为的途径

1. 促进政府和社会优化会计行为

（1）发挥政府的作用

政府作为国家会计规范的制定者和推行者，通过法律和道德两种手段对企业会计行为进行规范。我国的会计行为规范体系包含会计行为法律规范体系和会计行为道德规范体系两部分内容，基于此，可以从以下两个方面积极推进，以求实现政府优化会计行为的目的。

第一，完善会计法律规范体系。会计法律规范是调整经济活动中会计关系的法律规范的总和，是由国家制定并由国家强制实施的有关会计工作的行为准则，是社会法律制度在会计方面的具体体现，是整个社会法律制度的有机组成部分。会计法律规范的实现水平直接关系到它的效度，提高会计法律规范运行和操作实效的途径主要包括以下几个方面。

其一，进一步贯彻执行《中华人民共和国会计法》（以下简称《会计法》），推动会计工作的法治化进程。虽然修订后的《会计法》实施已逾十年，但各级财政部门、业务主管部门、各单位仍要继续组织对《会计法》的学习和宣传，努力在全社会范围内营造出一种理解、支持、重视《会计法》的氛围。切实贯彻《会计法》，能够使社会各界更加深刻地认识到在社会主义市场经济条件下加强会计法治建设的重要性；使单位领导人自觉地对会计工作负起领导责任，保障会计人员依法行使职权；增强国有企业、国家机关、社会团体以及集体企业、外资企业、私营企业、事业单位、个体工商户、其他组织的会计人员执行《会计法》的自觉性。

其二，完善注册会计师法律责任制度。随着社会主义市场经济的持续发展，整个社会经济发展步伐不断加快，我国正步入社会经济转型升级的重要阶段，为保证我国经济能够健康有序地发展，会计行为合法性和真实性的规范成为关键。

会计信息失真对社会、经济、企业以及会计信息使用者带来的损害不可估量，在尤为注重真实和准确的会计行业，其行业特点要求会计行为必须合理、合规、合法，会计信息必须真实、准确。为了保证会计信息的真实性和会计行为的合法性，必须有完善的注册会计师法律责任制度作为保障，所以完善我国目前的注册会计师法律责任制度是十分必要的。下面将针对完善注册会计师法律责任制度提出几点建议。

一是借鉴域外强化责任追究，可以从以下几方面着手积极推进。

①深化行政处罚。就会计师的行政责任而言，域外国家的处理方式大多是停止工作或者直接撤销职业资格，我国大多数情况是罚款或者给予警告。对比来说，域外国家这种较为严格的处理方式可以更好地起到约束作用，在制约方面要好于我国。所以为了更好地优化会计师行业的环境，可以将处理方式严格化，逐渐从目前这种轻微的处罚向停止工作或者直接撤销职业资格方向转变，通过这种严格的处理办法来保障投资者的权益。以这种严格的约束方式来制约会计师，可以使整个环境更加良好和可持续。此外，处理力度应适当提高。我国目前对于注册会计师和会计师事务所的处理强度仍需适度加大。可以相应地使其处理方式更加严格，用较高的违规条件来制约会计师，从而使会计活动顺利进行。

②细化民事追责。本土的《中华人民共和国注册会计师法》（以下简称《注册会计师法》）、《中华人民共和国证券法》（以下简称《证券法》）、《中华人民共和国公司法》（以下简称《公司法》）等各种法律文件中，提到的第三方相关名词只有“其他利害关系人”“他人”，且没有出现更详细的解释，这就使得这方面的实操存在困难。我们可以从境外的一些文献中找到相关做法，使第三者的鉴定变得更加清晰，从而可以更好地保障投资者的权益。相应地，我国在会计师应该接受的民事责任这部分也有可以改善的地方。让会计师承担相应的责任可以优化整个行业，会计师也可以更加尽职尽责。

③强化刑事惩戒。2020 年 12 月 26 日，第十三届人大常委会第二十四次会议审议确立了从 2021 年 3 月 1 日起开始执行的《中华人民共和国刑法修正案（十一）》。在推进立法草案的执行和修改过程中，对各类会计、审计工作中出现的各类违法违规行为采取“零容忍”的态度，通过增加违法成本，保障信息用户的合法权益，促进我国经济和社会的长期发展。

完善刑法必须始终坚持问题导向、符合国家防范和化解金融风险的宗旨、符合查错纠弊的注册制度、与相关法规有机结合，极大地提高对会计、审计违法犯罪的惩处力度，为形成规范透明、开放的经济市场提供具有强大震慑力的法治保障体系，特别是落实中介机构“门外”的责任，以便更加有利于经济和社会的发展。在实际的刑罚条件下，应当采用“资格刑”来实现更高层次的规范。既能确保对犯罪的合理定罪，又能实现民事、刑事、行政三者的立体问责。

二是明确责任，可以从以下几方面着手积极推进。

①严格区分责任属性。在审计责任与会计责任并存的情况下，将会计责任与审计责任划分是民事责任承担的出发点与依据。会计责任和审计责任在本质上有区别，因此，即便二者相似，也不能将其混淆。从责任产生的时间、动机上看，会计责任是先发性的，而审计责任是事后的；从对其所承担的报酬结果的分析来看，其报酬水平较高，而非报酬较低。就这些维度来说，它们之间存在着主次关系、先后关系和大小关系。会计信息不真实、财务舞弊行为的产生，首先是会计责任的范畴。虽然审计是一种监督，但由于审计范围的限制、时间的滞后、手段的限制，使得会计师较难对财务舞弊进行全面的认识和分析。2021 年 10 月 19 日，财政部办公厅公开《中华人民共和国注册会计师法修订草案（征求意见稿)》，吸收相关司法解释，确定会计责任以及审计责任的界限，以此来保障会计师的法律权利，为会计信息失真、财务舞弊行为的责任追究提供了一个法律框架和基础。

②遵循过罚相当原则。按照过失的轻重分别承担相应的赔偿责任是一种基本的法律原则。对于会计师事务所的欺诈行为，应在一般过失、重大过失、故意等三种情况下，分别给予不同的处罚，以体现过罚相当原则。《中华人民共和国注册会计师法修订草案（征求意见稿)》指出，财务部门应设立专业责任委员会，以明确其职责。专业责任委员会对有争议的、需要鉴定的注册会计师的工作职责做出鉴定。这为会计师在公平、合理、实事求是的情况下承担法律责任提供了一个先导性的制度安排。

③区分“师”“所”责任主体。国家有关部门曾经对注册会计师事务所进行过规范，要求其机构为特殊普通合伙制。为了明确事务所的责任，在确定其风险责任的同时，也应区别其责任的主体。让有过错的当事人承受无限责任，对无过错的当事人给予相应保护。目前，“特殊普通合伙制”的概念还没有真正进入实务领域，特别是有关事务所的再融资审计被立案后，有关部门就会停止对其办理证券业务的申请，这一行政方式是欠妥的。如果将事务所和个体区别开来，就有悖于政府推进事务所做大做强、推行特殊普通合伙制度的初衷，这不但会影响到会计师事务所的可持续发展，也会影响到其他公司的发展。因此，在追究法律责任时应师所分离，对事务所和个人进行合理区分再进行相应处罚。

三是优化行业监管机制，可以从以下几方面着手积极推进。

①建立审计定期轮换制度。在充满诱惑的审计环境中，注册会计师恪守职业独立，不因自身欲望失去公正，仅靠道德约束远远不够，还应从外部制度着手。长期为同一单位提供鉴证业务，可能导致两者利益捆绑，对客户做出妥协甚至协助造假，无形中腐蚀审计人员的独立性。实施审计定期轮换一定程度上能够避免审计主体与被审计方形成过于紧密的合作关系，从而保证审计结果的客观性。同时，注册会计师的轮换可以有效避免长时间合作形成的审计思维定式，通过更换审查视角，有利于识别长期不能发现的客户问题，改善审计质量。尽快建立审计轮换制度，对改善职业环境具有重要意义。

首先，监管部门应敦促企业完善事务所选聘制度，科学制定选聘评价指标，降低价格因素权重，建立以质量为导向的选聘机制，从源头遏制恶性竞争。其次，针对审计定期轮换制度，建议将轮换年限设定为5～6年，要求事务所及其注册会计师轮换后一定年限内不得再对该公司进行审计。大力推进会计师事务所与注册会计师轮换并行，除了定期更换聘任的事务所，也要对负责同一项目的合伙人、签字注册会计师实行轮换。最后，证监会、各地证监局和交易所需对制度的实施进行外部监管，在企业需要轮换事务所的时间节点给予提醒。对于不执行轮换制度的上市公司，采取监管谈话、出具警示函等措施。

②推进行业诚信建设。现阶段，我国注册会计师行业主要由证监会及财政部门监管，前者通过受理群众举报对相关违规行为开展审查，存在不反映则不处罚的问题，监管模式比较被动；后者以抽查的方式对审计工作实施监督管理，难以实现全面覆盖，使部分执业会计师抱有侥幸心理。因此，欲想压实审计机构责任仅靠上述主体远远不够，还应发挥多方监管合力。互联网背景下，信息传播速度之快、影响力之大令人“生畏”。证监会对审计服务机构实施的处罚，使其面临的不仅是经济损失，更重要的是声誉受损后造成的客户流失。因此，应正视声誉机制对注册会计师群体生存发展的影响，着力推进注册会计师行业诚信建设。《关于加强会计师事务所执业管理切实提高审计质量的实施意见》中提出，提高会计师事务所透明度，加大对执业失信的联合惩戒。目前的行业管理信息系统只允许中国注册会计师协会人员、注册会计师院校、会计师事务所及注册会计师会员持有行业协会分配的账户，登录查询诚信信息。中国注册会计师协会应在此基础上打造更加透明的行业诚信档案共享平台，进一步推进信用监管信息公开、公示。对审计机构及注册会计师执业资格、参与项目、受罚情况等信息及时披露。通过

业务报备、上传证照等信息技术手段，实施日常监测、动态管理。此外，应畅通对不当审计行为的举报渠道，以挂网公示等方式对违规者进行惩罚，将严重失信人员划入“黑名单”，对失信者形成“寸步难行”的强大威慑。将注册会计师执业与个人诚信相互挂钩，有助于强化从业人员的守信意识，使其自觉接受来自行业及社会的监督。

③加大审计责任宣传。依照准则要求，严格执行审计程序是注册会计师对自身职责的认知，同时也有法律法规对其提供支持。但在企业财务造假行为发生时，社会公众多将矛头指向注册会计师疏于职守，他们认为审计人员应当对其出具的审计报告负全责。社会公众的审计需求与职业界审计目标之间的差距是当前注册会计师法律责任问题在司法实践中频频引发争议的重要原因。

为有效降低审计期望差距的影响，强化注册会计师法律责任，一方面，行业协会应重视注册会计师职业建设。通过开展道德教育，合理引导注册会计师树立行业发展的正确观念。强化继续教育工作，在学习内容和组织形式上多借鉴、多创新，使其专业能力更加契合时代发展。通过不断强化对注册会计师职业团体的专业指导，努力弥合审计人员能够达到的执业水平与公众期望程度间的差距。另一方面，做好审计责任的宣传普及工作。注册会计师的职能是对报表可靠性的增信而非担保，审计实务中固有限制不可避免地会对执业者识别重大错报产生影响。公众对审计结果无缺陷的过高期望将不利于为注册会计师执业营造良好的社会环境。加大审计法律责任相关概念的推广，使公众认同注册会计师提供合理保证这一责任定位，包容期望差距的客观存在。

四是统一法律责任规定，可以从以下几方面着手积极推进。

①厘清会计责任和审计责任。由于审计失误而给投资者带来的损害，注册会计师应负一定的责任，但其处罚的标准应该相同。过去在欧美国家普遍存在的“深口袋”现象，现在已经在国内出现，投资者不会去想到底是上市公司还是注册会计师的责任更大，而是由谁来负责。如果不加区别地增加或只增加会计师的民事责任，那么，这一职业的风险就会大大增加，而事务所的持续运营也会受到影响，最后将会使优秀的人才畏于进入这一领域。厘清会计与审计的职责，确保各自承担相应的义务，有利于促进相关各方的归位尽责，为我国经济社会的健康发展创造有利的条件。

②统一法律责任认定，包括以下几方面内容。

首先，统一“勤勉尽责”的认定。在注册会计师的处罚书中大都提到了“勤勉尽责”，然而触犯该责任大多是因为会计师应承担对应的民事责任。这两种不同的法系中，审慎责任是会计所有人的基本义务。“谨慎”一词指的是，大部分合格的会计师在同样的外在环境下都能做到的努力程度，但这种解释过于简略，给了法官很大的自由裁量空间，难以付诸实践。因此，最好的办法是：一方面，从行业的整体制度来看，如果审核的规则过于超前，或者会计师只会死守审核流程，那么以上的方法都不能被认为是合格的；另一方面，也可以适当地公布一些关于会计师对第三人的法律责任的案例和判决，从而基于现实对“勤勉尽责”认定标准进行补充完善。

在审核过程中，中国证监会不仅要审核过程本身，还要考察审核过程中是否存在其他的备选程序，如果审核过程不能正常进行，那么要考虑其备选方案是否得到了充分的利用。此外，在确认会计工作与管理者自觉中的工作存在因果关系时，不能将不恰当的审核过程视为“不尽职”。在审计工作中，也可以采用“重要性准则”来评判会计师的工作与专业态度。

其次，统一注册会计师审计法律责任规定。本土的立法相关机构必须优先做好自己的工作，使得《证券法》《注册会计师法》与《公司法》等对应法律规章制度更加完善，与此有关的部门应该主动参加，力求以原则上的一致性来达到法律条文内容本质上的统一。然而会计师在承担责任方面与众不同，不可以仅仅刻板地使用我国民事诉讼法的简单原则及其程序，而应重新制定一套适用于注册会计师行业的规章制度，设立统一的民事责任事件处理的办理机构、裁决委员会以及专家鉴定机构，进一步改进工作程序。会计师事务所应邀请权威的法律人员以及行业专家，全方位保障审计过程中对相关法律的咨询工作，从而确保审计报告更加专业、科学。

五是限定第三人范围，可以从以下几方面着手积极推进。

①限定特定交易中审计法律责任的第三人范围。在实际操作中，多数会计师都是接受委托，为被审计单位的具体业务提供会计资料。在这种情况下，如果会计师是为具体的交易目的而提供会计资料，则必须对第三人（或利益相关者）的范围进行适当的限定。可以用下面的准则来限定会计虚假陈述的第三人的责任范围。例如，对人的限制，也就是说，第三人必须是一个会计人员已知道或已预见到要相信这一资料的第三人或一组的成员。这意味着，第三人并不一定是一个具体的人，而是一个抽象的“人”，这个人在使用这个信息的过程中，不可避免地会被牵扯进来。举例来说，当客户委托会计师向其提供一份用于贷款的财务报表时，如果客户没有向会计人员通知使用此报表的银行名称，或会计人员没有限定所使用的银行的范围，那么，不管委托人向哪个银行提交了财务报告，会计师都

有责任。此外，还包括对交易的制约，也就是，使用会计师意见进行的交易，必须是会计人员知道或者事先知道的。若委托人为了借贷而委托一名会计师，而将此报告用作与第三者进行投资交易，则此第三者不得要求会计师对其进行损害赔偿。

②限定信息披露中审计法律责任的第三人范围。注册会计师为证券市场提供会计信息，既是根据被审计公司的委托，也是根据《证券法》制定的相关规定，而法律的目标是要通过会计披露真实的信息来保护证券市场中的每一个人。在这方面，《最高人民法院关于审理证券市场因虚假陈述引发的民事赔偿案件的若干规定》中提到：自然人、法人或者其他组织，在股票市场上可进行股票买卖。然而，一般来讲，第三人既包括投资者，也包括证券的承销商和善意取得人。对此，应当将其排除在赔偿权利人的保护范围之外。

③限定注册会计师验资审计法律责任的第三人的范围。注册会计师业务涉及为公司的成立出具验资报告。近年来，由于不合格的会计报告而被起诉的案例屡见不鲜，而这些诉讼的当事人大都是由于伪造的检测报告而受害的第三人。那么，第三者的范围是怎样定义的呢？具体来讲，应当从检查报告的功能着手进行分析。验资报告是一种证明被验资单位资产情况的凭证，其功能是向被验资单位的财务活动中的第三者提供其注册资本已经实际到位的资料。因此，第三者仅限于与被验资公司进行交易的人，其理由是相信该公司的验资报告（或其注册资本），而不是与被验资公司做过买卖的，如公司的侵权损害赔偿请求权人，由于其对验资不具有可信赖性，应当将其排除在赔偿权利人的保护范围之外。

六是优化法律环境，可以从以下几方面着手积极推进。

①完善民事责任法规及配套细则。作为唯一具备补偿性质的担责方式，民事处罚在违规者付出经济代价的同时，可以使受损投资者的权益得到切实保障。在监管实施上，我国常用的行政处罚所耗用的时间、人力成本偏高，刑事责任由于判定条件严格，实际执行频次对违法者的惩戒作用愈发有限。因此，重构以民事责任为主，行政、刑事责任辅助的注册会计师法律责任体系是大势所趋。需要对注册会计师民事责任法规细则进行进一步的完善，通过法律上的侧重形成良好的政策导向，加大民事责任在司法实践中的承担力度。

一方面，现有与注册会计师法律责任相关的法律法规中，针对民事责任的内容大多浅尝辄止。想清晰划分注册会计师与其他主体间的责任，需对其中的模糊条款加以明确。增加对民事责任适用对象及各自责任范畴的说明，有效避免因监管部门责任划分不清使注册会计师逃脱民事处罚的情况。同时，增设赔偿比例及责任限额的规定，解决责任判定依据混乱、处罚程度存在争议等问题，增强民事法规的适用性。

另一方面，2021 年印发的《关于依法从严打击证券违法活动的意见》中，明确提出修订相关民事司法解释，取消前置程序。民事判决案件中缺少行政处罚这项初步依据，无疑给司法人员带来了极大挑战。因此，对于法律法规中的定性表述，需尽快配套行业细则，提升立法的可操作性。目前我国注册会计师民事责任所适用的《最高人民法院关于审理涉及会计师事务所在审计业务活动中民事侵权赔偿案件的若干规定》（简称法释〔2007〕12 号）已实施十余年，但是否能适应瞬息万变的证券市场仍值得商榷。为切实强化注册会计师民事责任，应通过更新配套司法解释来助力民事诉讼制度落地实施。进一步明晰故意与过失行为的范围、勤勉尽责程度的认定、会计师与事务所间民事赔偿分配比例等。通过量化民事责任法律法规，倒逼注册会计师提升业务执行质量。

②进一步严格行政处罚条款。在推进注册会计师承担民事责任的同时，对其行政责任的监管也须进一步规范。从注册会计师行政处罚的统计分析可知，近年来我国注册会计师行政处罚呈现力度偏弱、重所轻师、形式单一的特点。为了更好凸显行政监管对执业主体的威慑作用，须提升对不当审计行为的惩戒力度。《证券法》（2019 年修订版）中，已将行政罚款上限从业务收入的五倍上调至十倍之多，除了提升经济惩戒标准，还应从其他方面强化行政责任。固有“警告 + 罚款”“没收收入 + 罚款”处罚模式效果有限，针对严重违规行为，应实施更为严厉的暂停执业、吊销从业资格等措施。此外，行政处罚条款在主体责任划分上仍不清晰。证监会所出具的处罚多侧重于执业机构，对注册会计师个人的惩戒力度只是“隔靴搔痒”，这就可能造成注册会计师应承担的部分责任被不合理转移。因此，应对行政法规中单位与个人的责任内容加以区分，明确责任分担比例，实现处罚力度人所并重。

③做好各法律准则间的内容衔接。无论在行政监管还是民事追责方面，审计准则都具有较高的指导地位。准则中将注册会计师责任规定为，依据职业道德和行业准则执业，对报表是否在所有重大方面按照要求编制并实现公允反映形成审计意见，对此，《注册会计师法》中也存在相应的条文支持。但《证券法》缺少针对注册会计师法律责任的专门条款，而是面向全体证券中介机构。《证券法》中甚至没有提到审计准则的概念，交叉条款间的表述差异带来了法律准则间的衔接问题。

一方面，在现有司法实践中，对于注册会计师勤勉尽责程度的判断争议较大，审计界主张按照审计准则的相关要求执行工作，但准则中诸多规定涉及审计专业判断，该部分指导性内容无法量化衡量。法律条例中出现的定性概念，在司法裁量中具有一定的伸缩性，影响注册会计师法律责任的划定范围，应对注册会计师法律责任相关法规及准则中的强制性要求与指导性内容做好区分。

另一方面，整合各同位法间的矛盾与差异。在行政责任承担问题上，尽管《证券法》就处罚金额做出了提升，但《注册会计师法》中并未统一更改，使得新的处罚规则难以落实。在民事诉讼所适用的法律中，不一致性体现在《证券法》的第 163 条以及民事配套司法解释法释〔2007〕12 号的第 5、6 条中，《证券法》采用相对严格的过错推定原则，除非注册会计师自证无过错，否则过失情况下，也需要承担相应的法律责任。而在司法解释中，明确区分了故意与过失两种情况。不同规则体系使现有注册会计师民事责任的承担形成了完全连带责任、比例连带责任等不同标准。注册会计师行业主管部门应积极与监管、司法部门协调，统筹各同位法的修订，提升相关条文的严谨水平，增加注册会计师行业法律责任认定标准和判罚方面的一致性，强化法律手段对注册会计师职业行为的规范。

第二，完善会计道德规范体系。通过道德的舆论和自我约束来规范会计人员的行为，要求会计人员必须恪尽职守、诚实负责地履行会计职能，以此来发挥政府对会计的监督管理职能，实现政府优化会计行为的目的。

（2）发挥会计组织的作用

会计历史源远流长，发展至今，会计形成了许多正式和非正式的组织团体，其中有代表性的就是中国注册会计师协会。会计组织利用自身的影响力和专业能力规范行业会计行为，向会计人员输送体现正能量的价值观，同时会计组织不断优化行业行为规范守则，为优化会计行为提供了方向。2020 年 12 月，为了响应社会经济对会计提出的更高层次要求，中国注册会计师协会发布了新修订的《中国注册会计师职业道德守则（2020）》和《中国注册会计师协会非执业会员职业道德守则（2020）》，修订后的职业道德守则更加符合社会经济发展，可以为进一步优化会计行为提供帮助。

（3）发挥媒体、利益相关者以及证券监管机构的监督作用

要充分发挥媒体、利益相关者以及证券监管机构的监督作用，以此来提高公司管理层对会计信息进行监管的积极性，推动会计行为的优化。

第一，发挥媒体的监督功能。媒体是除法律之外的另一监督手段，它的特征是通过舆论方式来行使监督权，进而牵制公司或相关利益者从事不合规的经济活

动，这为完善我国市场经济环境提供了强劲的支撑。为了让媒体高效地行使自身职能，就需要制定相关的法律规章制度，使媒体的权利得到充分保障。特别是从合理化金融媒体的报道权、监督权等方面保障媒体的权利，对上市公司进行批评和评论时，确保媒体的信息披露过程有法律依据。在此基础上，加强对传媒从业人员的再教育，促使其职业素质提高，确保传媒行业以身作则，坚持信息公开的底线和原则，而不是唯利是图。加强对会计信息失真、造假等负面现象的披露，因为负面形象给企业带来的影响是非常深刻和长久的，会降低企业的竞争力甚至危及企业的生存。从这一角度来讲，这无形中给企业管理者施加了压力，并对潜在违规的公司发出了警告，敦促管理者更好地进行公司治理。此外，由于网络的日益普及，传统媒体已经不能满足信息适用者对信息及时性的要求，而网络媒体由于缺乏有效管制，其所披露的信息真实性不能得到保障。因此，政府机关在鼓励信息披露的同时，也应该针对现有制度存在的不足，出台新的相关规定，如增设监督机构，加强对各大网站以及微博、微信等自媒体信息披露行为的监管，严格对信息进行审核和检查，避免虚假信息干扰市场经济的正常运行。

第二，构建利益相关者的会计监督体系。企业的利益相关者在企业发展中起着主导作用，对企业的生存有着非常关键性的影响。包含股东、债权人、供应商等在内的利益相关者同样也会对会计信息质量产生一定的影响。在实证检验中，可以发现较高的资产负债率会带来较低的会计信息质量。这是由于高负债往往意味着企业的偿债能力较弱，这会给相关债权人带来危险信号，从而影响企业的进一步发展。在这种情况下，公司内部控制人员会更积极地进行盈余管理或会计利润操纵，以满足债权人的相关绩效要求。作为利益相关者，公司债权者在监督公司会计信息披露方面没有发挥应有的作用。因此，为了企业的会计信息质量得到有效提升、会计行为得到进一步优化，构建起利益相关者的会计监督体系是非常有必要的，这让各方利益相关者共同参与到会计监督中，从多角度对信息进行披露，提高会计信息的透明度。

我国的会计监督制度在不断的改革中逐渐形成，实施效果显著，但是监事会监督职权的行使仍不足。一方面，建立利益相关者会计监督体系要求明确企业监事会的职责，给予监事会充分行使监督的权利，在不受其他机构的影响下实施监督，保持行使权利的独立性；另一方面，也有必要发挥企业外部利益相关者的监督作用，即来自股东、供应商、政府机关等利益相关者的监管，如银行作为债权方，通过获取公司资产和现金流等信息，有效参与会计监督。利益相关者的监督是提升会计信息质量、优化会计行为的保证。然而构建完善的利益相关者会计监督体系是一项系统工程，需要企业内外部的各个参与方积极参考进来。企业只有在利益相关者会计监督体系建立基础之上，才能更好地保障会计信息质量，实现利益相关者利益最大化，进而实现会计行为的优化。

第三，加强证券监管机构的监督。2020 年 3 月 1 日正式实施新《证券法》，其中新增关于违法违规惩罚办法的内容，对于严重损害公司及其股东利益的财务舞弊等欺诈行为重点进行了修订，将大幅度增加处罚力度。对在交易所上市公司披露的会计信息中，如果存在不按规定披露信息、不实或错误披露信息以及有重大遗失信息等状况，证券监管部门会采取相应措施对其进行严厉处罚，并要求公司在期限内改正。证券监管机构应当依法对会计师事务所代表特定的特定经济主体出具的审计报告实施监督，对提供虚假报告的会计师事务所实施处罚。

目前，随着越来越多的公司上市，证券监管机构的监督质量有所下降。因此，证券监督机构要加强监管队伍建设，提高监察人员的专业资质，以便及时发现会计信息潜在的问题。对于那些被出具非无保留意见甚至是否定意见或拒绝意见的上市公司，证券监管部门必须重点关注，积极与注册会计师主动沟通，了解具体状况，并对该公司展开审查，最后实行相应的处理措施。另外，监管机构应制定强制性的信息披露制度，对会计信息披露内容进行不断完善和规范。特别是针对在会计报表附注中明确说明必须披露的情况，明确公司在故意隐瞒、谎报或者未报告必要会计信息的情况下所要承担的责任。对出具虚假审计报告的注册会计师，行业协会应当撤销其从事股票相关业务的资质，并予以严厉的惩罚。只有在这种情况下，才能防止上市公司会计信息质量的监督浮于表面，进一步优化会计行为。

2. 促进企业优化会计行为

（1）构建企业文化体系

健全的企业文化体系包括企业内部形成的积极向上的文化氛围、高素质人员组成的工作团队、完善的制度与机制以及被全体员工所认可并实践的价值观与道德观等。当企业文化不成体系时，对于会计信息质量的提升以及会计行为的优化也就成了纸上谈兵。企业的风险无法得到有效的应对措施，就会导致舞弊行为发生，进而使会计信息质量降低。

第一，加强创新激励机制和约束机制建设。企业只有在内部形成完善、优质的企业文化架构，才可以加强企业的创新激励机制。这种企业文化架构由企业管理与内部控制共同制定。企业定期开展形式丰富的企业文化宣传活动，能够充分发挥企业文化的积极作用，培育文化氛围，激励相关会计工作人员保持洁身自好，促使其做出的会计行为符合规章制度。对会计工作人员进行评价与监督时，对于表现优异、遵纪守法的员工进行表彰，并且制定合理的晋升制度，加强会计工作人员的工作热情与工作使命感。同时对于企业文化体系建设完善的企业可以采用会计声誉机制，会计声誉低的从业人员会被行业所标记，从事相关工作的难度与门槛提高，会计工作人员会为了自身的长远发展和利益需要遵守现行规范制度。为企业提供真实可靠的会计信息，进而提高会计信息质量，实现会计行为的优化。

第二，加强企业团队建设。企业团队是企业文化建设体系中的执行者，通过团队合作，营造出团结和谐的工作氛围，更有利于企业文化在员工之间的相互传播。人性化的管理模式，积极宽松的工作环境，有助于员工的个人成长和团队建设。开展丰富多彩的集体活动与工作，将员工的个人意识转化为企业的团队意识，在团队工作中，员工之间还可以实现信息和资源共享。为了加强企业的团队建设，企业还需建立畅通、和谐的沟通渠道和信息反馈平台，从而在各方面实现统筹协调，提高工作效率，同时也提升了会计信息质量，促进了会计行为的优化。

第三，提高企业人员的道德素养。企业内人员的道德水平是企业文化体系不可缺少的一环。人力资源是各个企业都非常重视的资源，不光决定着经营效率，还会影响管理活动。企业可以从人力资源管理的各个步骤入手，在实践中逐渐完善人力资源制度。

招聘人员时，不光要采取专职人员招聘模式，还须配备足够的法制人员，保证在涉及法律纠纷和资产利益时能够快速及时处理，尽量避免或减少相关因素对会计信息质量以及会计行为造成的负面影响。

企业应把以人为本的核心思想融入员工的入职培训以及晋升和奖励方面，人力资源政策要体现出可持续发展性，有机结合培训、晋升与奖励等，促使企业员工爱岗敬业、不断提升自身技能，为提升会计信息质量以及优化会计行为提供充足的人才资源储备。针对会计岗位的人员进行招聘与培训时，坚持品学兼优的理念，进一步加强会计工作人员的职业道德教育，不光要提升会计人员的工作自律性，还要保障其未来的发展空间，规避会计信息质量下降的风险。

（2）加强企业内外部监督

在现今社会，媒体发挥着越来越重要的监督作用，很多企业的会计信息问题都是被媒体进行挖掘报道后才被大众所熟知。同时部分特殊企业的企业文化类型各项特征较为平均，无法通过奎因模型与组织文化评价量表（OCAI）总结出影响因素，而通过外部监督则可以多角度、全方位地保证企业会计信息质量，优化会计行为，在媒体监督机制下，企业会因大众舆论与国家有关部门的关注而出具高质量的会计信息。

第一，完善公司控制权结构。为避免集权现象的发生，导致降低企业会计信息质量事件的出现，企业应当完善公司内部的控制权结构，实现企业控制权的合理分配，达到内部监督效果。企业不光要加强制度建设，优化组织结构，还需要倾听各利益相关者的诉求，并采取相关的措施。企业还需要重视外部债权人对于企业内部的治理作用，研究债权人参与公司内部治理的机制，并且探寻出债权人参与治理的有效途径与方法，使外部监督机制得到保证，进而提高会计信息质量，优化会计行为。

第二，加强企业外部监督。企业会计信息质量的保证离不开市场和政府的共同监督，市场的自我调节与政府的宏观调控相联合，配合企业内部监督，双管齐下，实现全方位的合理监督。促使企业会计人员能够积极、合规地提供高质量的企业会计信息，向市场传递正确的经济信息。政府方面需要尽快出台媒体监督等外部监督机制的准则或法规。对于会计信息失真现象重拳出击，使会计信息质量及会计行为得到保障。

第三，完善会计信息质量相关法规。国家不仅要尽快出台《会计法》的相关实施附属细则，还需要针对会计信息质量制定相关的管理法规，对企业管理人员的管理方法、管理责任范围、提升会计信息质量的方针政策也要做出明确的规定。同理，还需要对管理不当、滥用权力以及提供虚假会计信息等行为做出处罚规定，做到有法可依。

3. 促进个体优化会计行为

会计人员作为会计行为实施的主体，其综合素质水平在一定程度上直接影响着会计行为的结果。企业进行会计行为优化不容忽视的是对于会计人员的素质培养，首先，企业应当定期对会计人员进行培训，使其能迅速掌握前沿的会计资讯以及新兴的会计技术方法，从而避免不合理会计行为的发生。其次，企业应当重视培养会计人员对企业的认同感与归属感，使会计人员树立从企业利益出发的意识，避免出现舞弊、侵占公司财产等不良会计行为。最后，作为会计人员，要有充分的会计自觉，主动学习财务领域的知识，还应该学习语言、国际贸易以及信息技术等专业知识，对会计进行多元化、多渠道、多视角的研究，转变传统管理理念，及时调整管理思路，提升自身的管理专业水平。只有不断提升会计人员的综合素质，才能从源头上优化会计行为。

第二节 会计行为基础理论

一、行为会计理论

（一）行为会计理论的基本内涵

行为会计理论是有关会计与相关行为之间的关系的理论，行为会计理论体现在会计主体为了履行自身的受托责任、满足会计信息使用者的需要，进而做出相应的会计行为，同时会计信息使用者的行为还将反馈给会计行为。行为会计理论的假设类似委托代理理论，会计行为人会追求自身利益的最大化，所产生的会计行为难免会包含私心，生产出虚假的会计信息，降低了会计信息质量。而行为会计理论可以指导优化会计行为，会计行为中的各个要素汇总决定了会计信息质量，优化会计行为是获取高质量会计信息所采用的最简便、快捷、有效的方法。

（二）行为会计的相关理论

1. 认知论

认知论是行为会计理论的基础，它揭示的主要是人在认知世界里的差异性、差异形成原因以及认知和行为之间的关系。认知的影响因素有很多，如个人生理方面的差异、知觉的选择性、外在环境的刺激等。人的行为是由内在需求与外在环境相互作用而形成的，依据行为会计理论，企业应关注会计部门及其会计工作人员的需求，应给会计工作人员提供一个良好的工作与生活环境，作为刺激物。此外，人对自我的认识即自我认知，对行动也具有一定的指导意义，一个人的行为受其自我认知的影响，表现在自我概念既能激发其行为，也能在一定程度上控制自己的行为，人都有自我认识、自我控制的能力。依据这一理论，我们可以认为，会计行为是受一定规则支配的能动性的会计活动，而不是一般意义上的会计活动。

认知不仅影响到人的态度，而且对人的行为也有影响。同时，行为对人的态度以及认知也会产生影响，三者相互影响、相互制约。行为会计之所以要重视研究这三者之间的关系，目的在于提高行为主体的认知，端正其态度，从而调动其积极性，实现行为目标。

2. 动机论

动机论透露出了人的行为源泉。行为会计通过研究动机和行为之间的关系，来掌握人的行为路线。动机就是引起某一行为，然后维持这一行为，最后导致某一目标实现的过程。动机论的内容主要包括：动机是行为的本源；需要是行为的源泉；某一行为从发生、发展到最后消失，是有个过程的，这一过程被人们称为行为路线；动机的可知性，由于需要解释、预测人的行为，行为会计就要探讨动机的可知性。这个问题也是西方行为会计在实践探索中未完全了解的课题。西方行为会计目前大都采用以下六种方法：测量法、面谈法、问卷法、观察法、投射法、实验法。

3. 激励论

激励论是行为学派正确处理人的需要、动机、目标、行为四者之间关系的核心理论。行为学理论认为人的动机取决于人的需要，需要决定了人的行为目标。美国社会心理学家马斯洛（Maslow）的需求层次论、美国心理学家赫茨伯格（Herzberg）的双因素理论、美国心理学家亚当斯（Adams）的公平理论等激励理论都是企业行为会计的理论基础。这一理论大致包括以下内容。一是激励因素的分析。二是期望论，人的行为的动力取决于他本人所期望的力量。“期望”理论倡导者——美国行为科学家弗鲁姆（Vroom），提出过一个著名的公式：激发力量 = 目标价值 × 期望概率。在会计工作中，我们给行为主体分派任务，让他感到有目标、有盼头。这盼头是什么呢？从行为会计角度来说就是我们常说的期望和价值目标，它能很大程度上提高人的积极性。三是公平论。行为会计理论主要是揭示行为会计上的相关报酬的合理性分配问题，研究的是行为主体的投入与获得的报酬两者之间的平衡性问题。它提醒我们，不仅绝对报酬会对员工的工作动机产生影响，而且相对报酬也很关键。人们一意识到不公平，就会引起“不平则鸣”，工作积极性随之降低。

4. 信息论

在行为会计中，财务信息是会计行为的中介，会计行为通过财务信息作用于经济行为。信息论在行为会计中的作用要注意：行为虽然是一种外在活动，但它需要通过信息予以表现或呈现，这就需要对行为进行认知，并根据认知的结果表现行为各个方面的信息；信息贯穿整个预测过程，没有信息，预测就无法开展，行为预测会计是指通过对信息的分析、推测，展现主体行为的规律性，把握行为未来的趋势；行为冲突能够发生就是因为信息沟通存在障碍以及信息传递的过程中存在着失真，从而会产生偏差和误解。所以，行为会计尤其注重研究信息地沟通的形式、传播渠道以及控制。与财务会计相比，行为会计具有行为的选择性。前者是对企业已经发生的经济活动进行记录与核算。行为会计要面对的则是尚未发生的经济行为，因为存在着很多不确定性因素，有很多可能性。它就是在这种由多种可能性组成的行为方案中进行核算，最后再根据效益评估来择优实施。

5. 控制论

行为会计认为，控制在对人、对事甚至对每个行为上多少都会产生一定的影响。控制论作为行为会计的基础，内容主要包括四个方面。一是行为控制系统。此系统由施控以及被控两个子系统构成。控制实施的过程由三个阶段组成，即确定行为控制标准、衡量比较、纠正偏差。实际上，这三个阶段形成了一个完整的反馈系统，组成了一个循环周期。二是行为控制方式。内容主要有程序控制、目标控制等。程序控制也叫规范控制，是指事先规定行为规范，然后受控系统按指令运行，以保证受控系统的运行状态遵守行为规范的要求。目标控制也叫跟踪控制，是指用受控系统运行时的目标状况与输入目标之间的偏差来指导或纠正系统未来的方向。三是行为控制途径。这一途径主要是为了实现会计行为和经济行为的规范化。四是确定行为控制会计的内容。行为控制的范围较广，主要包括行为调节会计、行为激励会计、行为目标会计等方面的内容。

二、会计行为理论

会计行为是会计行为主体有目的的一种社会实践活动。会计行为理论则是一套关于充分利用行为会计的动机理论、激励理论、目标理论等基本理论来指导会计行为，寻求令人满意的会计行为方式、行为途径和手段，建立有效的会计行为组织，调动会计行为主体的积极性，选择最优行为政策原则，开展有效的会计行为，获得最优行为效果，实现会计的最终目标——“反映托管责任，提供决策有用信息”的理论体系。这一理论体系包括了会计行为主体理论、会计行为方式（手段）理论和会计行为客体理论等内容。

会计行为主体理论主要探讨会计主体的本质、功能、会计行为动因、行为规范和行为优化等内容。会计行为主体是“企业契约”的中介人，其功能是为各契约人提供客观真实、决策有用的企业财务信息，公允反映受托责任的履行情况，他们是企业会计政策选择和经济利益分配的决策者；会计行为动因是和会计行为目标、会计主体需求相关的，会计行为目标是会计目标和会计行为动机的函数，而会计行为动机又是外部环境和内在机制（包括内在需求）的函数；会计行为规范包括法律规范和会计职业道德规范；会计行为优化是实现行为效益最大化，即，既满足会计信息使用者的决策需要，实现会计信息效用最大化，又尽可能节省人力、物力和财力，使会计信息成本最小化。

会计行为方式（手段）理论是研究会计行为主体为什么选择这种会计确认、计量、记录和报告方式而不选择另一种行为方式以及这种行为方式的选择对实现会计行为目标的价值大小。

会计行为客体理论主要研究会计行为的作用对象——会计事项的特点、性质、种类及其对会计行为的制约影响作用。

第三节　会计行为主客体分析

一、会计行为主体分析

会计是一个实施确认、计量、记录、报告等一系列行为的过程，完成这个过程的参与者和执行者就是会计行为主体。与会计行为相关的会计个体、会计社团和会计组织构成了会计行为的主体。由于主体对客体发挥着能动作用，所以会计行为主体在会计行为各要素中处于重要地位，搞清楚会计行为的主体，能更好地明确会计问题的主要来源。

会计行为主体作为会计行为的实施者，是执行会计工作的会计人和会计机构，也是完成会计任务者、实现会计目标者，本质上讲属于会计系统的一个要素，而且是一个积极能动的要素。会计行为主体具备以下特点。

第一，具有一定的职业道德和职业能力。会计作为一门具有技术性和应用性特征的经济管理工具，要求会计人员必须具备一定的专业素质和会计专业技术。

第二，会计人员的行为能力需要获得资格认证。会计人员的资质直接关系着财务信息的质量，进而影响资本市场信息使用者的决策。我国对于会计人员会计资格采取准入制度，并形成了一整套考试和审核措施。

综上所述，会计行为主体是指具备一定会计知识和技能，取得了权威机构的会计行为能力资格认证，直接或者间接从事会计实践活动的人员或者会计机构。即会计职能部门和相应的会计工作人员作为会计具体事项的直接执行者，是直接的初级会计行为主体。同时，那些对财务报表负责，掌握着重大会计和财务政策的选择权，但是不直接从事具体会计工作的管理当局，也属于间接的高级会计行为主体。

二、会计行为客体分析

所谓客体是指进入主体认识和实践范围的客观事物，即现实的认识客体，它只是整个客观物质世界的一部分，只有进入主体认识和实践范围，与主体发生联系的客观实在，才是客体。会计行为客体是指会计行为主体开展会计行为的对象，一般认为是“会计事项”。

会计行为客体的基本特征：会计行为客体是和某一特定的会计行为相联系的，而且要通过特定经济环境中“人”的行为来实现，因此，会计行为客体不仅包括“物”的范畴，而且要考虑“人”的因素；会计行为客体必须和其他所有客体相对立，要能独立于其他所有的行为客体；会计行为客体要具有能动性，能够部分或全部地承担会计决策的机会收益和机会成本。

第六章　会计规范理论

会计规范理论是由会计人在会计悠长的社会实践中，依据其特点，为满足和实现会计目标内部需要以及会计外部的要求而逐渐形成的，使会计流程和技术一致化、模式化的一系列与会计法律、制度、准则和道德伦理相关的理论总和。本章分为会计法律规范理论、会计制度规范理论、会计行为激励理论、会计职业道德规范理论四部分。

第一节　会计法律规范理论

一、会计法规体系概述

会计法律规范体系就是由各项会计法律规范所组成的，具有一定结构和功能且相互联系、相互作用的有机整体。我国会计法规体系的建设应从多个层面加以考虑。一般而言，综合考虑的方面有制度经济学、法学、会计学、我国立法建设的惯例、我国市场经济的实际要求以及国外先进的立法建制技术经验与理论。

企业会计法规体系是有层次结构的，这种层次结构可以从两个方面进行理解。首先，从法规的总体关系上加以考虑，在这个体系中既要确定财务会计法规在其中的地位，又要从法规的内在规定等方面入手，以财务会计的专业法规为中心环节，自上而下构建这个体系的约束层次。诸如根本法和相关经济法自上而下对财务会计法规产生规定性影响，而财务会计的专业法规又对其统驭之下的国家统一的会计制度和《企业财务会计报告条例》、企业内部会计制度具有规定性的约束力。其次，从财务会计专业法规系统方面来讲，它又形成了“专业法—国家统一的会计制度—企业内部会计制度”这三个约束层次。

从总体上讲，整个财务会计法制体系可划分为五个层次。从立法者角度出发，前四个层次，即根本法、相关经济法、专业基本法和专业规则是由国家立法机关（全国人民代表大会及其常务委员会、国务院及主管部门）制定的，属于财务会计“法制”系统；第五个层次即专业制度是由行业或企业为进行自我约束所制定的，属于财务会计“建制”系统。从制约关系角度出发，一般是上一层次统驭下一层次，宪法对基本法（专业基本法）、基本法对法规和规章皆如此。需要指出的是从法理上讲，相关经济法和会计专业基本法属于同一层次的基本法。然而，就财务会计专业规范而言，在各相关经济活动领域立法过程中，一般只对相关财务会计处理做出综合规定（如破产会计、税务会计等），而财务会计专业基本法则做出相关协调符合性规定。从财务会计专业内涵角度出发，以《会计法》为中心，与其下一层次的国家统一的会计制度和《企业财务会计报告条例》和企业内部会计制度一起，侧重于对综合反映系统进行规范。同时，由会计人员职业道德准则和独立审计准则等构成监管保障系统。

二、会计法治建设

（一）会计法治建设的内涵

企业各项工作的有序开展离不开会计法治建设的支持，尤其在我国，市场经济是产权经济与法制经济的结合体，研究会计法治建设对于促进企业会计各项经济活动的顺利开展具有十分重要的意义。

会计法治建设水平是衡量会计发展水平的重要标准，会计工作的进步助推了会计法治建设，而会计法治建设又能反过来作用于会计工作，是会计工作顺利开展的保障。一般来讲，会计法治建设是指会计法律和制度法规的建设，加强会计法治建设要从完善会计系列法规和加强会计信息披露责任制度建设等方面入手。会计法治建设的程度，除受社会政治、经济等因素的制约，也与不同时代的整体法律环境密切相关，受不同时代整体法律环境的制约，会计法制的产生和发展也是各具特色。因此，对会计法治建设内涵的研究必须与各方面的法治建设情况相结合，与整体法律环境相联系。为此，应将会计法治建设定义为社会主义法治建设的组成部分，在具体衡量会计法治建设时也应结合整体的社会法治建设情况。

（二）会计法治建设现状分析

我国的会计法制体系是一个由多部会计法律法规以及行政法规构成的综合结构体，主要包括《会计法》《注册会计师法》《总会计师条例》等。随着市场经济的不断发展，我国会计法制进程不断推进，会计法治建设不断得到完善。特别是自“十三五”以来，财政部在全面贯彻依法治国政策的新形势下，主动适应全面深化改革的新要求，不断健全和完善会计法治建设，我国会计法治建设迈入新阶段。2012 年，主板国有上市公司以《企业内部控制基本规范》《企业内部控制配套指引》为指导，正式进入实施内部控制基准制度的阶段。2018 年，国务院国资委发布公告：国有上市公司制改革比例达到 94%，表明国有上市公司的内部控制建设工作初步完成。2021 年，为科学规划、全面指导“十四五”时期的会计改革与发展，财政部更是制定并印发了《会计改革与发展“十四五”规划纲要》，其中强调要全面推进会计法治建设，加快完善会计法治体系，切实加强会计执法检查，持续推进会计诚信建设。一系列会计法规的不断更新，表明我国会计法治建设不断得到完善，这为研究会计法治建设的相关问题奠定了良好基础。

第二节　会计制度规范理论

一、会计制度的概念

制度通常是指在一定条件下形成的规范，是需要人员遵循的规定或标准。从狭义的角度来看，会计制度是约束会计人员行为的规范，是会计工作应遵循的工作标准，会计制度对会计工作起着引导和制约的作用，它是由政府部门、事业单位以及社会各团体或者企业为了会计工作能够有序开展而制定的准则、程序和方法的总称。会计制度包含了对业务往来和经济交易进行确认、分类、登记、归总以及整理分析，提出财务报告的方法和程序，其目的是保障会计工作能够如实反映经济业务事项的具体情况，为企业会计事项和经营管理提供制度性的保障。

广义的会计制度，不仅包含指导会计人员的工作规范，还应该包含企业内部一切与会计工作相关的、需要用来约束和引导其他员工工作行为的规范标准。目前，我国会计制度体系共有五大组成部分，按照约束力由强到弱依次为全国人民代表大会及常务委员会制定的会计法律、国务院颁布的行政法规、财政部发布的部门规章、政府部门制定的地方性会计法规以及可由企业自行制定的单位内部会计制度。

二、会计制度的分类

会计制度可以按照多种标准进行划分，如制定者的职权范围、规范对象、适用单位的属性等。

（一）按照制定者的职权范围进行划分

基于该标准会计制度可以分成由国家制定的统一会计制度以及由实体单位自行设计的单位内部会计制度。

统一会计制度是用来约束和引导会计监督与核算工作，规范会计人员及机构的行为，保障会计管理工作顺利进行的规范性文件和规章的总称，由国家机关或权力机构进行组织设计。统一会计制度的规范和强制力度大，主要针对在处理会计业务时产生的普遍问题，因此它的适用范围广，具有较高的权威性和强制性。

单位内部会计制度是会计主体单位为了促进企业内部经营管理工作和会计核算工作的有序开展，而设计出的一种符合企业自身发展的会计制度，具有专一性和针对性，通常只在本单位有效。企业在制定单位内部会计制度时，必须符合国家相关法律制度的要求，要充分了解并贯彻国家的财经法规，具体包括会计法律制度、税收法律制度、支付结算法律制度以及财政法律制度等。此外，必须符合企业管理和实际会计工作的需求，会计制度设计旨在规范会计工作，加强企业管理，因此在设计时要根据单位的真实情况，不能脱离实际，这样才能设计出能够满足企业自身发展需求的单位内部会计制度。

（二）按照规范对象进行划分

基于该标准可以将会计制度划分成会计人员制度、综合性会计制度以及业务性会计制度。

会计人员制度，顾名思义，就是规范会计人员的制度，从会计人员的职权、行为、人才选拔、管理办法等方面进行规范。综合性会计制度涵盖基础性会计工作的规范内容，是其他会计制度制定的基础，内容全面且具有权威性，如多次修订的《会计法》就属于综合性会计制度，具有强制性，各单位必须遵守，不得违背。业务性会计制度的专业性较强，主要对交易或事项的具体处理办法和业务程序进行规范。

（三）按照适用单位的属性进行划分

基于该标准会计制度可划分成政府会计制度、企业会计制度和民间非营利组织会计制度。

政府会计制度主要针对国家机关及政府部门、行政事业单位等国家非营利性的机构；而适用于企业会计制度的单位，主要是指各类企业或者其他营利性单位；民间非营利组织会计制度的适用主体则主要包括社团、基金会、民办非企业单位等，三者的适用单位是不同的。

1. 政府会计制度

（1）政府会计制度的概念界定

自20世纪90年代，各国政府相继进行了政府会计改革，以更加全面、科学的方式反映政府和公共部门的预算实施过程和结果，对政府的财务情况进行客观、公正的评价，以实现国家财政的管理职能。而改革的最大亮点就是在政府会计领域中引入权责应计制。国际会计准则委员会把政府会计的概念界定为，“政府会计是指一种确认、计量、记录和报告政府财政状况及其受托管理职责履行情况的专门会计制度”。“政府会计”在英国被称为“资源会计与预算”，而在美国被称为“公共部门会计”，在各国的名称不尽相同。但相同的是，“政府会计”在这两个国家的会计核算基础都是权责发生制，与传统的预算会计有很大的区别。

随着中国市场经济的不断发展，政府职能随之转变，社会公众对政府会计信息质量提出了更高要求，政府会计在新时期面临着改革和创新。在我国，政府会计是指各级政府对其预算执行情况、财务状况、运行情况和现金流量确认、计量、记录和报告的专门会计，反映地方各级人民政府受托管理的国有资产、报告各级政府公共资源管理情况的一种专业会计体系，是中国会计学体系的重要分支。我国的政府会计主要包括预算会计和财务会计两大类。

按照国际会计准则委员会的概念，政府会计制度是指专门用来记录政府部门和机构的经营活动以及财政资金收支情况的核算制度。得益于应用了权责发生制，世界上很多国家的政府会计制度体系都得到了较好的发展，已经趋于完善，只是不同的国家中，权责发生制的应用水平并不统一，而且国际上其他发达国家也在继续对政府会计制度加以修改与完善，以使本国的政府会计制度更加科学、系统、完善。

我国在借鉴国外政府会计制度的基础上，根据国情，建立了一套富有我国特色的政府会计制度。中国的政府会计制度主要是对行政事业单位在会计核算中运用的会计科目和财务报表等进行具体规定，它是我国政府会计工作者开展日常会计核算和编制财务报表的主要依据。

新的政府会计制度的内容，共分为两个部分：正文和附录。正文内容包含以下五个部分：一是对新政府会计制度的全面概述和说明；二是统一设置和划分财务会计的科目和编号；三是对会计科目使用的内容进行明确；四是明确财务报表和预算会计报表的构成内容；五是有关报表编制的其他规定，其中重点阐述了第四部分所提及的两种报表的编制规定，并对报表附注中应披露的内容进行具体说明。附录为主要经济业务事项处理方法举例，该部分主要采用列表的方法列举案例，并对各会计科目中所涉及的共性以及一般业务做出详尽的说明。

（2）政府会计制度的发展历程

我国的事业单位制度建立于 1998 年。重要的会计管理制度有《事业单位会计准则》《事业机关会计管理制度》及其各种行业性事业单位会计管理制度。在推进收付实现制度的基础上，进一步规范了事业机关会计和服务业的财务预算管理工作。这些多重制度并存，不同会计制度下的单位财务报表的项目、内容和维度不统一，机构之间不可比的会计核算制度不能满足需求。财政部门也先后制定了相应内容，具体过程如下。2013 年 11 月，党的第十八届三中全会明确要"以权责发生制为基础编写政府部门整体综合财务报表"，这为我国财务会计制度的重大变革指明了方向。2014 年，我国对 1994 年制定的《中华人民共和国预算法》（以下简称《预算法》）做出了较重要的调整，把"地方政府权责发生制合并财务报告"也列入了《预算法》之中，为地方财政会计制度的成果变革提供了相关的法律支持。2014 年底，国务院办公厅批转了《权责发生制政府综合财务报告制度改革方案》，我国官方会计体系的变革取得了重大进展。2015 年制定的《政府会计准则——基础准则》是政府部门会计核算进一步发展的基础架构。2017 年，《政府部门会计体系——行政事业单元会计核算项目与财务报表》发布。2018 年，在全面实施政府会计准则体系之前，还发布了针对生活各个领域的补充规定和过渡性规定。2019 年，新制度全面实施。针对实务部门的反馈，财政部门新颁布了《政府会计准则制度解释第 1 号》《政府会计准则制度解释第 2 号》。目前，我国政府会计准则体系已经建立，可以规范和指导行政事业单位的会计工作。

（3）政府会计制度改革分析

第一，关于政府会计制度改革的内容分析。政府会计制度改革是政府会计改革进程中最关键的部分，2019 年，新政府会计制度全面实施，其特点为"双体系、双基础、双报告"。"双体系"是指财务会计体系与预算会计体系并行，"双基础"是指权责发生制与收付实现制相结合，"双报告"是指在出具单位决算报告的同时需要编制政府部门综合财务报告。简单来说，政府财务会计体系参照企业会计体系设置，其核算以权责发生制为基础进行，形成政府部门财务报告，报告设计与企业会计相似；政府预算会计按照原来的政府预算会计体系执行，以收付实现制作为核算基础，编制政府部门决算报告，在账务处理中较原制度有所调整，但并无较大区别。新的政府会计制度实施后，在会计核算层面上，较旧的预算会计制度有了很大的变化。

第二，关于政府会计制度改革的动因分析，主要包括以下四个方面的内容。

一是政府会计目标。《会计改革和发展“十四五”规划纲要》已经阐明了中国会计的五年计划，积极适应社会经济发展的客观需要和中国制度的建设，不断提高会计和审计标准，达到国际会计和审计行业的发展水平，提高会计人员的素质，通过充分发挥基本会计服务的作用，实现更高质量、更公平、更可持续的发展，更好地为中国的总体经济社会发展和金融管理服务，在会计合法化和数字化方面取得实质性成果。

二是会计信息质量要求。会计工作是经济社会发展的基础，直接关系到企事业单位会计信息质量和内部管理、国家宏观决策、社会管理、市场监管、市场经济秩序和社会公众利益等各个方面。随着社会主义市场经济不断完善和经济全球化持续推进，再加上现代信息技术和网络技术日益普及，会计工作应当按照国家信息化发展战略的要求，全面推进信息化建设。会计工作与信息化建设密切相关、相辅相成、相互促进。通过全面推进会计信息化建设，能够进一步提升会计工作水平，促进经济社会健康发展。

三是内部原因。中国目前的预算会计基于一个独立的会计基础，其会计对象主要是现金流。预算会计的主要职能是反映预算的收入和支出。然而，由于单位的特点，现金流量表倾向于低估资产或负债，并且不建立费用科目，就像不要求固定资产和无形资产摊销，使预算会计的关系无法真正地反映政府的资产负债运营成本。这导致了一种尴尬的局面，政府的“真实资产”并不真实。此外，政府向公众提供服务的公共基础设施和政府的应急储备没有相关记录，这也导致了虚假的资产。此外，不同行政单位目前在所有各级执行的会计制度和标准不一致，会计资料在各单位之间不能很好地进行比较。因此，有必要改革目前的预算会计制度。

四是外部原因。作为国家的行政机构和权力的执行者，公共行政和社会服务是充分反映其国家治理能力的重要职能。为了成功地履行这两项职能，财政资助是必不可少的。因此，健全的公共财政制度是政府履行其职责的坚实基础。政府会计制度作为政府金融系统正常运作和履行其适当职能的工具显得尤为重要。然而，随着中国社会和经济的发展，人们对政府职能的履行有了新的期望，这种变化的核心是信息的透明度。人们希望看到一个开放和诚实的政府。因此，新的要求是更多地传播关于政府财政活动的内容、范围和效率的资料。与此同时，在推进国家治理能力现代化，转变政府职能和深化改革的公共财政制度成果的基础上，提出各级会计管理机构要加深对其服务的认识，进一步提高会计管理、国家预算管理、资产管理、债务管理、福利管理等服务的效率和质量。有必要鼓励利益相关者加强对政府会计信息的分析和应用，以改善政府部门的财务管理状况，并为可持续的财务发展提供信息支持。适应宏观经济管理的要求，促进金融有效数据的分析和应用，并向金融部门提供信息支持，以评估该国的宏观经济和财政收入的业务相关的政策和决定的影响。面向政府监管和管理的需要，探索试点数据共享服务分析模型，开发基于数据库业务的预算会计，形成监管场外的能力。

第三，关于政府会计制度的主要变化分析。政府会计制度改革最主要的变化包括以下三个方面。

其一，统一各单位现行会计制度。新的会计制度涉及各机构和各行政单位的会计系统，包括医院、初级保健和医疗机构、学院及大学、中小学、科学研究机构单位的彩票机构、地质勘探及测量和测绘单位、林业（苗圃）和其他工业和机构。行政单位和机构单位之间不再有区别，工业单位和机构单位之间也不再有区别，提高了会计资料的可比性，并为汇总数据和编写完整的政府财务报告提供了坚实的基础。

其二，调整了会计科目。改革过程中会计科目发生了很大改变，增加了许多二级明细科目，合并了许多雷同科目，更明确了业务记录科目。首先是将资产类科目变化情况拆分细化为六个科目，明确规定明细科目，合并了两个科目，将原账的在建工程科目余额中的部分金额转入新账预付账款相关明细科目。其次是负债类将应缴税费拆分，将其他应付款拆分；将应交国库款和应缴财政专户款合并。再次是净资产类，原有事业基金、流动资产基金等均合并，原制度中非流动资产基金科目额转入累计盈余，如原账经营结余科目由借方余额转入累计盈余借方，由于原账的事业结余、非财政补助结余分配科目年末无余额，无须进行转账处理。然后是新增收入、费用类，由于原账中收入类、支出类科目年末无余额，无须进行转账处理。最后是新增预算结余类。

其三，促进会计核算发生转变。政府会计制度改革所引起的最大的变化，在于政府会计的账务核算，下面针对具体的会计科目核算的变化情况进行分析。

一是增加“坏账准备”相关科目。政府会计制度改革的过程中，借鉴了企业往来款管理的实践经验，在资产类科目中设置了“坏账准备”科目。在旧的预算会计制度下，单位预付了资金或开具了发票之后，按规定计入“应收账款”“预付账款”和“其他应收款”科目，待款项收回或单位职工进行报销后，冲减以上科目余额。与企业一样，政府相关部门暂付了相关款项或开具了发票之后，也存在着资金无法收回的情况，而形成往来款挂账。在旧的制度下，对往来款管理并未做过多的要求，大部分的往来款并未进行账龄分析，长期挂账的款项也无法进行冲销操作。新制度实施后，增加了“坏账准备”科目，用于核算政府对收回后不需上缴财政的应收账款和其他应收款。政府相关部门在对应收款项进行可回收性分析之后，对需要计提坏账准备并确认坏账损失的应收款项，按规定报经批准后即可进行坏账准备并进行相关账务处理。增加“坏账准备”科目，能够促进政府相关部门对往来款的清理工作，资产核算也更加真实合理。

二是细化存货管理。新政府会计制度对“存货”科目进行了细化，将“存货”细分为“在途物品”“库存物品”和“加工物品”三个科目。《政府会计准则第1号——存货》的实施，对存货管理起到了巨大的推动作用。基于该准则的要求，政府相关部门制定了相应的存货管理办法，如该研究所为科研型事业单位，其单位职责包括农产品相关的检测、品种鉴定、质量安全监测等工作，这就决定了该研究所在开展科研活动的过程中，需要进行大量的试验耗材、试剂耗材、检测样品、农用物资等的采购，同时，需要试制各类检测用品，种植用于品种鉴定的农产品等，存货的细分使得该研究所各类科研易耗品及科研副产品的核算和管理更加科学。在旧的预算会计制度体系下，单位在取得存货时，一次性作为事业支出进行核算，这样的处理会导致存货的后续使用、处置的管理存在缺失，一方面会发生在无领用监督的情况下，实验人员滥用试剂耗材，造成资源浪费的情况；另一方面会导致库存情况不明，存货的重复采购会增加库存压力并带来损失风险，或未能及时补充存货而影响项目研究进度的情况出现。新制度下，由于存货核算的规定更为具体充分，政府强化了存货的采购和领用审批以及出入库管理等相关工作。在账务处理上，财务会计体系下按照存货的采购金额对存货初始价值进行计量，根据出库情况确认费用，使得存货资产以及费用的核算更接近单位的实际情况，核算也更加准确。

三是实提折旧与摊销。固定资产的折旧和无形资产的摊销是权责发生制基础下会计核算的重要组成部分，折旧与摊销的核算能够反映单位资产使用和管理的真实情况，为资产的处置和损益调整提供依据。以固定资产为例，在预算会计制度下，单位发生固定资产购入时，账务处理为借记“事业支出”，贷记“银行存款”等科目，同时借记“固定资产”，贷记“非流动资产基金——固定资产”；每月末计提固定资产折旧时，借记“非流动资产基金——固定资产”，贷记“累计折旧”。这样的账务处理下，固定资产在购入时一次性计入支出科目，后续计量通过“非流动资产基金”进行核算，制度中未设置“固定资产净值”科目，资产净值在“非流动资产基金”科目核算和反映，该科目为负债类科目，这样的核算严重影响了非流动资产价值的核算，造成单位资产和负债虚高的假象。而自政府会计制度改革后，固定资产购入时，财务会计借记“固定资产”，贷记“银行存款”等科目，预算会计借记“事业支出”，贷记“资金结存”；计提累计折旧时，财务会计借记“业务活动费用”或“单位管理费用”，贷记“累计折旧”，预算会计不做账务处理，同时在费用科目中增加了二级项目辅助项，方便进行费用归集。新制度下的财务会计账务处理与企业会计一致，能够准确核算单位固定资产原值与净值，单位资产情况能够被真实地反映，当期费用的核算也更为合理，预算会计的账务处理遵循收付实现制原则，兼顾了单位决算的要求。

四是修改“应付职工薪酬”核算。“应付职工薪酬”科目用于核算单位支付给职工或为职工支付的相关款项，是对单位人工成本的全面反映。旧的预算会计制度下，在进行职工工资发放时，进行的账务处理如下：计提工资时，按照工资应发数借记“事业支出”，贷记“应付职工薪酬——工资”；发放工资时，按照工资应发数借记“应付职工薪酬——工资”，贷记“零余额用款额度”等科目，按其差额贷记“其他应付款”和“应交税费——应缴个人所得税”科目。由此可见单位在进行社保、住房公积金等工资代扣项缴纳时，也均通过“其他应付款”科目进行核算，而社保、住房公积金等缴费的单位部分则直接计入“事业支出”，并不通过“应付职工薪酬”科目进行核算，这样的核算是不全面的。新的政府会计制度下，单位在计提工资时，借记“业务活动费”和“单位管理费”科目，贷记“应付职工薪酬——工资”，同时借记“应付职工薪酬——工资”，贷记“应付职工薪酬——医疗保险／养老保险／失业保险等”；缴纳各类社保费用前，需要计提“应付职工薪酬——社保单位部分”，这样核算的应付职工薪酬能够合理、真实且全面地反映单位人工成本情况。

五是重构政府会计核算模式。引入平行记账，扩充增加财务会计体系，这一体系以权责发生制为记账原账，虽然目前只有医院、高校等事业单位引用权责发生制，但可以通过这几类重要单位试点改革了解会计核算和控制成本的效果，强化财务会计功能。政府的新会计制度强调财务会计在编制账目和会计方面的职能，在财务会计和权责发生制会计方面增加了收入和支出要素，以权益法计算长期股权投资，以及增加资产和负债的会计，改进了预算会计功能。政府的新会计制度管制优化了预算会计的会计方法和内容，并改进了预算会计的职能，这有助于解决预算收入和支出的糟糕表现问题。

六是扩大资产负债核算范围。新会计制度增加了更全面的控制单位所有类型的货物，包括国家保护区、委托机构的资产和公共基础设施，也增加了更全面的单位实际情况的核算，如预计负债、委托代理负债。与此同时，净资产的来源按主要来源分类，即积累的盈余和专用基金；净资产负债表是根据其他来源编制的，如调整净资产法、自由转让净资产等。通过扩大政府资产和负债账户的范围，政府会计业务的编制将得到更有效的管制，提供准确反映政府资产的资料，并更有利于适当的决策。

取消基建单独建账。将在建工程账合并到基本账户中，具体做法是在非流动资产下设“在建工程”二级科目。过去政府相关部门开设单独的基建账户，基建账本单独成册，现在仍在银行单独开设基建账户，只不过原始凭证、记账凭证均存档在基本户账目中。这样改革之后提高了会计信息全面性、完整性，便于财务管理，让资金流动更透明。这次会计制度改革中明确规定政府会计信息质量要做到“全面性”，要确保会计信息的完整，为此设定了会计报表格式。过去政府会计制度要求的会计信息质量强调“重要性”，改革后的制度将这一要求删除。

备抵法处理坏账。过去，只有少数医院对坏账有规定，并且其中的绝大多数医院都是在请求上级财务当局的批准下直接取消坏账。这种方法违背了审慎原则。政府的新会计改革对坏账做出了更详细的规定：如果收回的金额必须上缴国库，则将通过直接转销来处理，并通知财政局审批；如果收回后款项不需要给国库，则将其记入已设立的坏账准备账户。对坏账的规定反映了会计准则的审慎性，更容易消除风险，并提高了资产负债表信息的准确性。

七是完善报表体系结构。新的财务报表结构相较之前有所变化，报表所披露的内容更真实、可靠和完整，形成预算会计报表、财务报表两个报表体系。不同单位之间会计方法一致。新的财务会计报告制度遵循权责发生制会计准则，严格以财务会计数据和信息为基础。预算会计报告制度遵循收付实现制度，并以预算会计的有关数据为基础，这是编制决算报告的基础。财务会计和预算会计之间存在关系。例如，收入和支出之间的差额通过编制“本期预算结余与本期盈余差异调节表”可以详细反映，其也反映了预算和财务会计的内在逻辑，由此推断出差异的原因，并帮助政府编写下一年预算。它使信息更加完整，决策更加有效。

八是整合各类基金科目。旧制度下，会计科目中包含了各类基金科目，如事业基金、非流动资产基金、专用基金等；新制度下，财务会计中取消了事业基金、非流动资产基金科目，按照一般财务报表编制要求，将“事业基金”并入“累计盈余”科目核算，预算会计中将“事业基金”并入“非财政拨款结余”科目核算，取消了一系列具有特殊性的科目，对净资产科目进行整合，使得政府财务报表与其他单位的可比性增强。

九是明晰“费用”的界定。政府会计制度改革后，将以往行政单位会计制度中的“支出”概念转化并细分为财务会计体系下的“费用”和“资本性支出”概念，厘清了资金支出的用途，会计核算更为准确。同时，在费用类科目下设置了业务活动费用和单位管理费用，用于归集不同用途的资金支出。业务活动费用主要是核算单位从事科研活动产生的各类支出；单位管理费用主要归集为单位运作的内勤费用。由此，单位能够对其履职费用和管理费用加以细分并进行后续分析。通过对业务活动费用在总费用中的占比以及其与管理费用之间的配比进行分析，能够判断单位的资源配置和资金使用是否合理。

十是优化支出核算。政府会计区别于企业的一大特点就是丰富且详尽的部门经济科目核算方式。50 个部门经济科目基本涵盖了单位日常经济活动的各个方面，可以针对每一笔支出的具体用途进行反映和核算。旧制度下，在“事业支出”科目下设置了“基本支出”和“项目支出”二级科目，按照资金来源设置了“财政拨款支出”“非财政专项资金支出”和“其他资金支出”等三级科目，并按照部门经济科目设置了四级科目，在这样的科目设置之下，科目余额表非常冗长，且相同的部门经济科目余额无法进行合并，增加了单位的统计难度。新制度下将部门经济科目放到了辅助项进行核算，降低了各科目的统计成本，使余额表内容更为清晰，可视性增强。

此外，新政府会计制度在兼顾资金来源和资金性质的同时，参考了财务会计体系的科目设置方式，在预算会计体系下的“事业支出”科目下也设置了“科研预算支出”“非科研预算支出”和“管理支出”等二级科目，资金归集更为科学，促进了单位经济活动实际情况的真实反映。

综上所述，政府会计制度改革后，会计核算的科目设置更为合理科学，核算内容的规定较之前更为具体，可操作性增强，可以更加完整、准确地核算行政单位资产和负债，费用核算符合单位实际，政府会计信息质量显著提升。信息质量的提升有助于全面、完整、真实地反映单位经济活动的日常运行状况，这与预算绩效评价的全面性、真实性原则非常契合。将政府会计信息运用到单位预算绩效评价中，能够提升评价过程的合理性、优化评价体系、细化评价指标，同时也能够提高评价结果的质量。另外，在“双体系”会计核算运行下，既保留了原有预算会计核算体系的全部信息，便于进行部门决算，又增加了财务会计的核算信息，使得借鉴企业会计制度成为可能。在企业会计中广泛运用的财务指标，也能够在行政单位的预算绩效评价中发挥作用，为绩效量化指标提供数据支撑。

2. 企业会计制度

（1）企业会计制度的概况

在企业中，企业会计制度是一项重要的制度，企业的会计工作受国家制度和国家法令的限制，并必须具备相关的企业会计条件。基层单位、企业的会计制度必须遵循统一的《企业会计制度》，且要结合企业内部的会计条件。企业会计制度具体是指企业在处理会计业务或在进行会计工作时，必须严格遵守相关的企业会计规范和准则。

随着市场经济的快速发展以及经济全球化的不断加深，各类新兴产物以及财务管理模式使得传统的会计制度亟待进行优化和迭代。我国立法机关与行政机关基于时代发展背景推出了新会计制度，新会计制度明确要求企业需要定期或者至少每年年末对各项资产进行全面检查，并根据谨慎性原则的要求合理地预计各项资产可能发生的损失。在进行了准确的资产预估后企业需要合理制订新一年的资产配置方案，做好计提资产减值的准备。这一系列的要求将形成一个有序的链路，即企业划定核算时间—进行全面检查—结果汇总—预估资产—合理配置—落实方案。结合会计制度的核心内容，该制度的出台重新规范了企业的固定资产，同时强调了须将个人资产与企业财产进行准确划定，并且不能出现分割不清的状态。核心的内容重在引导相关工作从事者进行工作的规范化和细致化，力求提升工作的精确性和全面性。

（2）企业会计制度设计的相关界定

第一，关于会计制度设计的概念及依据。会计制度设计是进行整个会计工作的基础，主要根据会计相关法律法规，以一定的理论和原则为指导，并结合经济业务实际，综合运用文字、图形与表格等形式，对会计核算与监督业务的全部内容、经济业务处理的全部方法和程序、会计机构设置、人员配备及职责划分等进行系统规划。此外，会计制度设计的质量将对会计职能的发挥产生直接的影响。

在会计制度设计过程中，必须以国家相关的法律法规为基础。具体而言，其依据主要包括《会计法》、国家统一会计制度以及国家其他相关法规三个方面。其中，《会计法》在我国会计法律中处于最高地位，是开展会计工作的根本大法，是其他一切会计行政法规、规章制度的“母法”；国家统一会计制度表现为制度与准则两个层面，具体制度有《企业会计制度》《企业会计准则》以及《小企业会计准则》；国家其他相关法规有《中华人民共和国税法》《中华人民共和国票据法》《公司法》《支付结算办法》等。

第二，关于会计制度设计的目标及原则。会计制度设计的目标与会计工作本身是相辅相成的，即规范会计工作，并提供指导性的原则、程序与方法等。

具体而言，会计制度设计的目标包括提高会计信息质量，使之真实、可靠、完整；提高会计工作效率，加强企业管理；保护财产安全，减少经济犯罪；维护市场经济秩序；等等。此外，设计会计制度时必须遵守国家相关法律法规、会计政策及理论，结合我国会计工作经验与企业发展的实际，并积极借鉴国际会计惯例中行之有效的部分。总的来说，在会计制度设计过程中应遵循以下原则。

①合法性原则。首先，身为依法设立的经济组织，企业各项经营活动都必须遵守所在国家或地区政府制定的相关法规与政策。其次，任何企业的生存和发展不可能脱离于宏观经济的整体环境，需要与环境中的其他个体发生经济往来、进行横向对比，并保持经济数据维度的一致性。再次，国家统一制定的会计制度不仅在当地经济发展的趋势和特点之上吸取了国际层面的经验教训，而且动用了高素质的人才队伍与先进的技术手段。相对而言，普通的个体单位无法达到此种效果。最后，企业只有将会计制度建立在法律法规的要求层面之上，才可保障财务披露义务的切实履行、财务报告责任的充分承担、违法惩治的最大避免。

②适用性原则。企业的经营模式与管理需求是企业会计制度设计的前提与基础，因此该设计既要遵循国家的统一规定，又要充分考虑企业自身的经营模式、组织形式以及管理需求等方面的实际情况，使其具有较强的可操作性。

首先，企业会计制度的设计必须以经济业务流程为前提，如将账务处理程序、财务监督及审批制度与本单位的采购流程、销售特点紧密结合。此外，企业会计制度必须具有全局观念与系统性特征。如将会计制度的整体设计置于本单位经营所处的经济环境与政治环境之中，或是从会计信息系统的控制角度进行设计。

③效益性原则。对于企业来说，开展会计工作的主要目的就是提高自身的经济效益，这就需要增强会计制度设计的效益性，确保企业能够将自身价值充分发挥出来，为今后在市场中的长期发展提供条件。效益性能够将企业会计工作的作用充分发挥出来，保证企业会计工作能够得到企业各部门的有效配合与支持，最终达到增强企业会计制度设计效益性的目的。具体来说，会计制度的设计应当以净效益为目标，结合本单位的业务规模，兼顾资产成本和收益，既不能盲目套用大企业的高成本模式，也不能简单借鉴小企业的极简模式。总之，企业会计制度设计必须服务于企业持续发展的根本目的，在成本与效益、资产安全与效率之间平衡取舍，从而达到合理把控管理成本，并使经济效益得以提升的目的。

④科学性原则。一方面，会计制度设计虽然具有很强的专业性和综合应用性，

但又不是单纯地重复其他会计基本理论和方法，因此会计制度设计工作必须遵循会计本身的行业原则、特征及处置规律，注重会计制度的规范性、一贯性和可执行性，以保证会计制度设计的科学性。

另一方面，在信息技术引领社会发展的时代，会计制度的设计显然已不能固守单纯手工操作的理念，但也不能因追求先进而采用尚未成熟或不匹配的财务软件，以免造成边设计、边使用、边改进的局面。

⑤前瞻性原则。在当今社会，国际金融形势和国内经济状况变化得非常快，企业的经营模式、管理需要、会计信息反映要求也在不断变化。会计工作必须与时俱进，会计制度设计作为规范会计工作的基础，更应具备前瞻性眼光，积极推进会计工作的国际化进程。而很多中小企业的会计制度设计仅局限于眼前的发展状况，缺乏对于未知风险与变化的长远预测。这种缺乏弹性的会计制度一旦遭遇经济波动或风险袭击，便会失去功能，为企业带来无法想象的损失。

这种前瞻性设计应当以原则的形式在制度中加以明确，督促企业不断改进会计制度设计理念、改良会计制度设计方法、完善会计制度设计内容，从而适应会计行业的稳定发展需要和社会主义市场经济发展的需要。

第三，关于会计制度设计的内容。设计企业会计制度是一项涉及范围广、专业性强且较为复杂的工作。如今，中小企业迅速发展，在繁荣经济、增加就业、推动创新、催生产业等方面发挥着越来越重要的作用，是实现经济合理增长、推动高质量发展的中坚力量。考虑到中小企业无论是在经营模式、业务规模及经营管理水平方面，还是在对于会计信息的需求方面，都与大企业有着本质区别。因此，针对中小型企业的会计制度设计，其内容主要包括以下五个方面。

①会计制度总则设计。作为会计制度设计的概要与基础，总则应包括会计制度制定的目的、依据、实施范围和要求以及涉及会计基础工作的原则性规定。

②会计组织系统设计，主要包括以下四个方面的内容。

一是会计机构设置。会计机构是制定、执行和维护会计制度，组织、处理和负责会计工作的职能部门，一般是指会计机构本身作为企业内部的一个独立系统，领导和办理会计业务，大多以职能部门的形式存在。总体要求是以公司业务规模和管理水平为基础，合理设置会计组织并健全运行机制。

二是会计人员配备及分工。会计人员配备及分工具体是指企业会计机构的内部组织以及各个岗位的设置。总体要求是合理设置工作岗位、界定职责权限、妥善配备相应人员并明确素质要求。

三是会计档案管理。会计档案管理设计的总体要求是设立档案机构或配备档案工作人员，建立并完善会计档案的搜集、整理、保管和鉴定销毁等方面的管理制度。

四是会计工作交接。会计工作交接设计的总体要求是制定会计人员工作交接的具体办法，以明确交接工作所需的准备事宜、具体内容与程序、责任与义务等。

③会计核算系统设计，主要包括以下几方面的内容。

一是会计科目。会计科目是依据特定的要求对会计要素内容进行分类的结果，企业使用的会计科目表是严格按照标准的中小企业会计科目表，并结合企业的实际生产经营状况，增删部分科目后设置而成的。它能够保证企业达到经营管理所需要的核算指标，保证会计账目的正确性和合法性，与此同时也为会计报表的编制提供了更为具体的依据。

二是会计账户。会计账户是用来记录经济交易或事项以及由此产生的会计要素具体内容变化的工具。作为核算的主要方法，账户采用了固定的格式，包含借、贷、余额三个部分，得以充分地反映企业会计要素的变化和结果。在现实情况中，企业不仅需要设置总分类账以便了解总括信息，而且为了更好地管理和决策，应该根据企业的实际情况和发展的特点下设明细类账户，这不仅是填制总分类账的基础，也使企业的内部和外部信息的使用者更加清晰地了解该企业的生产经营状况。

三是会计凭证。会计凭证是会计核算工作的重要内容和基础环节，会计凭证设计对于记录经济业务、反映资金变化、明确经济责任有直接作用，而且影响登记账簿、计算成本、清查财产以及编制报表等会计工作。会计凭证的总体要求是严格规定各类会计凭证的格式、内容、填制要求、联次、传递程序和保管方法等。

四是账务处理程序。账务处理程序是对会计制度的各个组成部分进行合理的组织，将各部分独立又分散的内容结合起来，即将会计凭证、会计账簿、记账方法和记账程序有机结合。账务处理程序设计的总体要求是结合业务模式与会计处理方法，在记账凭证账务处理程序、汇总记账凭证账务处理程序和科目汇总表账务处理程序三种程序中，选择最适合企业经营模式的一种。

④会计报表体系设计。会计报表是企业会计报告的核心组成部分，是将日常核算资料与其他有关资料加以汇总、整理、分析和编辑而形成的书面文件。会计报表设计的总体要求在于建立健全报表体系，主要包括对内会计报表和对外会计报表，并明确会计报表的名称、格式、内容、用途及编制方法和报送对象等。

⑤会计电算化制度设计。会计电算化制度是进行会计电算化工作的规范和标准，主要包括会计电算化的组织、规划、实施、管理、人员培训、制度建立和计

算机稽核等。会计电算化制度设计的总体要求是从职责划分的角度出发，建立岗位责任制度，合理分工；从电算化操作的角度出发，规范会计电算化工作的方法与作业流程；从电算化系统安全的角度出发，加强会计信息系统的稳定性以及会计信息数据与资料的保密性。

第四，关于会计制度设计的程序，主要包括以下几个方面的内容。

①调研阶段。该阶段主要是明确调研目的和内容，即实地勘察情况、搜集资料，为优化设计提供客观依据。

②分析阶段。该阶段的主要任务是使用文字、表格、图像等方式整理汇总上一阶段的成果，将相关理论与企业实际相结合，从客观与主观、宏观与微观的角度深入分析现行会计制度存在问题的历史原因，追根溯源，为下一阶段的工作做铺垫。

③设计阶段。首先是在原有制度框架的基础之上进行修订、新增和删除，拟定设计大纲，提出初步方案。会计制度的设计大纲应当包括：会计制度设计工作的总体思路；确定会计科目的繁简程度；明确需要优化的会计凭证；选择适当的账务处理程序；建立会计报表体系；确定会计机构设置及人员配备、职责划分等。根据总体规划确定的内容进行具体的设计编写，形成会计制度草案。

④试行与修正阶段。试行和修正是指草案制定后，需经过一定时间的试行检验，通过现场观察和测定找出草案的缺陷和薄弱环节，听取各方意见，最后形成正式的会计制度。

第五，关于会计制度设计的方法。会计制度设计方法是对会计制度内容进行阐述的一种形式，也就是外在表现。目前我国进行会计制度设计的方法归纳起来有以下三种。

①文件式说明法。文件式说明法是企业使用最多的一种方法，主要通过文字说明阐述会计制度所要确定的内容，并以法规的形式固定下来。如会计核算制度便要求企业财会人员必须执行。企业的说明文件可以根据业务内容分类形成一个会计文件体系，如会计组织系统文件、会计核算文件、会计报表文件等。

②表格法。表格法主要是针对会计制度中涉及的会计凭证、账簿及会计报表格式所特别采用的方法，要根据其设计的目的来研究其内容。使用表格法可以更加直观地说明某个数据的形成及其内部的勾稽关系，为领导管理企业、完善内部控制、提高管理效率、降低成本提供依据。

③流程图法。流程图法是为了说明经济业务处理的先后顺序或者体现经济业务在企业各部门之间协调的顺序，并明确各部门职责而设计的方法。流程图法根

据其框图结构的不同，可以细分为部门内会计业务处理流程图法和跨部门会计业务处理流程图法。

（3）企业会计制度的优化对策

第一，完善权责法律体系。建立健全企业会计体系是目前企业顺应企业会计制度改革的重要方式方法。我国立法部门应加快对《中华人民共和国会计法》《中华人民共和国预算法》等内容中不合理细节条款的规范，消除其中容易让人产生误解的法规制度。同时，要进一步明确与企业会计制度改革相关的各个部门的权力、职责、作用等，以此为我国企事业单位的绩效考核提供依据。我国各类型的企业必须要根据新的会计制度法规开展相关工作。例如，根据《中华人民共和国政府采购法》的具体内容，严格规范部门的预算编制，具体分析会计工作目标、要素确认、会计报告等内容，并针对企业会计制度改革中暴露出的问题，采取针对性解决措施，持续优化企业会计制度，有效推动企业会计制度的不断完善与发展。

第二，建构会计审计机制。当前，企业会计制度中的会计审计机制亟待完善。根据我国市场经济的发展情况和市场经济中企业的发展情况，企业一定要做好企业会计制度的完善工作。同时，政府财政部门要持续建构完善的会计审计机制。一方面，政府财政部门要设立财务会计审计部门，加强专业化审计人员队伍建设，确保会计审计工作有序开展；另一方面，企业需要引进合格的财务会计人员，确保由专业的人员负责执行企业会计制度，并为企业的财务会计管理提供保障。在具体审计过程中，财政机构一定要全面了解企业的现金、支票及银行存款等资金情况，精细审核企业的财务账目，以此明确企业的财务状况，为企业后续发展提供指导和监督。

第三，制定完善的内部控制制度，具体可以从以下三个方面着手推进。

一是树立先进的内部控制管理意识。一方面，引导企业管理者树立先进的内部控制管理理念，使其积极主动地参与相关内部控制管理培训、及时接收先进的内部控制管理理念、深刻认识内部控制管理工作的重要性；另一方面，企业管理者要加大对内部控制管理的宣传力度，实现对内部控制管理宣传的常态化，让全体员工认识到参与内部控制管理工作是每位员工的责任，鼓励员工为内部控制管理工作提出合理化建议，这样就可以在全体员工的努力下尽快实现内部控制的目标。

二是强化企业文化建设。企业管理者需要从多角度、多方位、多层次对员工进行企业文化教育，让全体员工深刻了解本企业的行为准则，通过规范员工的日常工作行为，把企业文化逐渐渗透到员工的头脑中，为内部控制管理工作营造出积极向上、团结合作的氛围。

三是制定内部控制评价责任制度。企业要制定内部控制评价责任制度，明确内部控制评价工作的责任人，将工作责任落实到具体的部门和员工身上，当内部控制评价工作出现问题，及时找出内部控制评价工作的相关责任人，避免相互推诿责任的问题发生。

3. 民间非营利组织会计制度

民间非营利组织是我国发展进程中非常重要的一种社会组织形态。民间非营利组织会计制度在会计核算上与事业单位会计制度存在许多不同之处，如会计主体、法规、目标、原则、记账基础、科目、财务资源和资源分配、会计报表内容及组成等。民间非营利组织会计制度的实施，在很大程度上解决了民间非营利组织发展初期一直存续的诸多会计核算问题，是一部专门针对民间非营利组织的会计制度，对于规范民间非营利组织会计信息，增强财务报告的准确性和可比性，促进我国民间非营利组织的发展进步，指引政府部门对民间非营利组织的有效监督，发挥了至关重要的作用。

三、会计制度的内容

一切与会计工作有关的规定和要求均属于单位内部会计制度的范畴，会计制度的内容如图 6–1 所示，具体包括以下三个方面。

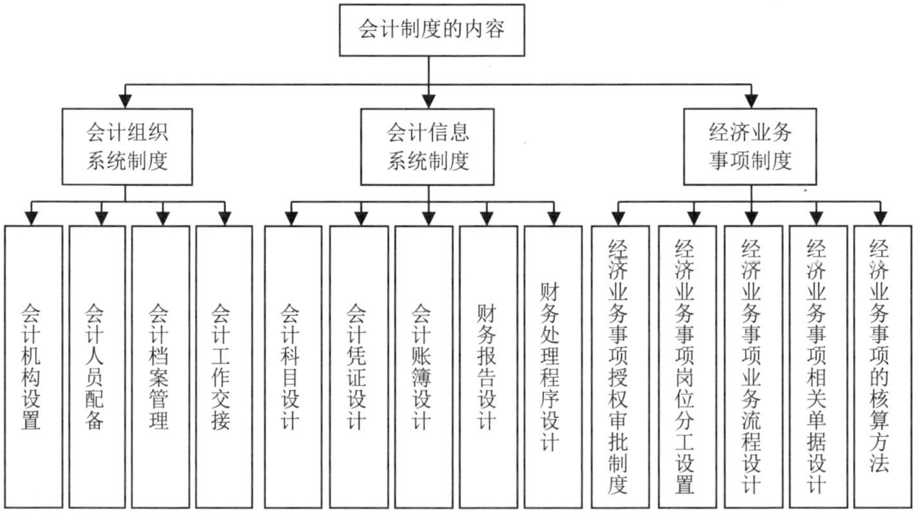

图 6–1 会计制度的内容

（一）会计组织系统制度

会计组织系统制度，主要包含四个部分：会计机构设置、会计人员配备、会计档案管理、会计工作交接。在制定时，要明确会计部门及会计人员的权限范围与工作内容，明确会计档案的建立、查阅、保管与销毁的实施细则，对会计工作交接的手续及流程提出具体的执行办法，保障会计组织系统工作顺利开展。

（二）会计信息系统制度

会计信息系统制度主要是针对会计信息的载体、处理程序以及会计指标进行设计，具体包括对会计科目设计、会计凭证设计、会计账簿设计、财务会计报告设计以及账务处理程序设计。会计科目构成会计指标体系，合理选择的会计科目能够体现会计事务的特性，根据实际业务需要设置会计科目的分类、编号，并简要说明会计科目的性质、内容及核算范围等。会计凭证与会计账簿、财务会计报告作为会计信息的载体，是反映企业经济活动的重要资料，在进行设计时，应规定重要经济活动涉及的原始凭证的格式、填制原则与审核办法，记账凭证的格式与填制方法，会计账簿的种类、格式及登记方法，财务会计报告的编制原则、内容格式以及编送时间等。账务处理程序是从审核、整理原始凭证，到填制记账凭证、登记账簿，再到编制会计报表的程序，企业要根据需求选择最适合自身的会计信息处理程序。会计信息系统是内部会计制度的重要组成部分，完善的内部会计制度有助于企业会计信息质量的提升。

（三）经济业务事项制度

经济业务事项制度，包括采购与付款业务、销售与收款业务、货币资金业务、存货业务、固定资产业务、投资与筹资业务等各经济业务事项的内部控制制度，具体内容应该包括经济业务事项授权审批制度、经济业务事项岗位分工设置、经济业务事项业务流程设计、经济业务事项相关单据设计以及经济业务事项的核算方法等。

企业内部所有经济业务事项的开展都与财会人员的参与密不可分，所以，企业在自行设计单位内部会计制度时，应将经济业务事项制度作为重要内容加以规范，以此提升员工的工作效率，加大企业实施内部控制的力度，保障企业在运营过程中的资产安全。

四、会计制度的表现形式

关于会计制度的表现形式，具体分析如下。

（一）文字说明

文字说明是会计制度最常用的一种表现形式，即以文字形式展现会计制度的具体内容，进行会计制度设计时，既可以单独使用，也可以结合图表一起使用。在使用文字说明时，应注意内容表达要通俗易懂，语句要严谨和准确，用词要规范，行文要恰当得体，避免使用冗长和难理解的语句。

（二）表格

表格是设计会计信息载体时不可缺少的一种表现形式，主要用来展现会计工作中涉及的账页、凭证、报表等。在使用时需要注意三点要求：其一，相同信息载体的表格尺寸要统一，如所有会计报表都采用相同尺寸的纸张，这样既有利于装订和保管，又能方便使用者翻阅；其二，表格画线与页面布局要规范，如表格外边框的线条粗细应保持一致，表体内部的线条粗细应该有次重点区分，纸张边缘和表格间的距离宽度应保持相对统一等；其三，表格内容要严谨，注意设计的表格必须合理且必要，不应该和其他表格的内容存在冲突或者重复的情况。另外，会计工作涉及的表格数量较多，会有一定的制作成本，因此要充分考虑表格使用是否符合效益性原则，对表格的尺寸、联数和印数等均要加以控制，以此降低表格的使用成本。

（三）流程图

流程图是会计制度最直观的一种表现形式，用图示可以清晰地展现各种经济活动的业务处理程序，比起文字说明更容易被阅读者理解和掌握。流程图主要包含两种类型：一种是框图式，主要利用直线和矩形框绘制出流程图，适用于处理环节较为容易的业务流程，其中，矩形框表示具体的信息内容，直线则表示信息的传递；另一种是符号式，主要通过符号来反映具体的业务处理流程，比框图式要复杂一些，但反映的内容更加全面系统，既可以表示信息的传递过程，又可以反映各部门及人员之间的信息交换情况，所以符号式流程图大多应用在业务处理程序的设计当中。

第三节　会计行为激励理论

一、激励的相关理论与策略

（一）激励概述

1. 激励的含义

有关“激励”的含义，在学术界没有一致的说法，依据不同的学科来分析意思千差万别。从心理学的角度来看，激励是指员工在工作过程中创造或建立心理活动的过程。从管理科学的角度来分析，激励是指企业被动调动员工工作积极性的多种手段之一，可以提高企业员工的工作效率。激励是人力资源管理中的重要构成，有效的激励措施可以充分调动员工的主观能动性，还可以为企业创造良好的竞争环境，使员工相互竞争，与企业共同进步、共同成长。针对激励的具体含义，学术界不同学者提出的激励定义也有所不同，如有学者认为激励是一种努力状态，包括一切表达为欲望、期望、驱动力等的东西，它可以引起内部条件的变化，也可以被认为是一种刺激；还有学者认为激励是指一种心理体验，它刺激人们产生某种动机，从而使人们能够被内在激励，朝着期望的目标前进。

总的来讲，激励是指利用被激励者的需要和目标，通过一些激励措施引导被激励者采用积极的态度，促进团队和组织朝着既定目标高效运行，并最终实现组织目标。这一定义包含了动作的发送者、动作的接受者、具体的动作过程以及最终要达到的目标。

2. 激励的分类

激励的划分方法有很多种，按提供激励的目的可分为正向激励和负向激励，按提供激励的过程可分为内部激励和外部激励，按激励的内容能够划分为精神激励和物质激励。

（1）正向与负向激励

正向激励：当员工的某些行为为企业带来了有益的结果时，企业可以通过奖金、表扬等方式将这些正向行为传递下去，并鼓励广大员工继续执行此类行为。负向激励：采用解雇、警告等负激励形式，减少损害企业利益的行为发生，以降低员工不当行为的发生概率。

（2）内部与外部激励

内部激励是一种满足感，是员工在工作场所因实现目标或完成任务而获得的一种自我价值感。外部激励：为表扬员工完成任务，企业给予奖金、对其升职等，能给员工带来满足感。与内部激励相比，外部激励是暂时的。如果这种激励不存在，员工将很快失去工作动力。

（3）精神与物质激励

精神激励是指无形的精神层面的激励，包括赋予员工权力，肯定员工绩效，为员工提供公平、公正、公开的晋升机会，采用多种弹性工作时间，结合每位员工的发展特点，创造适合其发展的职业道路。精神激励是企业管理者充分调动员工积极性、主动性和创造性的一种方式。物质激励是指通过给员工提供物质上的奖励，从而调动员工的积极性和创造性。物质激励包括奖金的发放、礼品的赠送等，通过满足物质需求的方式，激励员工提高工作效率。

3. 激励的过程

从整体上看，激励的过程比较统一，即需求—行为—满意。激励是以人的需求为出发点，并以满足需求为终点的两点间的连锁反应。需要是激励的源头，这种客观刺激作用于人的大脑引起个体缺乏某种东西的状态，从而产生动机，为满足某种需要而产生并维持某种行为，产生达到目的的驱动力。动机的产生依赖于两个条件：一是个体需要，二是外部诱因。

激励的过程十分复杂，组织对员工进行激励的前提是员工的需求，按照时期、组织的差异，员工的需求也会有所差异。因此，组织为了完全了解员工的不同需求，应该使用各种方法来调研，并针对需求的差异采取不同的激励方式，使激励更有成效。

4. 激励的意义

激励能够提升员工实现组织目标的自觉性。基于满足个人利益和需要，有效的激励可以为组织发展提供动力，可以激发员工的内在驱动性与自觉自愿性，使其对本职工作产生积极的感受，并转换为行为上的动力，为达到预定的目标而努力，并在此过程中实现自我目标和价值。

5. 激励机制

一个合理科学的管理模式能够让主体和客体之间具备更强的融合性，从而提高员工的工作效率，这就是激励机制。一个与企业员工息息相关的激励制度能够帮助企业实现经济发展的目标，激励机制的内容十分丰富，其中有反向激励、精神激励以及行为激励。对于企业员工的激励机制体系是十分庞大的，不仅包括最基础的薪资、绩效，而且包括企业为员工提供的晋升机会以及培训课程等。领导者管理过程中采取科学合理的评估手段能够大幅度提升员工的工作积极性，激发员工的潜在力量，使企业的发展稳中求进。

激励机制的作用体现在以下几个方面。一是激励能够更好地激发员工的内在潜能，使得员工拥有更高的工作激情以及做事的主观能动性。科学制定企业的激励制度，辅以物质激励和精神激励能够起到正向激励的作用，让员工的工作才能在其岗位上充分展示，由此提升企业的经济收益。二是不同的企业根据其经营项目的不同可以制定适合企业发展的激励模式，让员工在工作中不断提升自己的工作水平，从而优化企业人力资源结构。三是有利于构建一个科学的人力资源结构。一个科学的人力资源结构能够推动企业人才的培养与发展，能够减少优质人才的流失。当一家企业制定出一套科学且先进的激励机制的时候，该企业的人才结构就会呈现出稳定的态势。四是有利于不断提升企业的团队凝聚力。将物质激励和精神激励充分融合，针对不同的员工制定出不同的激励模式，不断提高员工的企业认同感以及归属感，使企业的凝聚力不断提升。五是有利于营造宽松向上的工作氛围。借助科学的激励机制，员工的热情能够得到显著的激发，与此同时员工还能够具备轻松、积极的工作心态，企业的内部环境也自然形成了积极向上的态势。总而言之，一个科学高效的激励制度，不仅能够让员工始终保持工作的热情，还能够使每一位员工的潜能得到充分挖掘，最终推动企业的发展。

（二）相关理论基础

相关的研究者们为了探寻引起人类产生各种行为的原动力，从人的需要与动力入手，提出了一套相对完善的激发学说。发展至今日，激励机制基础理论的研究也已产生了四大分类，从方法上进行划分可分为内容型激励理论、过程型激励理论、行为改造型激励理论和综合型激励理论，下面将对不同方法所涉及的理论进行详细介绍。

1. 内容型激励理论

内容型激励指的是因个人内在的激励因素而对其产生的一些影响，它的研究内容包括如何激发这些诱因，如何促使个人拥有这种需要，由此激发个人的主观能动性。其涉及的理论包括需求层次理论、双因素理论、ERG 理论（生存、相互关系、成长三核心需要理论的简称）、成就激励理论等，下面进行详细介绍。

（1）需求层次理论

内容型激励理论分析了对人们动机产生影响的不同因素，比较典型的理论是需求层次理论，其从五个方面划分了人的需求，各类需求总体呈现出一种阶梯状，只有充分满足了下级需求之后，才会索取更高级的需求。该理论认为人的需求共包括五个阶段，第一阶段为生理需要，主要是指人体生存的必要物质需要，如衣、食、住、行等，这是推动人们进步的原始动力。第二阶段为安全需要，主要包括人们对生命、财产、职业以及心理等方面安全的需求，这也是保障人生理和身体需求的重要内容。第三阶段为社交需要，是指个人参与社交、归属群体的需求，包括友谊、爱情以及接纳等内容。第四阶段为尊重需要，具体为两类，一类与内部尊重有关，如自尊、自信、自主和成就感；另一类与外部尊重有关，如地位、关注以及认可等情况。第五阶段为自我实现需要，该需求的层次最高，是指人为了实现理想所发挥的潜能。

马斯洛认为，人们的五大需求依次上升。当底层需求基本满足后，下一层级的需求将成为主导需要。低层需要是有限的，通常在该层的需求不会得到完全且彻底的满足，只要大体上得到了满足，它就不再有激励作用了。而高级需要则不一样，这种需求是不会轻易得到满足的，更不可能获得完全满足。但是，高级需要是可以决定人们行为的关键要素，只有在高级需要被满足后，才能产生更大、更稳定、更持久的力量。

（2）双因素理论

在 1959 年，赫茨伯格提出了双因素理论，该学者梳理了对员工行为产生影响的各类因素并进行分类，将其总结为激励因素、保健因素两类。

20 世纪 50 年代，赫兹伯格对 11 家工商行企业进行了调查，共对 200 名会计师和工程师进行了调查和访谈。在设计调查问卷时，设计了一些详细的问题，如"你对工作特别满意的一些事项是什么？特别不满意的事项是什么？"通过调查得知，让员工满意的因素以及不满意的因素差别极大。通常情况下，只有外部因素会导致员工不满意，这类因素即保健因素，具体包括公司的政策、工作条件、监督情况、人际关系等因素；让员工满意的因素多是激励因素，如员工的工作成绩、工作的挑战性、员工的晋升途径等。

从整体上看，员工不满意的外在因素是保健因素，其多是涉及工作环境，如公司的政策与行政管理、人际关系、工资水平、安全保障等。若这类因素一直存在，往往会导致员工出现不满意的情况，进而会影响工作效率，但是在该类因素得到满足时却无法起到激励作用，并不会给员工带来满意感。也就是说若保健因素得到满足，只会使得员工的不满程度下降，但是无法提高员工积极性。满意因素和不满意因素不是绝对的，激励因素和保健因素要结合企业经营的实际情况而定，避免出现两种因素相互转化的可能性。

激励因素会影响到员工的满意程度，该类因素多涉及员工自身情况，如个人发展前景、晋升途径、是否获得认可、工作成就等，这类因素是内在因素。要调动人的积极性，不仅要重视物质利益和工作条件等外部因素，还应该使用内部因素来调动人的积极性，只有这样才能起到更大的激励作用。激励因素的特点是能给员工带来积极影响，而缺失时却很少会给员工带来消极影响。吸引人才的关键因素在于个人发展前景、工作成就感与责任感等，企业要注重激励因素对留住人才的影响。

双因素理论完善与发展了之前的激励理论，被大多数学者认可并应用于员工激励管理中。双因素理论打破了传统观念中对于工作满意与不满意的认知，细化阐述了个体工作中积极或消极的影响因素，使得管理者在制定激励对策时更有针对性，为企业管理提供了有效的指导。双因素理论中激励因素和保健因素的出现打破了之前物质激励的单一模式，在人们的惯性思维中，不满意与满意是对立的，当不满意的因素消除时就会向满意转变，但双因素理论向人们传达了不同以往的观念，启发人们从多个角度寻找能够长期有效地激励员工的因素。

（3）ERG 理论

ERG 理论是美国耶鲁大学的教授克雷顿·奥尔德弗（Clayton　Alderfer）在马斯洛的需求层次理论基础上根据实际经验研究提出的一种需求理论，即生存（Existence）、关系（Relatedness）和成长（Growth）三个方面的需要。需求层次理论把人的需求为分五种，分别是生理、安全、社交、尊重和自我实现，这五个需要由低到高依次上升。而 ERG 理论对人的需求进行了重新划分，将其概括为三个需要。其中生存需要包含了马斯洛需求层次理论中的生理需求和部分安全需求，生存需要在 ERG 理论中是人最基本且必不可少的需要；关系需要包含了马斯洛需求层次理论中的部分安全需求、社交需求和外在尊重需求，指的是人对有意义的社会人际关系的需要；成长需要包含了马斯洛需求层次理论中的尊重需求和自我实现需求，指的是人对自己潜能的开发和自我成长的需要。ERG 理论对人们的需求进行了很好的总结和概括，三个需要涵盖了人们当前生存的需要、人际关系的需要和未来成长发展的需要。ERG 理论对于三个需要层次之间关系的理解，不同于马斯洛需求层次理论逐层上升的解释。

ERG 理论对三个需要层次之间关系的解释，主要包括以下三方面，一是需要并存。ERG 理论认为，这三个需要并没有严格按照从低到高的先后顺序发展，这是和马斯洛需求理论相比最大的不同点。ERG 理论中的各个需要层次间存在刚性结构，即使一个人的生存需要还没有得到充分的满足，他仍然可以有关系方面的需要，他也可能会有发展成长的需要，这三个需要可以同时存在并起作用。二是需要满足加强。ERG 理论认为，低层次的需要得到一定程度的满足后，人们对高层次需要的渴望会被激发，进而将更多的精力转入到该方面的需要追求上；但也有可能在低层次需要得到一定程度的满足后，其需要的程度不会降低，反而得到增加，从而变得更强烈。三是需要受挫回归。ERG 理论还认为如果正在追求的需要长期得不到满足，就会形成一种反向回归现象。从当前得不到满足的高层次需要转移到已经得到满足的低层次需要上，通过加深该需要的满足程度，作为替代补偿，从而达到整体满足感的提升。总的来说，ERG 理论的核心内容是对人内心需求不可测的总结，即使是对于生存需要的追求程度，也有可能比对成长的需求程度更弱，因此在人的需求上不应该进行排序，要侧重于对某项需要的需求程度进行研究。

对于企业而言，想对员工激励现状能够有一个更好的了解的前提是做好分析 ERG 理论内各层次的内容要素的工作；其次是设计不同的指数集，这些指数必须代表以前的研究结果的元素；最后是根据一组指标访问和检查企业的激励状态。

第一，员工生存（E）需要的内容要素。关于员工生存需要方面的激励，主要围绕薪酬待遇、保险津贴、弹性福利、劳动强度、办公环境、食宿行条件六个方面进行研究。因此可将上述满足员工生存需求的六个关键要素作为员工生存要素的指标集。

“薪资待遇”是企业成员生存需要的第一要素，员工若想获得满足个人和家庭基本生活需求的物质报酬，必须为企业创造出价值才可以。物质报酬包括基本工资、绩效工资、奖金及其他货币奖励。

员工生存需要的“保险津贴”具体指的是除基本的货币性报酬之外的其他非物质性报酬，如员工的养老保险、员工的医疗保险、员工的失业保险、员工的工伤保险、员工的生育保险，还有员工的住房公积金，简称五险一金。除此之外，还有各类津贴，津贴是工资的一种补充形式，旨在补偿员工在特殊情况下的工作消耗和特殊生活费用，如高温津贴、取暖补贴等。

员工生存所需的“弹性福利”是指企业确定对每个员工福利的投入，员工从所有福利清单中选择适合自己的福利，因此也称为菜单式福利。弹性福利的出现可以在很大程度上解决企业成本管理与员工满意度之间的矛盾。

员工生存需要方面的“劳动强度”指的是劳动的内含量或劳动的密度，劳动强度是一种较为抽象的概念，因每一个的主观感受而有所不同。人们常常基于主观感觉和工作量密度来理解劳动强度。

员工生存需要方面的“办公环境”包括人文环境和自然环境。人文环境包括文化、教育、人际关系和其他因素。自然环境包括办公场所、建筑设计、办公室的布局及其空间设计等因素。

员工生存需要方面的“食宿行条件”指的是用餐条件、住宿条件、上下班的出行条件。其中“食”指的是用餐条件，如就餐的地点、就餐的频次、食用的内容、用餐的便利程度以及用餐的相关费用；“宿”指的是员工的住宿条件，如是否配备相应的卫生间、热水间等；“行”指的是上下班的出行条件，如是否具有班车、公司所处的位置是否方便打车上下班等。

第二，员工关系需要（R）的内容要素。员工关系是指组织内人与人之间的关系，不仅限于员工与上级的关系，还包括上级与下属、平级同事之间以及公司与客户之间的关系。上述关系中的协作与配合会影响员工对组织的认同感和工作热情。ERG 理论所表达的关系需求实际上是尊重需求和社会需求的集合。关系需要动机实际上是情感动机，在相互关系需要的内容要素上，包含了组织氛围、企业文化、管理的民主性三个方面。

组织氛围不仅存在于人与人之间、部门与部门之间，还存在于公司和公司之间，如整个行业的氛围。在职场中组织氛围是可以影响每一个人的。同时每一个人的活动行为也推动着组织气氛的形成和变化。

企业文化是指一个企业在发展过程中所形成的具有本企业特色的物质形态和精神财富，是在实际的经营活动中发展形成得来的。企业文化具体包括企业的发展愿景、企业的价值观、企业所奉行的道德规范、企业所遵循的文化理念，其中企业文化的核心是企业的价值观。

管理的民主性质可称为民主管理，民主管理是相对于绝对服从和绝对权威的管理。即在“民主、公平、公开”的原则下，管理人员科学地运用管理思想，组织、协调各部门的行为，以实现企业最终的目标为宗旨。

第三，员工成长（G）需要的内容要素。ERG 理论中的成长需求是个人追求自我成长与发展的内在欲望。随着劳动力结构的持续更新与发展，我国的劳动力结构质量正逐步迈向更高的台阶。这些具备高素质和高学历的优秀人才，眼光比较长远，对于未来的发展有着清晰的规划，不再一味地将目光投射在眼前的工作上，更愿意实现自己的价值。依托于上述的原因，企业员工将专注于自身的职业生涯规划和员工教育培训，以满足自身的成长需求。

职业生涯规划是指个人的职业目标与组织目标是否一致，在对一个人职业生涯的主客观条件进行评价、调查、分析和总结的基础上，对自己的爱好、兴趣等能力进行评价，综合分析衡量自身特点，结合当前社会环境的发展特点，根据自身职业倾向，确定组织中每一个成员的最优职业方向，并且为了实现这个目标做出的合理有效规划。

员工教育培训是指组织为企业业务发展而进行的人才培养活动，即通过多种方式，有针对性地、有计划地对员工进行教育培训的管理活动。企业内部研发的培训课程、外部引进的公共课程和企业内部网站在线学习平台均为用于企业员工培训的常见形式。根据企业发展需求或岗位要求，采用多种方式对企业成员进行专门的岗位培训或专业技术培训。员工培训可分为企业员工技能培训和企业员工素质培训。

（4）成就激励理论

美国哈佛大学教授戴维·麦克利兰（David McClelland）致力于对人的需求和动机进行研究。他发现当人们的基本物质需求得到满足时，人们会向更高的需求层次出发，低层次的需求已经不能满足人们。除生存需求以外，麦克利兰发现还有其他的需求，包括权利需求、友谊需求和成就需求，由此成就激励理论被提出。权利需求体现出一种影响与控制性，体现了对权利的需求性。友谊需求是要与人建立友好亲密的关系，呈现的是人与社会以及人与社会中人的关系。成就需求体现出对成功和荣誉的追求，体现出需求的内在动力，针对自身的需求，形成激励作用，导致人对于自我价值和成功的追求。

麦克利兰认为，不同的人会有不同的需求体现，但是对这三种需求的程度大致类似。了解员工的需求和动机有利于合理地进行员工激励，因此对于不同需求的员工应采取不同的激励方式。此外，麦克利兰所提出的需求和动机是通过后天学习和激发所获得的，对于组织而言，要加强对员工需求动机的培养和提高，进而提高员工的工作效率。

2. 过程型激励理论

过程激励理论所分析的对象是个人从意识建立开始，再到最后实践的过程当中个人心态逐渐转化的过程。该理论的核心内容是探究到底什么动机才是对该行动起重要影响作用的，进而剖析关键动机和相应行动之间的相互作用联系，最终实现高效的管理和对个人行为的准确预测。过程型激励应用在公司管理工作中，也就是说，公司一定要在员工的动机与员工行动之间形成联系，才可以使员工做出其所想要的行动。过程型激励理论主要包括期望理论、公平理论、目标设置理论等，下面进行详细介绍。

（1）期望理论

20 世纪 60 年代，美国行为科学家弗鲁姆（Vroom）在《工作与激励》一书中率先提出了期望理论，该理论的观点是个体之所以进行诸多行为，主要原因是他有对行为的预期，而且可以达到他的某些需要，同时对于这种行为的实现就个人而言还是有把握为之的。由此可知，人类做出行为的动机主要依靠于个人和社会对这种行为后果价值的期待，因此，如果社会预期的后果价值超出了个人行为的价值，就应当采取行动，与之相反，就不应采取行动。通过对期望理论的实际应用，可以带动员工提升自己的工作效率，企业再结合员工的工作成果来回馈员工，最终使个人也在生产活动当中得到满足。

期望理论的实际应用对于企业目标设定具有重要的参考价值。首先，根据该理论应当将组织的目标设定成团体协作的目标，不能将组织目标定义为管理者主观想要达到的目标。其次，管理人员应当综合组织的自身条件合理评估目标难度。如果整个难度过低，则员工在工作中将缺乏动力。如果目标过高，则员工会觉得一定达不到，进而放弃，从而不会实现期望的激励效应。最后，只有当期望与实现目标的概率相结合，实现最终目的的概率才会最大化，使激励的效应呈倍数增加。

（2）公平理论

亚当斯的公平动机理论认为，要想获得激励，个人就需要意识到他们因贡献而获得的奖励是公平的，这些奖励与同龄人获得的回报相似。如果个人认为他们的奖励不公平，他们会感到痛苦，并试图改变事情以创造一种公平感。与自己的贡献感相比，个人得到的奖励水平会影响其动机。该理论考虑了平等和公平的概念，以及与他人进行比较的重要性。亚当斯理论的核心是，个人希望在输入和输出之间建立公平的关系。这意味着他们希望从工作中获得的好处（奖励）与他们提供的投入（贡献）相比似乎是公平的。同样，他们希望其他人从他们的工作中获得的奖励与他们自己因相同水平的贡献而获得的奖励相似。简而言之，亚当斯的公平理论认为，人们希望为他们所属的工作中的投入提供公平的补偿。在这种情况下，个人可能会保持动力。当情况不再如此时，个人可能不再有动力。

公平理论认为，组织中员工的奖励和贡献的公平性会影响其动机。从领导和管理的角度来看，这意味着应该在团队中创造公平感，以确保最佳的动机、参与度和绩效水平。有两种方法可以做到这一点，第一种方法是处理好贡献和奖励之间的实际关系，第二种方法是处理好人们对贡献和奖励之间关系的看法。

为了处理好贡献与奖励之间的实际关系，领导者和管理者应该努力工作，以确保他们在对待员工方面是公平的。他们应该避免喜欢将员工与基准进行比较，给个人平等的机会来展示自己的能力，并公平地分享与认可。他们还应该确保能够指出负面行为并解决这些问题，因为不这样做也会导致不公平感。

为了处理好人们对贡献和奖励之间关系的看法，领导者和管理者应该努力提高团队中每个成员的贡献透明度。当个人缺乏这种类型的信息时，他们经常会用没有帮助的猜测来填补这些信息的空白。为了克服这一点，领导者和管理者应该确保他们的团队尽可能地了解情况，此外，也应该努力营造一种公平的文化氛围，树立公平的价值观，并讲述与公平有关的故事。

（3）目标设置理论

1968 年，美国学者爱德温·洛克（Edwin Lock）提出了目标设置理论。该理论指出工作绩效以及激励水平都与目标设置有着密切的关系。根据目标设置理论，目标本身就具有激励作用，人对工作的意向是工作激励的主要原因。该模式提出，借助目标可以对人们起到刺激作用，从而提高员工工作的积极性，提升其工作绩效。与此同时，随着绩效水平的提升，还可以在一定程度上增强员工的自信心，从而推动其事业的发展，通过这种循环往复的方式能够推动人们的发展。在设置目标的时候，要按照以下几个原则来开展。

一是确保目标的具体性。从整体上看，和一般模糊的目标相比，具体目标可以更好地激发工作行为的积极性，从而提升工作绩效水平。

二是确保目标的难度适量。通过实践可以发现，和相对简单的目标相比，解决难度适量的目标获得的绩效会更多。但是，若目标的难度系数过高，此时其绩效反而低于相对简单的目标所产生的绩效。

三是要及时反馈目标的实现情况。借助反馈，不仅可以梳理工作过程，同时还可以了解其结果，它是确保工作没有偏离目标的必要条件，可以帮助员工认清已做的和目标之间的差距。

根据这个理论，如果员工可以参与到制定工作目标的过程中去，能够更好地提高员工的努力程度，创造出更好的业绩。在知识经济时代，知识型员工更加青睐于结合自己的实际情况设置发展目标。所以对于企业而言，其需要结合不同员工的具体情况，制定有针对性的目标，可以鼓励员工加入其中，不仅可以确保目标设定的合理性，同时还可以激发员工工作的积极性。

3. 行为改造型激励理论

上文中介绍的不同理论，都是基于员工个人心理以及其对外行为所造成的影响。而企业在采取不同行为之后的结果也会对个人的行为造成明显的影响。所以企业也可以试着考虑改变公司的整体环境来引导员工的个人心理。行为改造型激励理论认为，企业的行为实际上是由多个个人行为而形成的效果，反过来影响之后出现同一类个人行为效应。

（1）强化理论

强化理论最早是由美国心理学家斯金纳（Skinner）提出的，该理论提出了正加强与负加强的概念。正加强就是企业应当考虑利用奖励措施来不断鼓励员工做对企业有利的事，持续提升员工对企业的贡献率；负加强就是利用惩罚制度禁止员工对企业做出不利的事，并且发挥长期持久效应。

强化理论的主要论点包括三方面。首先，强化方法的采取要及时。主要指的是公司向员工表达自身是支持还是反对的一种态度，以便于公司有效地指导和制约公司员工行动，并促进员工向公司所要求的方向前行，所以加强手法的施行应该紧随于职员行动后面。其次，在员工日常工作以及活动中建立明确的奖惩制度。企业制定目标时务必尽可能地使所有员工加入其中，由此在保证了难度适中性的同时，也在另一个角度上建立起了合理的激励制度，使员工更加了解自身对企业的贡献，但是如果目标设定过高，企业也会有一定的提升，即使目标不能实现，公司仍需要首先肯定员工在行为当中的正确之处，再对行为当中的不合理之处加以限制，最终使得管理效果扩大化。最后，行为改造正向强化效应高于负面强化效应，但由于负面强化效应不易持续，在加强时企业应该考虑将多种强化方法有机地结合。

（2）归因理论

强化理论是指为了得到理想行动的成功结果，对企业内部一些好的现象予以肯定，并采取实际行动进行激励，对企业当中不好的地方加大管控力度。但是，从实际的效果来看，激励理论对员工个人的激励效果一般，从企业的整体效果来讲，其可能会招致很多员工的不满。对于员工来说，一旦犯了错误便会受到惩罚，只有他们积极总结错误的原因，才能避免受到惩罚。

归因理论主要涉及两个领域的研究：一是人们如何交代自己或者别人的作为，即归因认知理论；二是如此归因怎样牵连人们紧接着的情感处理、出发点和行动，即归因效果理论。这两种思路引导学者们丰富和补充对归因理论的理解，当然，对归因认知的探讨仅为研究的出发点，最终肯定得落脚于归因效果方面。下面就归因方面研究具有里程碑性质的理论加以总结。

①海德的朴素归因理论。美国心理学家海德（Heider）认为，归因决定了人们对周围环境的理解和反应。人们对社会进行正确认知的一个重要途径是根据各种现象对已经发生的行为或事件进行解释，这就是最原始的归因。进行因果关系分析在某种程度上能够预测一个人的改变或进行某种行为的可能性；如果对现状不满，产生对事件的发展期望，需要找出现状产生的原因，这样才能更好地针对现状调整行为，由此可见，归因分析还在一定程度上体现个人的行动目标；同时归因分析还会影响个体对事物和人的评价和情绪。因此，海德将可能性、期望、目的以及情绪等列为归因的维度，这些维度也是人们对社会环境进行直接体验的基本组成部分。

对于科学而言，原因和行为都是一种现象，因果分析只是在描述现象与现象之间的必然联系；对于哲学来说，归因分析因果的客观性、普遍性、因果关系的交换与因果的辩证统一。海德认为，归因可分为两类：一类是对于人的具体行为与期望发生结果的意向性归因，这种归因通常带有一定的目的性，是个体希望在某方面进行改变而针对具体行为进行的个人倾向归因分析，把个人行为的原因归结为自身的特色；另外一类则是所有其他领域的情境归因，这种归因通常无关目的，只是分析某个事件发生的原因对结果产生的效果影响，把个人行为的根本原因归为外部影响，如环境条件、社会舆论、企业的设备、作业使命、气候的变化等。

②琼斯的对应推理理论。美国心理学家琼斯（Jones）和戴维斯（Davis）于1965年在海德的朴素归因理论的基础上结合对现象性因果关系的分析以及特定行为的因果归因的决定因素和结果进行进一步探索，提出了对应推理理论。

这个理论完整地解释了归因者试图通过一个特定行为达成一种目的的推论。在达到这个目的的过程中，他们将行为视为发生在特定的情境语境中，而情境语境在很大程度上定义了行为对归因者的意义。“对应”指的是行为和潜在的特征或属性通过推理相似描述的程度。行为反映了人在某种程度上的个人选择（典型的是在可选择的行动路线之间），并对环境或行为人自身产生一种或多种影响。这种影响是由于行动而产生的，它们是由行动引起的对原有状况的可区别对待的变化。一种行为通常会产生多种影响，因此在对二者选其一时，是在两个多效应集群之间进行选择。在归因者考虑行为的多重效果时，他们通常会假设一些效果来判断产生行为的意图。对应推理理论将人的行为与行为后的影响之间的对应关系进行关联，行为和行为信息的获得与推论的准确性成正比。一个行为越是异乎寻常，则观察者对其原因推论的对应性就越大。

③凯利的三维归因理论。美国心理学家哈罗德·凯利（Harold Kelley）于1967年刊登的著作中提出对归因历程的理解——个体对目标、倾向和内在特质的归因，同时采取模型来立体化地描绘此历程，此为三维归因理论。

这其实是在海德的研究基础上对该理论进行的补充和完善，凯利指出，归因表示凭个人感知推断某种情境下事件的本质及缘由的历程，其中包含当事方对自己或他人行动动机的猜测，此种由外界事件引出原因的心路历程会潜移默化地影响个体后续行为，这能够看作事件与行为夹着的介入过程。他还把归因现象加以分类：多线索归因是在屡次接触类似行径与事例的基础上产生的，单线索归因则是仅由单次考察判断后得出的。他主张，对于举止行为的归因基本围绕三个方面的要素：行动者自身；客观刺激物，包括当事人认知里的所有事物；所处关系或情境，也就是行动发生的场合。更进一步讲，只有行动者自身隶属于向内归因，是从当事方内部存在的特性出发来讨论的，另外两方面的因素均隶属于向外归因，是从当事人接触的多元环境出发来讨论的。至于出现的行为举止应该归于以上三方面中的哪一个，则主要由特异性、一贯性和共同性这三种特性来决定，特异性代表与不同对象互动后产生的反应是不是相同；一贯性代表在不同空间、时间产生的行为是不是相同；共同性代表个人行为和他人行为是不是相同。人们会通过思索这三种与行为相关的因素来进行协变信息评估。例如，上市公司盈余的管理行为动机往往就是以此为基础进行探讨的。此三类特性为归因提供了所需根基，对它们进行变换搭配可以给归因找到独特的方向。

④韦纳的成败归因理论。美国心理学家韦纳（Weiner）在对归因理论的研究中结合了现代心理学的动机理论，动机在归因的过程中本身就具有一定的影响力，研究动机能够有效地预测事件的发展倾向，也能够更好地了解归因者本身对行为所需要达到的期望效果。

韦纳最先对成功和失败的原因进行研究，他结合动机认知模式的一般规律提出了一个成就动机归因模型。这个模型基于成功和失败原因的信念在先前生理刺激及刺激后产生的成就行为之间发挥着中介作用。动机的归因模型中被假设使用四种归因元素：能力、努力、任务难度以及运气，这些因素根据原因的来源被分为人的品质（内部原因）与人的外部属性（环境因素），同时又可以根据稳定性与控制性进行分类，最终韦纳提出的因果维度分类方案如表6-1所示。

表 6-1　韦纳提出的因果维度分类方案

原因源		内部		外部	
稳定性		稳定	不稳定	稳定	不稳定
可控性	可控	持久努力	临时努力	教学质量	他人帮助
	不可控	能力	心境	任务难度	运气

随后，韦纳在归因理论中继续研究成就动机和情绪，提出了一种因果关系起关键作用的动机与情感理论。成功和失败的归因有来源、稳定性以及可控性三个共同的属性，意向性和整体性则是其他可能的归因结构，以上三个维度的因果关系会对各种情绪体验产生影响，包括愤怒、感激、内疚、绝望、怜悯、骄傲和羞愧。预期和情感被假定为指导动机行为，将思维结构与感觉和行动的动力联系起来，研究在因果思维结构中情绪与动机以及行为之间的关系。

在韦纳提出认知—情绪过程后，他继续提出了关于动机和情绪的归因理论，并且提出了动机行为序列，揭示了由个体解释积极（目标实现）或消极（目标未实现）的结果发起的动机序列，包含了结果和反应之间的联系：高兴与成功，沮丧或悲伤与失败；然后进行原因索引，以确定结果发生的具体因素，接着进行归因，由归因再引发情感反应，而后分析原因所在的维度，判断可能产生的与预期和感情（目标实现的价值）相关的心理后果，再转向情感后果，引发不同情绪的产生，最后预期和影响被确定，再影响具体的行为行动。这个行为序列进一步支持了经验关系的确定性，为归因理论的构建奠定了强有力的基础。

4. 综合型激励理论

综合型激励理论是通过集中前人的多种理论，对不同的理论进行总结，同时还考虑人自身与外部的刺激制约等各种因素，最终汇总成一种综合理论学说。该理论结合了个人的行为、思想和实践活动，对这些因素予以全面科学的阐释。目前有代表意义的综合型激励理论包括波特—劳勒综合型激励模型、激发动力模型和 VIE 理论。

（1）波特—劳勒综合型激励模型

1968 年美国心理学家、管理学家波特（Bortor）和劳勒（Lawler）在《管理态度与成绩》中提出了一种建立在期望理论和公平理论、强化理论的基础上，以工作绩效为核心的综合激励模型——波特 - 劳勒综合激励模型，该模型研究了激励对个人努力的影响。

该模型主要有四个变量，分别是员工的满足感、员工的工作绩效、组织的内外奖酬、员工的努力程度。其中，员工的工作绩效会受到员工的努力程度的影响，组织的内外奖酬会受到员工的工作绩效的影响，员工的满足感会受到组织的内外奖酬的影响，由此可知，四个变量之间为一个循环。

在模型中的四段转化关系介绍如下。

①“努力→绩效”。员工的努力程度取决于奖酬效价和个体对奖酬的期望值，包括能力素质、工作条件、角色感知等多种因素。

②“绩效→奖酬”。奖酬要以绩效为前提，包括外在奖酬和个体自身的内在奖酬。

③“奖酬→满意”。员工在得到奖励后是否会产生满足感，取决于受激励者认为报酬是否公平。

④“满意→努力”。员工对组织激励的满足感将影响未来的工作，如果他们感到满足，会使他们倍加努力，如果感到不满足，他们会降低劳动效率甚至产生负面情绪。

（2）激发动力模型

多伦多大学组织行为学教授罗伯特·豪斯（Robert House）提出的激发动力模型是根据其对激励保健理论和激发原理等进行研究得出的结果，是一种多元素整合模式，该模式之中激励力量由目标激发、结果激发和内部激发三种因素相加而成，而该模式的主要作用就是对目标内在的动机和外界干扰进行了高强度的整合，整合结果实现了模型化。

（3）VIE 理论

VIE 理论中，V 代表价值 Value，I 代表激励举措 Instrument，E 代表期望值 Expectancy。该理论研究的重点是把期望值的基础理论研究成果和目标选择基础理论研究相融合，同时又将相关指标基础理论研究成果由以前的定性分析转换为定量分析，这当中的激励公式是将奖励与期望值和效益做乘法，只要功绩、奖励手段、期望值三者中的任意一种为 0，那么激励机制的有效性也将为 0，激励机制就没有了有效性。

（三）常用的激励策略

通过研究国内外员工激励因素及激励措施的相关文献，可以发现，员工激励是个动态调整的过程，激励策略的选择是与时代背景和企业特点紧密结合的，对于不同企业、不同性质的员工采用的激励策略有所不同。通过借鉴文献资料中学者们研究的激励策略框架和员工激励因素，可以梳理出针对企业员工的常用的激励策略，具体包括以下几方面。

1. 薪酬福利激励

工资报酬是员工工作的基础性要求，它不仅是决定员工是否选择这家企业的关键因素，还是企业提高员工工作积极性的重要手段。企业通过制定合理的薪酬体系，能够有效吸引和留住员工。

薪酬福利的激励包括员工工资、奖金、员工福利等货币性报酬和非货币性报酬。薪酬福利的激励是企业日常经营管理中经常用的激励措施，从企业的长期发展角度来看，实行科学合理、公平公正的薪酬制度，可以提高企业员工的工作积极性，提升企业在市场中的竞争力，对于推动企业长期健康发展具有重要意义。

2. 绩效考核激励

在企业管理中，通常运用绩效考核来界定个人对组织所做成绩的大小，从而激励优秀、助力优化。绩效考核的核心是建立科学合理的绩效考核指标，通过制定相应的规范措施对员工的行为进行积极引导，在提高员工工作积极性的基础上，增加员工出现利于组织绩效目标实现的行为次数，减少员工出现不利于组织绩效目标实现的行为次数，从而提高企业内部凝聚力和综合实力，实现企业战略发展。

3. 员工职业发展激励

企业为员工提供有效的教育、培训、晋升等个人职业发展机会，帮助员工满足实现个人成长的职业需要，同时，可以提高组织内员工的整体素质和组织综合实力。当前，员工职业发展方面最为普遍的激励方式是培训、晋升以及个人职业规划等。员工职业发展方面的激励，对于员工本身和企业管理者来说都具有重大意义。对员工个人来说，一是可以通过岗位技能的提升，帮助个人调高工资收入；二是通过职业发展规划，让员工充分了解自己在企业的发展路径，明确个人的努力方向；三是通过企业提供的发展机会，提升自己的能力，赢得同事和上级的尊重。对于企业管理者而言，一方面，清晰的员工职业发展规划可以帮助企业吸引和留住高质量人才；另一方面，对员工开展教育培训，可以促进员工提升自身能力水平，帮助企业提高人才竞争力。

4. 工作环境激励

关于工作环境，从广义上说，是与工作有关的硬件环境和软环境，如工作氛围、工作制度以及团队协作关系等；狭义上说是人们工作地周围的硬件环境，如办公室面积、硬件设施、卫生条件等。对于企业组织而言，良好的工作环境不仅可以吸引员工，提高员工工作热情，还可以提高组织绩效水平，保证工作质量。

对于员工而言，柔性的工作制度、良好的工作氛围能增强员工的归属感，提高员工的满意度。因此，良好的工作环境是一种有效的激励手段。

5. 企业人文关怀激励

人文关怀是指组织领导者对下属的生活状况以及心理状态的关怀。人文关怀不让员工可以在企业安心工作、创造效益，与员工个人良好的生活状态、积极的心理状态是分不开的。在现代企业管理中，对员工进行人文关怀被很多公司视为企业的软文化。对员工的人文关怀可以让员工充分感受到组织的温暖，提高员工的忠诚度，同时，对于提高组织的凝聚力和竞争力有很大的推动作用。

二、会计行为激励机制分析

规范约束和激励是对立统一的。要优化会计行为，除了进行规范约束，还必须有激励机制。

（一）激励设计的基本原理

根据弗鲁姆（Vroom）的期望理论可知，激励 = 效用 × 期望值。效用是指行为人对所从事行为的预期后果的主观估价，效用值越高，则等量行为产生的激励力量越大；期望值是指行为人对某一行为后果可实现程度的概率估计，可实现程度越大，则激励效力越强。这一理论启示人们会计行为激励机制设计的几种可能思路。

第一，在承认会计人员既定的效用函数的前提下，按照激励相容原理，改变会计人员可选行动的后果，使其基于满足自身效用最大化目标进行行为选择的结果也符合企业或社会的利益。例如，对高级会计人员实行股票期权计划、报酬与企业绩效挂钩等。

第二，通过劝说或潜移默化的影响，改变会计人员的行为观念从而改变他的效用函数，使他改变对各种可选行动可能后果的评价，或使他的效用函数与企业或社会的效用函数趋于一致。例如，通过宣传教育让会计人员树立“操纵利润是一种可耻的行为”与“利润操纵是一种非凡的会计专长的证明”所产生的激励方向和效果显然大不一样。

第三，在激励的措施、方法已经确立的情况下，尽可能肯定、明确地予以贯彻执行，并通过适当的环境条件暗示这种肯定性，从而提高行为人对未来行为后果的估计概率，进而提高既有措施的激励效力。例如，某一企业的会计人员根据既往经验认为努力工作被上司发现并得到奖励和升迁的机会是百分之百时，则这一激励措施对其就有更大的推动力。

（二）主要的激励手段

针对会计职业行为的特性，主要的激励手段包括以下四方面。

1．薪酬激励机制

完整地看，这一机制包含如下内容：公平合理的工资制度、以才能为标准的晋升制度、合理的利润分享制度以及福利制度。这些薪酬制度的设计是其关键，它包括以下几方面的内容。

第一，效率优先，兼顾公平。即应当视岗位的重要程度和职业贡献的大小来设定薪酬水平，同时应考虑同质劳动下薪酬的公平性，以防止组织内部出现团队分裂。

第二，固定收入与风险收入相结合，防止因全部薪酬的“刚性”支付而失去激励的作用。

第三，风险收入部分应与企业的绩效挂钩，特别是长期绩效，防止管理者为提高业绩工资而采取虚增利润等短期行为。

第四，完善薪酬体系，实施保障体系，具体来讲，应从以下三个方面着手推进。

一是优化薪酬体系实施的组织保障。在当前的人员范围基础上，补齐专业知识的短板，通过业务外包或者专项培训，提升当前薪酬管理委员会成员的专业技能水平。委员会成员要全面：由公司高层领导牵头，各职能部门具体参与，人力部门负责制订计划和具体实施。确保人员职责和工作能力能保障各项职能顺利开展。实施薪酬制度对策时，必须保证薪酬管理人员充分跟进改革事项，保证薪酬制度的平稳实施。特殊时期可以适当增加薪酬部门工作人员数量，以便在工作开展之时及时应对出现的各种突发状况。在薪酬改革正式开始之前，完成关于新制度、新工资计算方式、薪酬岗位要素权重等内容的宣传、培训以及引导，让会计岗位员工充分了解薪酬体系改进的相关内容。做好充分的沟通工作，营造出良好的薪酬体系改革氛围，并将各阶段体系推进工作的完整度作为体系推进评估依据。建议对改革后的薪酬体系进行试运行，并将试运行的结果与目前的工资结果进行对比，对工资有增幅的人员进行鼓励，对工资有降幅的人员做好辅导工作，帮助其分析各方面的不足和明确需要改进的方向，以便形成蒸蒸日上的工作态势和形成良性的薪资管理循环。

二是优化薪酬体系实施的制度保障。建立健全公司的各项规章制度，企业只有拥有了规范统一的规章制度，才能保证组织内部的各项工作有序开展，使公司的各项职能有据可依。薪酬改革应当健全岗位评价制度、薪酬调查制度、奖励性薪酬考核实施的办法、业绩辅导的办法、员工晋升管理办法、薪资调整管理办法、薪酬预算管理办法等。这些配套办法的出台必须统一规划，经过充分的调研论证，使文件横向之间相互印证、互不冲突，纵向与企业战略发展形成动态的统一关系。健全各项规章制度能推动企业薪酬体系改革顺利完成，在制度制定过程中，各部门要及时反馈规章制度的实际可行性，同时注意国家和地方的法规底线，确保规章制度合理、合规、合法。

三是优化薪酬体系实施方案的监督机制保障。薪酬体系的改革涉及的部门众多，薪酬待遇问题的敏感性很强，人员涉及面广，工作复杂性高，如果没有强有力的监督部门，工作开展会出现不规范地情况进而造成不公平的现象，薪酬体系改革也会变成某些人的利益工具，这将造成不可挽回的失败。为了薪酬体系实施工作公平公正地执行，必须建立起规范高效的监督机制，以免改革中出现大的纰漏。建立员工申诉机制，让会计岗位员工通过合理、合法的途径反馈问题、解决问题，对薪酬体系执行中反馈的问题，应高度重视，限定薪酬管理部门及时解决问题并反馈，可将此类问题解决的及时性作为人事部门绩效考核的重要指标，促进薪酬方案的顺利实施。

2. 人才市场竞争激励机制

建立公开、统一的会计人才市场，规定所有从业会计人员均应从市场上聘用，并且保持较高的流动性。同时增强从业资格管理，制定切实可行的会计人才评价、考核机制，提高市场“准入”条件；实行资格年审制度，规定累计不良记录达数次以上者，则暂时吊销从业资格，或成为永久性的“市场禁入者”。这一机制的引入不仅有利于提高会计从业队伍的素质，在竞争中实现“优胜劣汰”，而且将增强在业者的职业风险意识。由于存在一个高度流动的、随时可能被接替的外部人才竞争市场，无疑将促使他们珍视自己的从业机会，更加努力地工作。

3. 工作环境激励机制

良好的企业文化氛围，高度合作的团队精神，和谐、融洽的上下级关系，宽松愉悦的工作环境等，构成会计行为的有效激励手段。

（1）营造良好的企业文化氛围

企业文化和企业核心价值观是公司形象和竞争力的一个重要方面，实施文化激励不仅可以提升公司的外部形象，还可以加强会计岗位员工对公司的认同感。

首先，在建立文化激励机制时，要考虑到会计岗位员工的内在需求，将公司的发展愿景与员工的个人目标联系起来，使员工认同企业文化和核心价值观，产生归属感和责任感，从而增强其主观能动性，自觉为公司创造附加值。

其次，企业文化和价值观应该是积极向上的，并根据企业文化和价值观制定会计岗位员工的行为准则和道德规范，使员工的行为符合企业的文化理念和价值观，实现个人价值和企业价值的统一。

最后，管理层应带领公司打造一个积极向上、具有感染力的组织团队，用领导风格和魅力感染会计岗位员工，让他们感受到来自高层的影响力，同时要加强上下级沟通，充分考虑会计岗位员工的想法和建议。公司的团结可以增强员工的认同级感和归属感，使员工意识到自己身处企业的重要作用。

（2）丰富活动形式

除了物质福利，管理者在增加福利项目时也要侧重于精神福利，可以根据会计岗位员工的需求丰富活动形式，为员工提供增进感情的机会。通过举办活动可缓解会计岗位员工的工作压力，增进彼此的友谊，增强会计岗位员工的凝聚力。例如，为不同地域的员工定制地方特色美食，以满足员工的差异化需求，而不给公司带来过多的成本。例如，为员工提供下午茶，为新员工提供租金补贴，多搞部门团建，如举行年度旅游，每年集体旅游一次，减轻员工的工作压力；组建如游泳、登山、骑行、书法、绘画、音乐、舞蹈等各类兴趣小组，鼓励员工积极报名参加，并给予适当的经费补助，在工作之余组织员工开展各项活动，在轻松的氛围中将员工凝聚在一起，增强员工的团队归属感；再如实行灵活的考勤制度，在规定的上班时间基础上给予 0.5～1 小时的弹性选择，对于需要接送孩子的员工来说弹性上班时间能体现公司的人文关怀。

4. 职业发展激励机制

企业要了解会计岗位员工的个人发展需求，为员工制订个人发展计划，改进员工晋升制度，确保员工的成长发展。

（1）了解会计岗位员工的个人发展需求

大多数企业中员工的能力和学历都是各不相同的，因此公司需要分析各个季度的会计岗位员工需求调查报告，了解会计岗位员工在不同阶段的成长需求。在调查会计岗位员工的发展需求时，可以选择正式沟通和非正式沟通相结合的形式。领导和员工的正式沟通可以让员工感受到公司的重视，增强员工的归属感；而日常非正式的沟通让领导有机会与员工进行面对面的交流，增进领导与员工的感情，会更好地满足会计岗位员工的个人发展需求。

（2）为会计岗位员工制订个人发展计划

了解会计岗位员工的个人发展需求后，人力资源部门可以协助会计岗位员工针对公司的发展情况和会计岗位员工的个人情况制定个人发展规划。人力资源部门需要分析会计岗位员工的职业技能、综合素质和个人专长。部分员工缺少个人认知，对公司发展现状不了解，这些因素的存在会给员工带来困扰，人力资源部门通过与会计岗位员工进行沟通，帮助员工解决这些困扰，帮助员工了解公司情况和员工自身的优劣势，然后为员工制定一个可行的发展规划。会计岗位员工的个人成长需求要与公司的发展计划相结合，员工的个人发展计划要制定统一的目标方向。只有实现公司和员工的双赢，员工的积极性才能得到保持，取得的效果才能更好。

(3) 改进会计岗位员工晋升制度

企业应在各个层面建立晋升渠道，制定严格的晋升条件。根据各个岗位的特点和工作类型、工作强度和难度，制定相应的晋升条件，如学历要求、技能和经验要求等。晋升条件应予以公布，满足晋升条件的会计岗位员工在晋升时应公示一周，并对其进行严格考核。考核要与工作人员的平时表现相结合，同时要对表现进行科学评价。此外，可以实施跨部门的交叉晋升，严格考核晋升人员，规定试用期限，如果在期限内不能胜任的话，要对其进行降级处理。此外，应该对会计岗位员工进行适当的轮岗，以增强他们在不同岗位上的创造能力，同时挖掘会计岗位员工的潜力，为会计岗位员工找到最适合自己的工作岗位。只有晋升渠道合理、合法、公正，会计岗位员工的晋升机会平等，才能使有才干的员工脱颖而出，实现员工的最大价值。

第四节 会计职业道德规范理论

一、职业道德的相关概念

（一）职业

《辞海》（第七版）中对“职业”一词有两个方面的解释：一方面是人们所从事的，赖以谋生的工作的性质、内容和方式；另一方面是依据人们参加社会劳动的性质和形式而划分的社会劳动集团。职业对于个人而言，具有维持生活、参与社会活动、发挥才能的作用；对于社会而言，具有实现社会控制、维持社会运转、为社会创造财富的功能。

《中华法学大辞典·劳动法学卷》中指出“职业”是劳动者为了获得维持本人及家庭生活需要的费用，通过劳动发挥个人才能并为社会做贡献工作，具有经济性、稳定性、技术性、伦理性和社会性等特征。

亦有研究者指出：职业是人们生活方式、行为方式以及思想情操、文化和经济水平的综合反映，也是个体责任、权利与义务的统一体。

可见，职业是个人在社会场所中进行的一种双向获益的连续活动或工作，既是人们赖以谋生、发挥才能、实现自我的场所，也是人们在社会群体中实现价值与尽到责任或义务的一种生活方式或行为方式。

（二）道德

在中国，东汉时期著名的经学家、文字学家许慎在《说文解字·卷二》中，对“道”和“德”二字做了解读。“道，所行道也，从辵从首”，具体指人们日常行走的道路，后人将其引申为具有哲学意味的“道”，为新事物的运动发展提供了规律或法则。“德者得也”，意为按照道德规范行事，而心有所得。战国末期思想家荀子在《荀子·劝学篇》中说：“故学至乎礼而止矣。夫是之谓道德之极。”荀子认为如果所有人都能以“礼”的规范来要求自我，则众人都可以达到做人的最高标准。1915 年启动编纂的汉语工具书《辞海》给“道德”二字下了具体的定义：道德是依靠社会舆论和人的内心信念来维持的，是调整人们之间相互关系的行为规范的总和。它以善与恶、正义与非正义、诚实与虚伪等道德概念来评价和调节人们的行为。

在西方，“道德”（Morality）一词起源于拉丁语“Mores”，原意为风俗、习惯。在西方人眼里，每个人都是生而独立的自由个体，个人的自由、尊严神圣不可侵犯。在此影响下，西方的道德观念更加强调个体独立。在此基础上，德国哲学家康德（Kant）将自由区分为积极自由与消极自由，两者的本质区别在于理性者是否具有约束并规范自身行为的自律意志，拥有自律意志的个体在自我立法而又自我遵从的过程中践行道德。

与上述观点不同的是，马克思主义理论认为，道德是建立在一定经济基础之上的意识形态，是指一定社会以善恶评价方式、依靠内心信念和传统习惯以及社会舆论来调节人们之间以及个体与社会之间关系的行为规范。人们自觉地或不自觉地，总是从他们阶级地位所依据的经济关系中汲取自己的道德观念。它区别于法律、政治等一般的社会关系，是一种人与人之间的社会伦理关系。人总是处于一定社会关系中的人，在所有的社会关系中，经济关系是最具有决定意义的。

从上述内容中不难看出，道德作为一种社会意识形态，是一种社会学概念，指的是在一定的社会或阶级中，人们在生产生活中各种行为的标准和规则，可以通过外在舆论或内在的压力，对人们的社会生活起到一定的指导和规范作用。每个个体都成长于不同的环境之中，必然会造成每个人的人生观、世界观、价值观以及处事的方式皆不相同，在这种情况下，不可避免地会发生一些纠纷和矛盾。为了维护社会的长治久安，就需要道德来规范个人的行为。

无论古今中外，虽然哲人和思想家们对于道德的具体释义各有不同，但都会将道德视为社会关系的基石，是一个国家或民族的立国之本和个人的立身之道，而且他们希望世人都应具备拥有高尚情操和品德的愿望，也是大同小异、一脉相承的。

（三）职业道德

职业道德指的是在一定经济关系中，从事各种不同职业的人们在其特定的职业活动中，所应遵循的行为规范的总和。职业道德概念的确立，离不开职业活动实践。职业活动是指人们参与社会分工时，长期地用专业技能、时间、体力、知识或精神财富等获取薪酬，满足生活需求的社会活动。而职业道德则指的是从事特定职业的从业人员在其岗位上开展特定职业活动实践时，应当遵守的特定道德规范。可以说，职业道德是“道德”在职业活动中的具体表现。

具体而言，从业者具有良好的职业素养，不仅可以满足个人职业发展需要，也能促进其所在行业的良性发展。基于此，从业者不仅要具备专业技能和相应的知识储备，也必须增强自己的职业道德意识，树立正确的职业价值观念，只有这样，才能适应社会的快速发展。职业道德是道德从不同领域的角度所细化出的概念，其约束对象主要是在某一行业从事相关工作的人员，它能指导从业者在工作中该做什么、不该做什么。由于职业道德反映的是特定职业从业人员在开展职业实践过程中的道德要求，这些要求在职业的长期发展中也随着职业经验和传统得到了延续。而且不同职业的道德也各有不同。因此，职业道德不仅具有维系职业实践活动和调整从业者之间关系的一般作用，而且具有明显的职业性、实践性、继承性和多样性的特征。

在现实社会中还可以看到，如果一个行业的社会声誉高，那么选择从事这一行业的年轻人会越来越多，其中的优秀人才将会推动这一行业不断发展进步。反之，倘若一个行业的社会声誉低，选择从事这一行业的年轻人则会越来越少，缺少人才支撑的行业也会逐渐没落。而行业的社会声誉往往是由其从业人员的职业道德水平的高低决定的。可见，职业道德水平的高低，可以直接决定很多特定职业的发展前景。

二、会计职业道德规范的主要内容

会计是个枯燥且充满风险的职业，在从业过程中，必须严格遵守职业道德规范。会计职业道德规范是调节会计职业以及会计人员在会计职业生活中相互关系的行为规范的总和，主要表现为在既定条件下社会向会计人员提出的应该怎样做和不应该怎样做的各种要求。具体来讲，会计职业道德规范的主要内容可以概括为以下八个方面。

（一）爱岗敬业

爱岗敬业的基本要求：正确认识会计职业，树立爱岗敬业的精神；热爱会计工作，重视会计职业；安心工作，任劳任怨；严肃认真，一丝不苟；忠于职守，尽职尽责。

爱岗敬业是会计职业道德规范的首要前提。“爱岗”通常不单独出现，常常与“敬业”一词相伴而行，爱岗是指能够在其位谋其职；敬业是指对工作的认真态度，爱岗是敬业的前提，敬业是爱岗的外显，二者并行不悖。著名教育家黄炎培的职业道德思想中指出了“敬业乐群”，是指“对所习之职业具是好心，所在之事业具责任心，具优美和乐之情操及共同协作之精神”。马克思曾指出：“在科学上没有平坦的大道，只有不畏劳苦沿着陡峭山路攀登的人，才有希望达到光辉的顶点。”他用一生在“人类的解放”这一职业中不懈奋斗，深刻诠释了爱岗敬业的内涵。会计从业人员的爱岗敬业素养则是其职业道德素养的基础，只有真正热爱会计这份职业，有从事本职业的主观愿望，才能够全身心投入职业工作中，尽职尽责、脚踏实地地完成工作，避免偷懒、逃避责任的错误心理，通过建立爱岗敬业精神来约束自身行为。

（二）诚实守信

诚实守信的基本要求：做老实人，说老实话，办老实事，不搞虚假；保密守信，不为利益所诱惑；执业谨慎，信誉至上。

唯诚可破天下之伪，唯实可破天下之虚，信誉是财务工作者的金字招牌，诚实守信是会计职业道德规范的精髓。诚信在我国传统文化中有着重要地位，诚信通常被理解为诚实守信。古往今来诚信被视为人的安身之本，诚实即忠诚老实，忠于事物本质，以诚待人待己，不撒谎、不背叛，不因私利欺骗他人；守信即信守承诺，度人以信，相信自己和他人，忠于承担自己的义务。马克思在《资本论》中论述了诚信在职业行为中的重要性，对商业领域的信贷问题、政治领域的政治忠诚以及文化领域的教育诚信均做出了阐述。党的十八大以来，以习近平同志为核心的党中央纵深推动社会范畴内的征信体系建设，深化我国社会主义经济体制改革，将信用建设列为打造综合治理体系现代化的重点工程。针对诚信问题国家高度重视，会计从业人员的诚实守信素养问题也是不容忽视的，在生活、工作中都应践行诚实守信、真诚待人的道德准则，保持良好的信用。爱岗与诚信是各行业从业人员所应具备的基础职业道德素养，会计从业人员也不例外，爱岗诚信的职业道德素养是进行一切工作的前提。

随着经济的飞速发展，极个别单位出于获取私利，利用财务人员制造虚假的会计信息，使得会计信息失真的现象逐渐成为国内外关注的热点问题。因此，诚实守信要求会计人员谨言慎行，时刻保持谨慎。而要想保持职业谨慎就应该保持相应的职业怀疑，合理的职业怀疑能够使审计人员谨慎思考可能存在重大错报的情形而不是盲目相信被审计单位。这里的职业怀疑是指审计人员执行审计业务的一种状态，具体的表现是，在执行审计流程时采取随时质疑的思维和态度，对任何可能存在重大错报风险的可疑迹象都保持警觉，谨慎地判断审计证据的相关性和可靠性。本质上，职业怀疑就是要求审计人员依靠审计证据进行判断，而不是凭借审计人员的自我意识。保持合理的职业怀疑意味着在进行询问观察和实施其他审计程序时，审计人员不能因为自身对被审计单位的信任而盲目地相信可能存在风险的审计证据，并且在审计的过程中，审计人员不能因为被审计单位管理层发表了诚信声明就放弃搜集适当充分的审计证据。不仅如此，在搜集和分析审计证据时，审计人员也应该保持合理的职业谨慎。在获得审计证据时，审计人员需要对审计证据的真假保持警惕，尤其是出现相互矛盾的审计证据时，无论审计证据是以何种形式存在的，都应该对其可靠性进行质疑和验证。就一般情况而言，当审计证据是某种文件或者记录时，审计人员可以将其当作真品，除非有迹象表明文件或记录存在问题，但是这不代表审计人员可以对其消除职业怀疑。如果审计人员对审计证据存有疑虑或者发现了某些可疑迹象，审计人员应该保持合理的职业怀疑，进一步追查下去。

除可靠性以外，审计证据的充分性和适当性也是审计人员必须考虑的问题，但是审计证据的数量不能弥补质量上的不足，所以审计人员必须保持合理的职业怀疑。其实保持职业怀疑最重要的是审计人员的心理状态，审计人员可能因为过去对被审计单位的了解而对其产生好感，但是即使审计人员认为被审计单位是诚实的，也需要时刻在审计过程中一直保持怀疑的态度，在面对各种审计证据时采取恰当的手段去获取合理保证。如果审计人员不保持职业怀疑就很难发现被审计单位存在的问题。

（三）廉洁自律

廉洁自律的基本要求：树立正确的人生观和价值观；公私分明，不贪不占；遵纪守法，尽职尽责。

廉洁是立身之本，自律是成功之门。中华文化历史悠久、博大精深，在中国几千年历史文化的长河中，有关于“廉洁”的名人名言、诗词作品、历史典故等数不胜数。“廉洁”一词的由来最早可以追溯到战国时期楚国浪漫主义诗人屈原的作品《楚辞·招魂》：“朕幼清以廉洁兮，身服义而未沬。”其意在于抒发自己清廉、正直的思想感情，东汉学者王逸为此诗句注释为“不受曰廉，不污为洁”，可以理解为拒绝收受别人的金钱和礼品称为廉，使自己保持正直的人品不受玷污可称为洁。现代字典、辞典关于廉洁的解释大体相同，《辞海》中对“廉洁”的注释为“清廉，清白；与‘贪污’相对”，《新华字典》中引用王逸的注释来解释“廉洁”一词，“不接受他人无端馈赠的礼物钱财”是为“廉”。

总体来说，“廉洁”是对人的品格、行为的一种描述，代表着清白、公正、勤俭的行为准则和正大光明的处事态度。事实上，廉洁不仅是公职人员所必须具备的基本素质，也是所有社会公民都需要具备的一种优良品质，尤其是对于会计从业人员，他们的廉洁品质和价值追求对国家反腐倡廉工作的推进会产生一定的影响。如果只是从工作的角度，从不贪污受贿、不损公肥私的角度看待廉洁，实际上是对廉洁狭义的认知。廉洁不仅是职业要求，更是一种价值取向和人格品质，偏向于道德的范畴。对于廉洁的理解，除了遵纪守法、恪尽职守，还应该包括求真务实的态度、艰苦奋斗的精神、富贵不淫的修养、勤俭节约的风尚等。

关于自律，中国古代也已经出现了相关的论述。在《左传·哀公十六年》中，就有“呜呼哀哉！尼父，无自律”的记载，这里的自律指的是遵守法律规范、自我约束之意。在心理学中，自律被认为是一种能够平衡欲望冲动和自身反应的能力。在伦理学中，自律则是指个体自觉遵循道德规范、自愿履行道德义务的行为。

总的来讲，廉洁自律要求会计人员必须树立正确的人生观和价值观，严格划分公私界限，做到不贪不占、遵纪守法、清正廉洁，正确处理会计职业权利与职业义务的关系，增强抵制行业不正之风的能力。

（四）客观公正

客观公正的道德规范要求会计人员做到以下三点：一是遵纪守法，依法办事，会计人员记账、算账、报账和进行财产清查，需要在熟悉并依据《会计法》《企业会计准则》《企业会计制度》等法律法规和制度的基础上进行；二是实事求是，不偏不倚，在会计核算的过程和最终结果上，会计人员应保持客观公正的态度，实事求是、不偏不倚；三是保持独立，清醒判断，会计人员必须对会计业务的处理，对会计政策和会计方法的选择以及对财务会计报告的编制、披露和评价独立进行职业判断，做到客观、公平、理智、诚实。

客观是指按事物的本来面目去反映，不掺杂个人的主观意愿，也不为他人意见所左右；公正就是平等、公平、正直，没有偏失。早在古代就有依法理财、客观公正的会计职业道德要求。会计信息是市场经济下多元利益主体进行利益分配的基础，会计人员正处于这些多元利益主体的中心，肩负着客观、公正处理各方利益的艰巨重任。会计人员应在履行会计职能时保持客观公正，摒弃个人私利，以中立的态度做出合理的职业判断。所谓合理的职业判断，主要是指相关审计人员结合自己所了解的审计相关知识和经验，在职业道德规范下，按照审计准则和财务报告编制的要求做出最适用于当前具体情况的审计计划和有关决策。职业判断可以说是审计行业工作人员的执业精髓，因为从本质上讲，审计人员的整个审计工作流程，从接受审计委托到出具审计报告都是由一系列的判断行为构成的。想要合理地安排和执行审计工作，审计人员必须合理地运用职业判断，如果只是机械盲目地执行审计工作而没有合理地运用职业判断，审计人员将无法把自己对于审计的理解和经验运用于审计工作中，也就无法在审计过程中做出正确决策。职业判断涉及审计人员审计工作的方方面面，贯穿于审计人员执行审计业务的始终，从承接委托之前对客户的了解，到审计的最后出具审计报告，审计人员都需要做出职业判断。在小的方面，审计人员在执行审计业务时做出的各种决策，包括计划审计程序、对审计计划的执行以及与审计工作中职业道德遵守的相关决策，都需要审计人员运用职业判断。审计人员的职业判断是否合理可以用以下三个表现进行评判衡量，第一个是审计的准确性或意见一致性，审计的准确性是指审计人员的职业判断的结果与被审计单位的实际情况和数据是否相符和相符程度，意见的一致性是不同审计人员针对同一个问题的看法和观点是否一致或者具有一定相似性；第二个是决策一贯性和稳定性，这个表现主要是审计人员在面对同一个审计项目工作时，对每一个问题所做出的判断是否存在内在的关联以及他在不同时间段看待同一问题的观点是否一致或相似；第三个就是可辩护性，指审计人员是否能够对自己做出的判断提供有效的证明，这需要审计人员在日常的工作中做到思维严密以及程序合规。

（五）坚持准则

坚持准则要求必须做到：熟悉财经法律法规和国家统一的会计制度，结合会计工作进行广泛宣传；对服务和监督对象则能够进行会计法治宣传，增强他们的法治观念，帮助他们辨明法律上的是与非，促使他们在日常经济活动中依法办事，避免不轨行为。

会计人员应当在熟悉国家法律法规中有关会计制度的相关内容的基础上，坚决秉持以法律为底线、以道德为标准的准则，指导自己的行为举止。从自身做起，坚守会计职业道德的底线。

（六）提高技能

提高技能的基本要求：具有不断增强会计专业技能的意识和愿望，只有具备不断增强会计专业技能的意识和愿望，才能不断进取，才会主动地求知、求学，勤学苦练、精益求精；具有勤学苦练的精神和科学的学习方法，只有具备锲而不舍的勤学精神，才能不断地提高自己的业务水平、理论水平、操作技能和职业判断能力，才能推动会计工作和会计职业的发展，以适应不断变化的新形势和新情况。

会计人员的更新换代比较缓慢，但是在如今的信息时代，知识的更迭速度十分迅速。因此，会计人员要有终身学习的意识，不断提高自己的专业技能。会计人员还必须具有勤奋学习、勤奋实践的精神，努力学习，不断进步，提高个人的专业水平。

（七）强化服务

强化服务的基本要求：强化服务意识，只有树立了强烈的服务意识，才能做好会计工作，履行会计职能，为单位和社会经济的发展做出应有的贡献；提高服务质量，服务不仅要文明，还要讲质量，更要不断开拓创新，利用会计数据、会计信息满足不同对象的需要。

（八）保守秘密

会计人员保守本单位的财务秘密，具体应该做到：不得随意泄露工作中所了解的秘密资料，除非有法定的或专业的披露权力及义务；不得使用工作中掌握的秘密资料为个人或他人牟取利益；不得以不道德的手段去获取他人的秘密资料，即使其行为目的是为单位获取利益。但是，保密性并不禁止会计人员在遵循法律规定、专业技术准则和道德要求的前提下披露未经授权的信息，如接受法律调查、向有关部门举报单位的违法行为等。

三、加强会计职业道德规范建设的措施

（一）增强会计职业道德培训力度

职业道德是会计从业人员在工作中进行自我约束的重要力量，它是在价值层面通过否定的方式在内心法庭的自我审判，对于职业行为有着强大的约束力，加大职业道德培训力度有利于提升会计从业人员的道德感，保障会计从业人员在工作过程中严守道德底线。然而，会计职业道德教育不是一蹴而就的，而是一个艰难、漫长的过程，需要行业相关各方共同制订切实有效的教育目标与教育计划，用正面的案例对其进行正向引导。行政部门、会计行业、会计组织以及高等院校要一并发力，形成有效的道德教育组合，真正增强会计职业道德教育的有效性。

1. 增加会计德育课程比重

会计专业学生是会计从业人员的重要组成部分，因此应该注重会计专业学生的职业道德培养。加强学生思想政治教育工作，不仅有利于学生树立正确的世界观、人生观和价值观，培养良好的道德意识，更能帮助他们合理规划未来方向和职业发展，树立正确的职业道德观，帮助学生在职场上更好地实现个人价值。

首先，学校要做好会计职业道德的课程配置。不论从事任何职业，职业道德修养都是一个人的基本素质、核心素质。因此，院校要深化“大思政”格局，持续推进思想政治课改革创新，深入挖掘专业会计课程中蕴含的思想政治教育资源，探索更贴近青年学生思想实际的思想政治教育途径和方法，切实增强思想政治课的针对性，重视思想政治课的思想性、理论性、亲和力。以社会主义核心价值观引领会计专业的学生不断提升职业道德素养，激发出他们对我国社会主义现代化建设事业的认同和对会计这一职业的热情，指导他们坚定会计职业道德信念，进一步杜绝会计职业道德失范行为，将思政课打造成为让学生终身受益的“金课”。

其次，加强职业道德相关课程教师队伍的建设。教师队伍自身的道德素养对于学生的影响是举足轻重的，提高相关课程教育者的综合素质是高质量教育的重要环节。现行社会下，学生可接受信息的渠道愈发宽泛，会计专业学习内容也十

分庞杂。思政课教师为会计专业的学生授课时，一方面要着重培养学生的理想信念，重视信仰情怀教育；另一方面要根植于我国悠久的历史和传统，帮助学生树立起自身的文化自信。这就对为会计专业授课的思政课教师提出了更高要求，不仅需要自身思想素质过硬、工作认真负责，有教育情怀、熟悉专业知识，并乐于探索新的教学模式；还要认真学习马克思主义理论，提高政治和专业能力素养。与此同时，还要注重理论学习与工作实践的结合，教学时自觉做到严于律己，以自身优良的德行感染学生。

最后，将职业道德成绩纳入毕业考核体系。从学生的认知层面来看，部分学生将思想政治教育当成了一门“选修课”，上课只是为了修学分，没有意识到思想政治教育的重要意义，因此，对这门学科缺乏热情。这是由于这部分学生受年龄、教育层次的限制，其认识仍然存在局限性。这就要求学校在优化课程设置、加强师资队伍建设的同时，也要不断进行思政课考核方式的探索与实践，应结合各个阶段学生的教学大纲、教学目标等要素统筹发展，把书本知识转化为专业技能实践，从而深化会计群体对于职业道德规范的认知，实现思想政治教育和学生发展同频共振，并不断完善考核机制，适度增加关于我国会计发展的形势政策和大政方针的考试内容，将学生职业道德成绩纳入学生综合素质评价体系，以切实增强思想政治教育的实效性。

2.深化会计职业道德培训

对于会计从业人员而言，强有力、持续性的职业道德培训和持续性的素质教育会使其在日积月累的感悟中，形成正确的价值导向和职业认知，磨炼坚定的道德意志，在从业过程中自觉提高自身的职业道德素养。要达到这种效果，就需要相关行政部门建立起行之有效的职业道德培训机制。

首先，相关各级职能部门应进一步规范会计职业道德标准。各地相关职能部门应该在不与上位法冲突的基础上，及时更新出台更加细化的地方性法律法规和相关条令、条例，并做好解释说明，以进一步规范行业秩序，保障各利益相关者的权益，共同促进整个行业良性发展。

其次，相关主管部门应定期组织会计从业人员进行职业道德培训。除企业外，政府财政部门、会计行业工会等相关部门和机构同样承担着对会计从业人员的教育培训职能。而且一定程度上，企业的目的是盈利，这些相关部门和机构则是为了服务企业和促使其相关从业人员更好发展。所以，他们更应该实时关注市场发展和会计行业用人情况，定期组织会计从业人员深入学习习近平总书记对我国经济发展的重要指示精神和相关论述，培育他们的责任意识，带动他们将个人成长与国家发展深度融合，不断提升会计职业道德水平，以切实履行好服务企业、服务职工、服务经济社会发展的责任。

最后，发挥好协会、工会服务引领作用，牵头做好交流学习。各地各级财政部门、会计行业工会应立足本职工作，为广大企业和会计从业人员搭建学习交流平台。一方面，可以组织企业代表互相交流，站在企业角度，彼此学习提高会计职业道德的经验方法，提升企业管理、创新等各方面能力；另一方面，也可让广大会计从业人员互相学习，找到差距，学到经验，共同进步，提高自身职业道德，助力企业发展。

（二）加大违法违规行为处罚力度

加大违法违规行为处罚力度，可以提高企业制度的约束力，震慑内部人员，有效遏制违反制度规定的行为。企业开展内部监督活动时，应按照《中华人民共和国会计法》的规定对违规的人员进行严厉惩处，依法将违法人员移交司法机关。在严格控制和打击下，可以规范企业会计工作行为，提高会计工作执行水平。企业在会计行为监督与控制方面，需要严格落实财务纪律，加大会计信息管理力度，打击、惩处一切弄虚作假行为，确保会计工作可以按照要求进行，提高企业财务管理工作水平，推动会计职业道德规范建设进一步强化。

（三）提升会计职业综合素质

会计作为经济管理活动中重要的一环，其职业行为能够直接决定经济管理活动的质量，因此，加强会计从业人员职业道德建设须重视其自身的职业道德修养。一方面通过强化理论知识和职业技能的学习，提高专业能力，优化服务水平；另一方面要通过实践完成道德内化，提升职业道德情感。

1. 加强职业理论知识学习

对会计从业人员而言，丰富的理论知识是加强职业道德的前提，深厚的知识储备是做好服务工作的基础，加强职业理论知识学习不只是对专业技能知识的学习，也是对良善职业道德和失范行为的进一步区分与认知。持续的理论知识学习也是会计从业人员提升自身道德素养、促进全面发展的重要途径之一。故而会计从业人员需要养成良好的学习习惯，自觉地、积极地学习历史、地理、生物等多学科的理论知识，不断增加自身的知识储备，这样才能满足客户和企业对经济管理活动的需求。因此，会计从业人员需要做到以下两个方面。

首先，会计从业人员在校学习期间，应主要依靠课堂讲授、书本刊物来获取理论知识，这既是身为学生的分内之事，也为日后在会计行业终身学习打下坚实基础。尤其要重视思政课堂和职业道德相关知识的掌握，不断加强对马克思列宁主义、毛泽东思想邓小平理论、“三个代表”重要思想、科学发展观和习近平新时代中国特色社会主义思想的学习，形成科学的人生观、价值观和世界观。走上会计工作岗位后，还要积极了解国家大政方针，在执业实际中践行社会主义核心价值观，在会计行业中弘扬正能量。在此基础上，可利用网络媒体不断丰富自己的认知、拓展相关知识。在学习内容上，不仅需要侧重学习各方面的专业知识，建立起属于自己的知识架构，并不断丰富健全；还要学习相关法律文献和各地地方性政策法规，提醒自己在工作中以法律为准绳，严格遵守职业道德。

其次，会计从业人员可以充分利用内部资源。向行业内理论知识深厚、工作经验丰富的会计从业人员学习，通过与其他会计从业人员的交流获取相关理论知识，并可以通过交流探讨，意见交换，碰撞思想火花，进一步加深对理论知识的思考和理解。不仅如此，还可以通过财经行业图书、报纸和期刊获取最新的专业知识，保持自身行业竞争力。

2．提升职业技能水平

马克思曾说：“要改变人的本性，使他获得一定劳动部门的技能和技巧，成为发达和专门的劳动力，就要有一定的教育和训练。”树立正确的职业理想，明确奋斗和努力的目标可以帮助我们在工作中调整职业状态，以积极的工作作风应对工作内容。而扎实的专业能力可以帮助会计从业人员在从业过程中更加游刃有余地面对困难与挑战，帮助其建立自信心。

首先，要把握一切学习机会，不断进步。一方面，会计相关专业的学生在校期间，要努力学好相关专业课程。校园生活虽没有太多实践机会，但学习氛围最为浓郁，要紧跟教师的学习进度，接受教师的指导，还要与同学密切交流，共同成长进步，既可以培养专业能力，也可以树立职业信心。另一方面，即使在参加工作后，也要积极参加行业内部的培训活动，吸取优秀会计在实际工作中总结出的经验和建议并为己所用，以快速提升自身职业技能。

其次，要与其他会计从业人员交流分享，共同提高。在新的时代背景下，会计队伍加强内部业务交流，共同提高职业技能。因此，会计从业人员要加强与同行的沟通联系，特别是与同企业或同地区的其他会计进行交流分享，互相交换职业技能、技巧，彼此取长补短，以实现共同提高。

最后，加强职业技能的实际应用，融会贯通。提高职业能力的重要途径是加强职业实践。实践是认识的来源，也是检验真理的唯一标准。会计从业人员必须加强职业技能在实践中的应用。一方面，会计相关专业的学生要充分把握好毕业前的实习机会，大胆尝试，勇于试错，努力将职业理论知识付诸实践。这既能检验自身的学习水平，又能为日后长久投身会计这一行业提前进行心理建设，做好心理准备。另一方面，在正式会计工作中，要不断创新，勤于总结，善于反思，及时改进，持续强化自身职业技能的应用，以不断实现自我的完善。

3. 培养职业道德情感

会计职业道德情感源自一定的道德认识，但这并不代表只要具备了正确的道德认识便会自然形成道德情感。只有当道德认识同个体“三观”以及道德理想相契合的时候，才会形成对道德对象的情绪反应，从而在这个基础上形成职业道德情感。人的行为都是在特定的情感状态下进行的。一名具有丰富职业道德情感的会计从业人员，能够培养出良好的工作作风和健康的生活情趣，能够有效地抵御社会中各种腐朽观念的侵蚀。反之，一旦从业人员会计职业道德情感缺失，就会出现不良的生活作风、恶劣的服务态度等，更难以实现廉洁从业。会计职业道德情感具有多种表现形式。从内容结构来看，它与集体主义情感、荣誉感、羞耻感、正义感等诸多感情因素相关。广大的会计从业人员应当培养自身的职业责任感、良心感、使命感、幸福感等情感。当会计从业人员对职业道德理性认识和职业道德情感相互促进并形成良好的作用之时，职业道德品质也就出现了。

4. 锤炼职业道德意志

职业道德意志是指会计从业人员在其职业生涯中自觉克服各种各样的艰难险阻，做出正确抉择的坚强意志。锤炼过硬的职业道德意志是会计从业人员克服困难、抵御诱惑、顽强拼搏的原动力。会计从业人员在职业生涯中常常要面对各种困境与压力，既包括个人内心欲望的影响又包括外部诱惑的影响。在这种情况下，会计从业人员要以一种坚韧不拔的精神抵御诱惑和腐蚀，就必须通过道德意志发挥作用，消除内外阻碍，坚定地实施道德驱动的行为决策，履行好职业道德义务和职责，杜绝职业道德不规范行为，保持个人的职业道德良心。会计从业人员要磨炼个人克服困难、超越自我、主动践行道德规范的能力和意志，在工作中总是坚持廉洁自律，不受不正之风的影响。广大的会计从业人员更要有坚强的职业道德意志。当然，这种坚定的意志并非一日养成的，必须通过长时间的道德培养和实践锤炼方能形成。

5. 在实践中实现职业道德内化

良好的职业道德素养需要在实践中形成，只有经过较长的职业道德实践，才能深化会计从业人员对自身职业的认同感，提升自己的职业道德情感，达到道德内化的目的。相比于其他外力作用，这更是一个会计从业人员树立主观意愿的过程。这就需要会计从业人员在自身的精神世界中养成一种道德自律，进而形成稳定的职业认知和职业态度。在实践中，将书本上的理论知识与实践相结合，通过与他人接触、交流，反省自身的不足，进一步实现道德内化，做到知行合一。与此同时，丰富的理论知识和高超的职业技能是会计职业道德养成的前提和基础，这就要求会计从业人员在提供服务时，要将理论与实践相结合，做到融会贯通。这样才能不断增强自身的职业实践能力和综合素质，养成良好的职业习惯，进而实现职业道德素养的提升。

首先，要将理论知识与职业技能融会贯通，增强职业精神认知。理论知识的传输需要高水平的职业技能作为载体，高水平的职业技能也离不开理论知识的科学指导，二者互相促进、互为支撑。这就需要会计从业人员多参加会计职业实践，在实践中将理论知识与职业技能融会贯通，进而增强自身的职业实践能力，为客户和企业提供高水平的会计服务。在此过程中，不断深化对会计这一职业的认识，增强对职业精神的认知，并逐步树立起有利于社会进步、企业发展、个人成长的正确的职业道德观念。

其次，在提供优质服务的同时保持内省和慎独。内省指的是会计从业人员在执业过程中开展自我反思来达到自觉遵守道德规范的行为过程。慎独要求会计从业人员在独自一人、不被监管的情况下，也能做到坚持遵循道德的基本原则与要求，认真反省自己的职业行为。二者的作用在于发挥会计从业人员的主观能动性，在无人监管和督促的情况下自觉地纠正陋习，时刻以职业道德规范要求自身，养成良好职业习惯。树立良好的职业道德，要先养成良好的职业习惯，这就要求会计从业人员必须在职业实践中保持常态化的自省与反思，在建立起清醒职业精神认知的基础上，努力为客户和企业提供优质服务。在良好的职业实践中，寻找自身的不足，对职业行为进行系统总结，发现错误并加以改正。一方面，要强化正向激励，对工作中遵守法律法规和符合社会主义核心价值观的职业行为加以保持；另一方面，要善于发现错误，注意寻找自身在工作中难以发现的不良习惯并加以改正，以养成良好的职业习惯。

最后，在保持良好职业习惯的过程中实现道德内化。高水平的职业道德养成是一个长期过程，这就需要作为道德主体的会计从业人员在思想观念上与社会规范保持一致，把外在约束转化为自身的价值选择，从而构成一个自身的价值体系。良好的职业习惯对会计职业道德的养成起到积极作用。高水平的会计职业道德又会反作用于会计从业人员自身，使其不断增强对自身的职业认同。这种精神上的满足，还会进一步推动会计从业人员不断提高自身的职业实践能力，形成一个可持续地进行自我激励、自我成长的良性发展循环。因此，会计从业人员在工作中要注重良好职业习惯的保持，在完成好本职工作的基础上，可以积极参加优秀会计评选及各类经验分享宣讲活动，在分享自己的职业经验和良好习惯的同时，引发自身的深度思考，并给自己适当施加外部压力，以长久保持良好的职业习惯，实现职业道德规范内化于心。

第七章　会计教学概述

会计人员的专业素养的高低，与企业的财务安全紧密相关，会计的专业教学也就显得尤为重要。但会计是偏重于实践性的岗位，尤其是在现代人才竞争激烈的大背景下，企业也更加看重会计人才的专业实践能力，会计除了要重视会计实训，也不能放松教学理论的学习，因此创新会计教学的方法与手段显得尤为重要。本章分为会计教学的环境、会计教学的目标、会计教学的原则、会计教学的方法与手段四部分。

第一节　会计教学的环境

一、信息化环境

（一）信息化环境的定义

《教育大辞典》对“信息环境”的界定，明确指出“信息环境”包括社会各个因素（教育、政治、经济等）与信息工作之间的综合联系。①

关于信息化环境的含义，目前并未有具体的为人们所认可的概念。有学者指出，信息化环境首先需要具有情境设计，然后需要有能够激发学习者思维能力的具体问题或例子等，最后需要给学习者提供充分可供查询的资源信息，并在此基础上满足学习者探究、协作、自主等各种教学方法的需求。

李芒教授认为，信息化环境主要指由信息化支持的教育环境。但广义而言，任何与信息处理相关的技术都可叫作信息化，主要指互联网、电子计算机等现代信息技术。②

---

① 顾明远．教育大辞典[M]．上海：上海教育出版社．

② 赵海霞．Web 环境下的协作知识建构[J]．现代教育技术，2012（11）：22-25．

（二）信息技术应用于会计教学中的价值

1. 加强学生的实践能力

会计信息化的主要内涵是对大量的数据进行整理，便于会计人员处理。而ERP软件（企业资源计划系统）主要就是基于数据库的应用，把企业中的相关数据进行整理，确保企业的正常运转。在会计教学中应用ERP软件，有助于学生了解企业的运转，加强自身的实践能力。

2. 满足会计行业的需求

在信息技术快速发展的背景下，会计行业也在不断进步。在此背景下，高校想要为社会输送专业的人才，就必须让学生掌握专业的会计知识，同时还需要培养学生的计算机能力。高校在发展的过程中，不断地融合信息化教学与专业化教学，以培养适合企业发展的会计人才。会计人员会对大量的数据进行处理，基于此，高校在教学过程中需要重视学生技能的培养。引入ERP软件，既有利于学生更加全面的发展，也有利于促进学校的信息化建设。

二、智慧学习环境

（一）智慧学习的发展及内涵

智慧学习的发展经历了三个阶段。一是近代的泛智学习阶段。人们通过书本中对间接经验的记载来学习通识知识，在前人智慧成果的指引下少走弯路，提高掌握生活技能的效率。二是数字化学习阶段。随着互联网时代的到来和信息技术的普及，教育领域开始搭建互联网平台，学习者能否利用网络平台高效地学习知识和技能，取决于其是否熟练掌握相关的信息技术手段。三是现代智慧学习阶段。在这个阶段，学习者的认知方式发生转变，不再局限于对基本生存知识和技能的掌握，而是更加渴望对获得的信息进行整合、分析和运用，即对知识的深度加工，不仅重视知识的获取速度，而且更在意对大脑潜力的深度挖掘。

当前智慧学习是一种灵活的、开放的、便捷的，以学习者为主体，利用智能化的信息技术和随手可见的教育资源，享受完整学习体验的新型学习范式。智慧学习有个性化学习、项目式学习、无缝学习、精准教学、群智学习等方式，在不同的场域中这些方式各有各的优势。以个性化学习为例，个性化学习认为，每个学生都是独一无二的，有自己独有的特征、优势或劣势，根据这些个性特点，制定个性化学习方法和策略，对每个学生进行全方位立体式的评价，能够达到促进学生全面、有效地个性化发展的目的。

（二）智慧学习环境概念界定

学习环境指的是学生进行学习活动的主要场所。随着教育信息化的逐步推进，技术发展促进教育变革，学生的学习环境发生变化，学习方式也随之产生改变。通信、计算机、人工智能等技术越来越多地被运用到教育领域，经历“数字学习”“移动学习”“泛在学习”三次浪潮后，“智慧学习”时代来临。

智慧学习环境是普通数字学习环境的高端形态，是教育技术发展的必然结果。自 2012 年黄荣怀教授提出智慧学习环境以来，不同学者从各自角度提出了智慧学习环境的构想。黄荣怀教授从社会信息化对学习环境变革的诉求出发，提出智慧学习环境的概念，他认为智慧学习环境是一种学习场所或活动空间，其目的是通过感知学习情境、识别学习者特征、提供合适的学习资源与便利的互动工具、自动记录学习过程和评测学习结果以促进学习者有效学习。

祝智庭从促进学习者智慧能力发展和智慧行动出现的视角出发，认为智慧学习环境是以现代教与学的相关理论为指导[①]，以人工智能、物联网、云计算等新一代信息技术为支撑，能够识别学习者特征和学习情境，并可以对学习过程产生的新数据或历史数据进行科学分析和数据挖掘，灵活生成最佳适配学习任务和活动的新型学习环境。

北京师范大学智慧学习研究院于 2015 年 9 月发布《2015 中国智慧学习环境白皮书》，其中对智慧学习环境的表述为：在智慧学习环境中，学习者能够在任意时间的任意地点，以任意方式和任意步调进行学习，将为学习者提供深层次交流的环境，拓展创新空间，丰富知识建构的深度和广度，为其学习提供丰富的支持环境[②]。

（三）智慧学习环境特征分析

1. 运用智能学习工具

随着信息技术的发展及其与教育的有效融合，智能学习工具成为智慧学习环境中的关键要素。在智慧学习环境中，学习工具将不再局限于传统课堂所包括的多媒体等通用型工具，还增设了微型化、专业化学习工具，如平板电脑等具备查看文件、添加笔记和批注等功能的智能移动设备，在学习理论知识时，可随时连

① 祝智庭，贺斌．智慧教育：教育信息化的新境界[J]．电化教育研究，2012，33（12）：5–13．

② 赵兴龙．《中国智慧学习环境白皮书》项目成果发布会在北京师范大学举行[J]．中国电化教育，2015（10）：138．

接移动网络对存在的疑问进行查阅。此外，各工具间可以实现终端设备相互识别并完成学习资料互通，即使在移动网络不稳定时，教师也可以保证学习进度有序完成，促使学生实现高效学习，教师根据学生的不同学习需求，将线上课外资源进行差异化划分，选择性传输至设备终端，对学生开展个性化培养。

2. 实时记录学习动态

实时记录学生的学习过程是智慧学习环境的重要内容，记录学习动态的作用主要体现在两个方面：一是由于学生的学习分为课前、课堂及课后三个阶段，智慧学习环境可以将学生不同时段的学习信息进行汇总和分析，以便学生随时根据上一阶段的学习内容及学习状态，安排并调节接下来的学习计划。二是在智慧学习环境下，通过移动终端、互联网、物联网等技术融合应用，对学生的学习情感、学习过程和学习成果及时进行可视化呈现，建立学生模型，教师可以精准掌握学生的学习状态，适当调整授课方式、授课内容和教学安排，并根据记录的数据，进行动态化的评价和反馈。

3. 有效识别学习情境

智慧学习环境可以有效感知和识别学习情境，推送个性化会计课程资源，学生可以依据自身特征对推送的资源进行选择性学习，发挥学生的主观能动性。在课前通过对学生各种要素的综合分析，教师可将学习范畴一致、具有相似学习特征的学生组合为同一社群，实现师生间的高效交流与学生间的相互协作。

第二节　会计教学的目标

一、教学目标的概念界定

“教育目的”“教育目标”“课程与教学目标”分别代表教育领域目标的不同层次。“教育目的”是教育总体方向，“教育目标”是“教育目的”下位概念，“课程与教学目标”是“教育目标”的下位概念。课程目标是课程开发中的教育价值，教学目标是教学设计中的教育价值，四者的关系如图 7-1 所示。20 世纪 80 年代后期，我国才首次出现“教学目标”一词。国内《教育大辞典（上）》把“教学目标”界定为教学过程中师生预期达到的学习结果与标准。

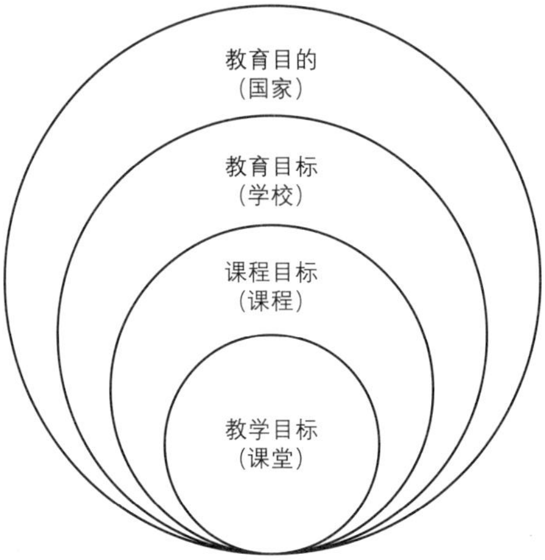

图 7–1　教育目的、教育目标、课程与教学目标的关系

二、会计教学的基本目标

会计教学目标是确保教育教学过程得到稳定、科学、有效运行的重要保障，可以引领会计教学活动。因此，在教学实践中，会计教师应以实践操作为导向，结合税务筹划、财务管理、会计基础等理论知识，引导学生构建完整的理论框架，熟练掌握操作技能，使学生可以在理论联系实践中，更好地解决现实问题。会计是理论与实践紧密融合的学科，并且实践部分在课程中不可或缺，提高学生的实践动手能力，可以为学生更好地适应并了解岗位工作奠定坚实的基础。

通常来讲，会计属于管理学科的重要分支，其知识范畴涵盖审计学、成本会计、财务管理、会计基础、管理学、投资学、统计学、经济学等与现代管理相联系的学科知识，并且在现代计算机技术快速发展与普遍应用的背景下，信息技术方面的知识逐渐成为会计专业学生所必须掌握的知识。而在总体层面上，我国会计教学的目标主要可分为实践、技能及理论三方面内容。一是实践。实践能力要求学生应在熟悉会计软件的基础上，与企业人员进行高效沟通和交流，切实提升岗位工作完成的质量和效率。二是技能。技能要求学生应在掌握专业技能、方法及技术的过程中，努力增强自身的人际交往与逻辑能力，提高自身的创新能力与学习能力，以适应我国不断变化和发展的会计环境。三是理论。理论知识要求学生应洞察并理解我国当前的企业组织形式与法律环境，并通过理论知识，掌握成本核算与记账方法，将会计与信息技术充分地融合起来。

第三节　会计教学的原则

一、启发性原则

启发性教学不仅是一种有效的教学方法，更是一种新的教育理念，其核心在于师生互动性。在教学过程中，启发性教学符合学生的认知规律，能够积极地调动学生的思维，学生可以独立思考、主动探索并解决问题。启发性教学能够在会计课堂上准确定位师生的地位和作用，教师不仅要起辅助和指导的作用，而且要激发学生自主学习的本能，从而实现会计课堂的教学目标。在启发性教学模式下，“举一反三”是主要的开展形式，目的是启发学生自主地发现问题，从而对知识进行深度挖掘和探讨。教师在传授会计知识的同时，要掌握学科知识，激发学生对会计学科的热爱，同时在教学过程中要贯彻启发性原则。

启发性原则是一项十分重要的原则，教师在会计教学过程中，应贯彻启发性原则。首先，教师要充分了解启发性原则在教学过程中所占的地位，无论是在备课、授课时，还是在开展课外活动时等都应具备启发性。教师要鼓励学生开动脑筋，提高学生的思维能力与创造能力。其次，教师要充分考虑学生在教学过程中的主体地位。在会计教学实践中，教师应根据教学目标的要求选择适合学生的教学内容，鼓励学生开动脑筋，使学生不断在头脑中产生问题，并寻求解决问题的方法，从而形成爱思、多思的习惯。贯彻启发性原则，需要发扬教学民主，构建和谐的师生情感。

二、系统性原则

系统性原则要求会计教学必须循序、系统、连贯地进行，这是经过长期教学实践反复证明的教学原则。教师在课前首先要对教学大纲有一个整体的把握，找到教学内容间的内在逻辑，按照先易后难、以旧带新的顺序进行教学。复习、导入、讲解、操练、游戏等教学环节，也要相应地循序进行。系统连贯的教学设计不仅能使教师的教学进度更加流畅，也能提高学生的课堂专注度，帮助学生更快地构建出清晰的知识网络，找到各知识点之间的联系，从而更好地吸收和记忆教师所讲解的内容，逐步提高会计应用能力。

三、参与性原则

教师必须充分调动学生的积极性，使学生积极参与到会计课堂中自主讨论和提问，这样学生才能牢固掌握所学的知识。所谓参与性原则，就是让学生自主地参与到课堂活动中去。这种参与，不仅仅是教学内容上的互动，还能带来师生情感上的互动，是教学过程中极其重要的一部分。教师作为课堂和情境的引领者，在创设情境时要优先考虑学生的接受度和参与度，如该情境是否符合学生的认知水平、能否营造良好的课堂氛围、能否尽可能地吸引每一位学生主动参与课堂互动。内容上的参与和互动能够大大启发学生的思维，激发他们的表达欲望，促进他们的语言输出。学生通过参与情境产生对自身生活和情感体验的共鸣，强化对特定情境表达的记忆，从而在类似的生活情境中将知识引入实际问题的解决过程中，顺利地开展会计教学实践。

四、因材施教原则

“材”在《现代汉语词典》中的含义为：“木料，泛指材料。”在教育中指学生的种种资质差异，而与之容易混淆的“才”是指“人之有用为才”，指向教育培养的最终结果。孔子施教，各因其材，而使之成才，“材”是“教”的依据。正如亚圣孟子所说的“君子所以教者五：有如时雨化之者，有成德者，有达财（材）者，有答问者，有私淑艾者。此五者，君子之所以教也”（《孟子・尽心章句上》），教育应注重根据个体不同的学习情况，采取不同的教学方式。更如学者阮元在《学海堂集序》中所提倡的“多士或习经传，寻疏义于宋齐；或解文字，考故训于仓雅；或析道理，守晦庵之正传；或讨史志，求深宁之家法……虽性之所近，业有殊工，而力有可兼，事可并擅”，教学要根据个体的志向和兴趣，施以不同类别的教育内容，以供给受教育者最适宜的教育，使其在某一领域得以深造。

因此，依据古今中外的文献研究和教育实践，综合来看，因材施教原则便是指教师在会计教学中，从个体的实际情况出发，依据各方面的差异，如年龄差异、能力差异、兴趣差异以及性格差异等，有的放矢地进行有差异的教学，从而使每个学生都能扬长避短，获得最佳发展的一种教育理念。

但随着教育理论的不断丰富和教育实践的多样化发展，与因材施教相类似的教育理念层出不穷，要深入认识因材施教，把握其实质。

五、以理论知识为本原则

从辩证唯物主义的角度来看，理论来源于对实践的总结，理论指导实践，实践又进一步丰富理论，所以，对于学生来说，理论知识的掌握是其进行实训的前提。理论知识是前人的经验和智慧的结晶，作为学习者，对理论知识进行充分的学习和掌握便是对前辈的经验和智慧的继承，这正如伟大的科学家牛顿所说:“站在巨人的肩膀上我们才能看得更远。”对于会计学习者也是一样，只有先通过充分掌握相关理论知识才能够为下一步的实践打好基础。因此，在高校会计教学的过程中应该充分关注理论知识，充分遵循以理论知识为本的原则。

第四节　会计教学的方法与手段

一、会计教学的方法

（一）交互式教学法

1. 交互式教学法的界定

（1）交互

“交互”一词来源于“计算机专业术语”，它是指计算机收到终端输入的信息后，对接收的信息进行处理，之后将处理结果反馈回终端的过程。此后，“交互”应用在社会学中，它是指人与人之间的互动。后来，随着多媒体技术的发展，“交互”应用在教学中，它是指在会计教学过程中师生之间的互动与交流。

（2）交互式教学法

交互式教学是由美国教育心理学家帕林克萨（Palincsar）于 20 世纪 90 年代末提出的一种在支架式教学法基础上，通过“交互”的形式来提高学习者自我学习能力的教学方法。美国语言学家 H. 道格拉斯 · 布朗（H.Douglas.Brown）认为“交互”指的是两者或多者之间想法或感情的相互交流，并能够对彼此产生一定的影响。

结合前人的研究，交互式教学法是师生、生生间围绕着教学内容相互启发、相互配合，通过多种方法实现课堂互动，达成会计教学目标的教学方法。

2. 交互式教学法的理论基础

（1）建构主义理论

建构主义理论是交互式教学法的理论基础之一。建构主义理论是一种探讨环境对学习的影响及学习结构重建的理论，它强调学习是在一定的环境下，通过人际间的交流协作而实现的意义建构过程。学生在课堂上并不是被动地接受，而是在一定的环境下，通过教师的协助，主动进行有意义的建构而获得学习内容，所以建构主义理论特别重视环境对学习的作用，认为学习环境由“情境”“协作”“会话”“意义建构”四个要素组成。教师通过设计合适的教学情境，让学生进行有意义的学习，在此过程中要保证学习者之间进行互动与合作，最后帮助学生深刻理解事物的性质和事物与事物之间存在的联系。在学习的过程中，建构主义理论强调学习不仅仅是单方面的传授，教师应为学生提供构建知识结构的方法和途径，使学生掌握学习要领，并通过人际的交流合作取得有意义的成果；另外，建构主义理论强调“学生”是课堂活动的中心，教师应确保每一位学生都能够积极参与到会计教学环节中，发挥其主观能动性。

交互式教学法在建构主义理论所倡导的教学理念的指导下，高度重视学生在课堂上的主体地位，强调教师的角色已经从传统的课堂领导者变为学生学习的辅助者，是学生学习的伙伴与合作者。教师在课堂上通过创设真实的交际情境让学生主动参与到学习过程中，调动学生学习的积极性和主动性，使学生真正成为课堂的中心，主动进行有意义的知识建构，从而提高其学习效率和语言运用的综合能力。

（2）输入假说与输出假说

美国语言教育家克拉申（Krashen）曾在《输入假说：问题与启示》中详细讨论了“输入假说”。克拉申认为，在二语习得中，大量的可以被理解的语言输入是必要的，也就是说只有习得者在接触到略高于他现有语言水平的语言输入时，而且习得者又能对其意义进行理解时，习得才会形成。在此基础上，克拉申提出“i + 1”的语言输入公式，其中，“i”代表学习者现有的语言水平，“1”代表略高于学习者现有水平的语言材料。

根据克拉申的观点，人们不需要去有意提供这种输入公式，只要输入的内容能够被习得者所理解，而且输入的量足够多时，这种输入就会被自动提供。通过外在的语言不停地刺激和输入，学习者可以获得不同文化背景的语言方式，从而能够很好地提高学习者的语言能力。

“输入假说”理论过于强调语言输入的作用，没有看到语言输出在语言学习中的重要作用。因此，加拿大语言学家斯温（Swain）在长期的观察分析以及对比实验的基础上提出了“输出假说”，斯温认为，虽然语言输入在语言学习中具有非常重要的作用，但是语言输入并不是语言学习的唯一条件，语言的输出在语言的学习中同样重要，而教师也应该在课堂中督促学生尽可能地进行语言输出。语言学习者要想真正掌握一门语言，就必须学会使用这种语言，在使用的过程中可以实时监测自己的语言规则是否正确，从而在不断地语言输出中进行训练。斯温认为“输出假说”有以下三个功能。

第一，注意功能，在平时语言输出的过程中，学习者会发现自己无法很好地用自己所学的语言去正确表达想要表达的意思，因此，学习者会注意与其相关的语言输出与语言输入。

第二，检验假设功能，在语言学习的过程中，学习者会不自觉地将所学的目的语与母语进行比较，并提出假设，通过语言输出的方式来检验假设是否正确。

第三，元语言反思功能，在进行语言输出活动后，学习者会对目的语的使用，进行反思并内化。

（3）“最近发展区”理论

苏联心理学家维果茨基（Vygotsky）在1970年提出“最近发展区”理论，他将这一理论定义为“两者之间的差异”，也就是学生现有的学习水平（即学生独立解决问题的实际能力）与学生的潜在能力的差距。维果茨基指出教学的目的不是“强化”和“训练”已经形成的内在机制，而在于激发学生现在尚未形成却即将显现的潜在机能。一个人潜在能力的激发不仅受自身内在因素的影响，还同与他人的沟通密不可分。因此，在课堂上教师与学生应该充分互动，给予学生一定的指导，充分挖掘学生的想象力、创造力和表现力。此外，维果茨基的社会文化理论也强调，一个人的发展绝不是单因素的作用，不是孤立的存在、自我独立发展，如果没有与群体的交流合作，就永远不会超越自己的“最近发展区”。

交互式教学法将“最近发展区”理论作为理论基础，在实际的教学中要求我们应该着眼于这种“差距”，在交互过程中尽量为学生创设“i + 1”式的问题，留给学生自主探索的思考空间，调动学生交互的积极性。同时教师可以采用暗示、激励等方式鼓励学生作答，设置情境促使生生之间讨论、合作和交互，进而达到挖掘学生学习潜能、提升学生自主学习能力与合作能力、提高学生交际能力的目的。

3. 交互式教学法的特点与原则

（1）交互式教学法的特点

①注重高效交流与互动。传统课堂的师生互动形式比较单一，学生提不起兴

趣，课堂气氛比较沉闷，达不到理想的教学效果。但在采用交互式教学法的课堂中，教师会以学生为中心，根据学生的不同学习风格和特点选择适当的交互类型和方式，通过师生、生生间情感的交流与思想的碰撞，激发学生学习的兴趣。例如，在会计新知讲解环节，教师可以采用提问式交互方式与学生进行实时交互，提问的主体可以是教师，也可以是学生，一问一答的过程是师生、生生交互的过程，也是引导学生学习新知，完成对新知的知识构建的过程，同时交互的过程也是交际能力提升的过程。在操练环节，教师精心设计与教学内容贴合的活动或小游戏就是采用合作式交互方式，实现师生、生生高效交流与互动。这样既可以提高学生的学习兴趣，又可以提高教学效率，从而完成教学目标。

②注重师生角色多样性。在交互式教学法指导下的课堂上，教师和学生的角色需要重新定位。教师的角色在课前是设计者，根据教学对象的特点负责设计具体的教学计划、教学目标、教学环节、教学方法和教学重难点等。在课中教师的角色是课堂组织者、引导者、监督者、评价者，负责把握教学进度，为师生与生生互动创设情境，引导学生参与交互式自主学习，在交互的过程中监督学生的学习行为，及时进行鼓励和指导，在具体的交互过程中教师要适时给出客观、积极、中肯的评价，以完成对学生学习的辅助作用。学生的角色也发生相应改变，在教学过程中学生不再是知识的被动接受者，而变成知识的主动学习者、探索者和言语技能的主动提高者。师生角色的多样性能帮助学生积极独立地思考，带给学生更多的自主空间，带来更多交互的机会。

③注重学生自主学习能力和合作学习能力的培养。传统课堂中，受“灌输式”教学模式的影响，师生之间的交互方式是单一的，缺乏对学生自主学习意识的启发和培养，导致学生学习的主动性不强，缺乏探索精神。在交互式教学法指导下的课堂上，教师会为学生创设各种交互条件，启发学生自主学习意识，培养自主学习能力。比如设定小组任务让学生在合作和交流中共同完成任务，教师适当引导，这样不仅可以促进学生独立思考自主学习，还可以增强生生互动，培养合作精神。在当今学习型社会，自我封闭的学习方法已经不能满足语言学习的需要，交互式教学法着眼于学习者之间的相互交流、相互合作。教师会按照学习要求、学生情况组建学习小组，让学生在小组中学习他人长处，查缺补漏，用集体智慧去解决实际交流问题，实现交流互动、合作学习、互帮互助的课堂氛围。

（2）交互式教学法的教学原则

①合作性原则。合作性原则是指通过具有建设性的合作互动促进教学目标的完成，实现学生个体性与群体性的协同发展。交互式教学法经常采用的教学活动

就是分组合作，因此教学活动的设置需要考虑合作性原则。在合作学习中，学生可以更加自由地发表自己的看法，在与同学的讨论中不仅提高了合作能力，还可以将课堂上学到的知识运用到生活中去，这样更能激发学生的学习兴趣。在具体分组时，教师应该注意考虑学生的整体水平，同一小组的学生的水平应该是不同的，这样才能取长补短，互相帮助，共同进步。同时在问题与任务的设置方面，要考虑学生的特点，难度要适宜，确保大部分的学生都能参与其中。

②趣味性原则。交互式教学法的另一教学原则是趣味性原则。我们常说兴趣是最好的老师，只有让学生对自己所学的知识感兴趣，才能让学生更好地融入课堂。交互式教学法可以增加课堂趣味，使沉闷枯燥的课堂变得生动有趣，从而提高学生学习的积极性。这就要求教师在准备课堂活动设计时要注意趣味性，多设置一些有趣的活动，小组讨论的话题也不能随意设置，要多设置学生感兴趣、贴近实际生活的话题，这样学生讨论起来才会更加积极。多媒体软件的利用，也可以为学生创造一个轻松的课堂氛围。例如，课前可以根据本节课主题，播放相关短视频，让学生观看并谈谈感受。这样不仅调动了学生的学习兴趣，而且能够很好地过渡到本节课的学习。

③以学生为中心原则。交互式教学法指导下的课堂，要“以学生为中心”，教师不仅要传授语言知识，培养学生的语言运用能力，还要传授学生自主学习的方法，培养学生的自主学习意识，提高自主学习能力；要让学生具有参与意识和合作意识，提高交际能力和合作学习能力。教师要让学生成为课堂的真正主人，在教师的精心组织和设计下积极主动地参与到课堂教学活动中，此时教师的交互式提问也要相应地做出调整，要尽量让学生有话可说，有表达自己想法和观点的欲望，同时要尊重学生的不同观点，鼓励学生作答，最大限度地激发学生的学习潜能。

④多边交互原则。交互式教学法指导下的课堂教学更强调教师的“教”与学生的“学”的多边互动，这种互动是一个动态的过程，教师要起到引领作用，要把“互动”贯穿于各个教学环节的始终，保证学生在课前、课中、课后都能与教师和其他学习者保持交流与合作，要让师生、生生在互动中都能各抒己见、相互包容与理解，达到共同发展、共同进步的目的。教师要不断加强对交互式教学法的研究，探索新的互动方法，建构有意义的互动形式，在师生交流中时刻掌握学生的互动情况，为改进交互式教学提供帮助。

⑤适时多样的鼓励原则。运用交互式教学法时，教师应适时多样地鼓励学生进行大胆的互动，为学生建立敢于表达的自信，增强学生的互动意识，扫清“怕

说错”的心理障碍。除此之外，教师的鼓励还可以拉近师生、生生的心理距离，增进师生和同学间的感情，形成轻松愉悦的学习氛围。在鼓励学生时，教师要注意鼓励方式应灵活，注重差异性，不同学习风格的学生我们应采用不同的鼓励方式。例如，对于冲动型的学生来说，在表扬积极作答的同时要告诉学生多加思考；对于沉思型的学生来说，教师要鼓励学生主动大胆进行师生和生生互动，帮助他们提高表达能力和自信心。

交互式教学法对教师的要求比较高，交互式教学法能否发挥其最优作用，在一定程度上取决于教师是否能够发挥好引导者、管理者、协调者以及参与者的作用。只有将上述各个原则相互配合，才能达到预期的教学效果，全面提高教学质量。

4. 交互式教学法的交互类型分析

（1）提问式交互

提问式交互是交互式教学法最常使用的交互类型，此类型的具体交互方法表现为师生、生生间相互提问、相互交流。具体的提问式交互方法包括限制性提问交互、启发性提问交互、协商性提问交互和开放性提问交互。

限制性提问交互，指提问者的问题会限制回答者的作答范围，提问者会有目的、有意识地让回答者在有限的范围内做出回答。这种提问式交互方法的问题可以由教师提出与学生进行交互，也可以由学生提出与教师和其他学生进行交互。

启发性提问交互，指教师或学生的提问带有启发性，能够通过几个相关问题引导回答者回答出令人满意的目标答案，这种提问式交互方法一般情况下都是教师提出，引导学生回答实现交互，学生在教师的指导下也可以进行提问实现交互。

协商性提问交互，指提问者用婉转语气以征求对方意见和看法的方式向对方提问，从而达到交互的目的。这种提问式交互方法可以应用在小组合作环节。

开放性提问交互，指提问者的问题不会限制回答者的作答范围，问题是开放的，没有标准答案，学生可以各抒己见，通过小组合作学习方式实现生生间的交互。

（2）合作式交互

合作式交互指学生在教师的指导下进行交流与合作，这个过程可以在课中，也可以在课前及课后进行。合作式交互的具体方法主要有以下两种。

一是小组合作交互，指教师将全班成员按照学习能力分成若干个学习小组，或针对某一教学环节随机分配小组，让学生在小组内进行交流和讨论。

二是全班合作交互，指所有同学合作完成教师设置的任务。此交互要求所有同学都参与到活动中，发挥自己的作用。合作式交互的目的，一方面是培养学生的交际能力，让学生积极地投身于交互中；另一方面是培养学生的共情能力，让学生产生集体荣誉感，提高学生交互的积极性。

（3）情境式交互

情境式交互指的是在教学过程中，教师会有目的的创设具有感情色彩的、生动形象的场景，从而使学习者完全沉浸到教师创设的交际环境或生活场景中，自己完成交互，完成知识的内化和能力的提升。

情境式交互的核心在于教师会创设一定的情境使学生融入画面意境中进行学习，这是情境式交互与其他交互的不同之处。

5. 会计交互式教学的交互形式

“交互式教学”的交互形式有多种，按照活动类型分为操作式、反思式、建构式、浸入式交互；按照互动流程分为初步、充分、深化、内联、发展交互；按照互动形式分为师生、生生、人机交互；按课堂教学阶段分为课前、课中、课后交互；按参与主体分为师生、生生交互；等等。此处仅讨论会计交互式教学中的师生交互和生生交互两种交互形式。

（1）师生交互

在会计交互式课堂教学中，师生交互在“交互式教学”中起着至关重要的作用，它是教学管控的重点内容之一。其内涵是教师与学生就会计教学内容相互进行交流与互动，教师和学生相互作用，共同促进会计教学目标的完成。一般情况下，师生交互更侧重从教师角度出发，在会计教学中，教师对学生输入会计信息既可以帮助学生准确接收会计知识，又可组织和引导学生在课堂上讨论会计知识，使学生之间能够充分交流与互动，让学生在互动过程中掌握会计内容。因此，由教师输入会计信息对会计教学效果有非常重要的影响。

（2）生生交互

在会计交互式课堂教学中，生生交互在“交互式教学”中起着关键作用，它既是教学管控的重点又是难点，是“交互式教学”中常用的交互形式。生生交互在会计交互式课堂教学中指的是两个及以上学生或群体之间就会计内容进行交流与互动，促进学生加深对会计知识的理解，提升会计职业能力。

生生交互的形式有很多种，如一对一生生交互、一对多生生交互、多对多生生交互、小组交互等。其中，小组交互是最能有效提高学生学习效果的交互形式，它既可以通过生生间的沟通增强学生的团队意识，又可以提高学生的参与意识、培养学生的创造能力。小组交互主要有组内和组间交互两种形式。

（二）项目式教学法

1. 项目式教学法的定义

项目教学法起源于欧洲16世纪末期的劳动教育思想，由此孕育出在18世纪末期欧洲盛行的工读教育，并在全世界不断演化发展，吸引了许多学者对项目教学法进行研究，并对项目教学法进行了概念定义。其中，美国进步主义教育家威廉·赫德·克伯屈（William Heard Kilpatrick）最早在论文中提出“项目教学法”这一概念，并将其定义为“在社会环境中发生的、全身心的、有计划的行动。”我国学者徐国庆将项目教学法定义为“通过完成完整的工作项目，让学生获得相关的知识与技能，并发展职业能力的教学方法”[①]。《会计专业教学法》中将项目教学法定义为“以实践为导向、教师为主导，学生为主体的教学方法”[②]。

根据上述定义可以总结出项目教学法所需具备的三个要素：首先，需要具备一定的专业知识储备与思考能力，具有较强自主性和合作精神的学生；其次，需要熟练掌握教学内容，且能够在教学过程中灵活且有计划地引导学生学习活动的教师；最后，需要贴近现实情境且包含教学内容与实际问题的独立项目。因此，据上述结论，将项目教学法的定义总结为一种以实际问题情境的项目为教学内容的载体，由教师引导，学生以合作的方式自主地，有计划地完成项目的整个过程，并以此获取专业知识与实践经验的教学方式。

2. 项目式教学法的特征

（1）以学生为主体

在课堂的教学过程中，教师仅作为引导的角色出现在课堂中，课堂的主体角色是学生。根据这一课堂特性，教师在教学设计中需要立足于学生当前的实际知识掌握情况、对于事物的认知程度以及对于当下社会的情况涉足等因素，结合教学项目的主题内容和教学任务，摒弃传统的填鸭式教学设计，取而代之的是驱动引导，以此来提升学生的学习兴趣，从根本上提高学生的自主学习能力。

（2）设立真实情境

项目教学法的重点在于源于生活，实现其“生活化”的主旨。教师在实际教学过程中，要避免一味地讲授，致力于为学生设计结合知识点的真实环境，学生可以在学习的同时体验真实环境，让整个课堂对于学生更加充满挑战，在课堂后给学生留下深刻的印象。这样，不仅可以使得学生养成自主学习的好习惯，还可

① 徐国庆．职业教育原理[M]．上海教育出版社，2007．

② 王觉．会计专业教学法[M]．北京：中国财政经济出版社，2011．

以提升他们对其他项目活动的兴趣度，学生也可以在过程中整理整合各种资源来解决他们在项目学习过程中遇到的各项任务和难点，这样学生可以把在生活中遇到的问题和在书本中遇到的疑点结合联系起来，在巧妙地解决之后，学生可以回味一个个成果，获得自我心中的目标感。

（3）学生之间合作学习

在实际的教学开展中，往往存在表面化、浅层化的情况，教师对于实际的要求并没有了解掌握，因此没有在课堂上开展合作学习。与此同时，因为缺少合作学习模块的教学设计，学生在课堂上无法合理地分配自己的学习任务，学习效率低下。项目学习的宗旨是学生在课堂上分工协作，相互之间形成一个学习小组，班级内的各个小组之间相互竞争。每一位学生必须主动参与组内的学习活动，把自身的学习情况和小组整体的学习情况挂钩，最后在班内进行各组之间的评比。这种合作学习的方法不仅能让每一位学生可以发挥其最大潜能，以此在最后的评比中收获成就感和责任感，还可以培养学生的团结协作精神，促进学生的全面发展。

（4）项目教学法具有跨学科性

项目教学法的内容广泛，其强调学科领域在科学层面之间的相互交叉，力求学生在学习过程中可以系统合理化地运用各个学科的知识，在实际生活中，学生遇到的问题也并不是针对单一学科的难题，而是结合了多种问题的复杂情况，所以必须要求学生可以把掌握的多学科知识合理运用，以此来分析解决遇到的问题。

3. 项目式教学法的组成部分

项目教学法包括五个基本组成部分，分别是教学内容、教学活动、过程情境、教学成果和结果评价。

（1）教学内容

在项目教学法中，教学内容主要指的是学生学习的主题内容和材料内容。项目教学法立足于学生的实际生活，其包含的不仅是书本上的知识，更多的是生活中的知识性问题。

（2）教学活动

项目教学法中提到的教学活动，即教师在教学过程中引导学生在课堂上积极参与的探究活动，学生不仅可以自我探究，还可以相互之间借助科技工具，诸如参考互联网文献来进行研究，对于生活中的问题点，更是可以实地考察探究。这种方法下的教学活动具有一定的建构性和挑战性，而且可以和学生的个性巧妙结合。

（3）过程情境

项目教学法对于学习过程情境的探究主要是指在学习过程中，教师设计营造一个利于学生自我主动钻研学习的氛围，而这也是判断项目教学法是否成功的一个重点。项目教学法所研究的过程情境，可以分为两类，真实的学习情境和虚拟的学习氛围，两者的共性是通过环境氛围来引导学生学习。在这种氛围下，不仅可以锻炼学生的主动思考能力、应对问题的能力和主动借助学习技术工具的能力，还可以增强团队之间的合作能力和凝聚力。

（4）教学成果

对项目教学法的教学成果的研究，主要集中在学生在课堂情境中获取的知识点，以及学生综合能力和情感价值观的提升等方面。最终学生在学习过程中收获到的成果可以通过多种形式来呈现。

（5）结果评价

项目教学法的最后一个环节是对学习结果的评价，这一环节是对学习情况的检验，从多个维度、运用多种方式来多样化评价学习成果，可以更加全面地评比学生的学习过程。在评价环节，教师可以根据课堂情况直接对学生评价，也可以在学生之间建立评价机制相互评比，学生还可以根据自我掌握的情况进行自我评价。

4. 项目式教学法的理论基础

（1）建构主义理论

最早提出建构主义理论的是瑞士儿童心理学家让·皮亚杰（Jean Piaget），而“建构主义”早期被称为“结构主义”，后来才逐步改为“建构主义”。让·皮亚杰打破了传统的思想，否认教师对于学生知识的单向传导，而是创新性地提出“学生在学习过程中应该自我建构”这一思想。对于在自我学习的过程中遇到的问题、难点、疑点，学生需要根据当下情况结合自己的所学来整理整合资料，进而消灭这些困难点，最后实现在整个环节中，对于学习本身的目的建构。由于学生所涉猎的领域相对局限，所以在学习的过程中，教师充当引导、引领的角色，为学生营造一个可以自我发挥的平台，以此来触发学生的自我主动能力、积极创造能力，教师在整个过程中所起的作用主要是组织、引导和协助。借鉴于皮亚杰提出的建构主义中对于学习的定义想法，项目教学法也做出了尝试，诸如建构主义在学习中的实际环境、如何建构、建构的核心等重点因素。对于建构主义中多次提及的在教学中需要规划的重点问题或难点，这些也正是项目教学在教学活动和在学习环境中所需要研究的要点。

（2）人本主义理论

人本主义理论是美国在 20 世纪中后期发展出的一种理论学派，该理论学派以马斯洛和罗杰斯为代表人物。人本主义理论的教育理念主要集中在“人的整体发展”这一观点上，它认为教育人不仅要注重传授知识、培养技能等方面，还要注重对人的情感、精神、价值观等方面的培养，使人能够知情合一、全面发展。在项目教学法的运用中，不仅需要学生学习知识、运用知识，更多的是需要学生在完成任务的过程中，与他人合作解决问题，能够灵活解决任务中的各类情况。

项目教学法是以人本主义理论为基础，体现在培养的不仅是一个学生的职业知识技能，还可以通过教学过程培养学生的心智能力。人本主义理论还提出，教师是学习的辅助者，学生才是学习的主导者，强调教育要以学生为中心。这种思想驳斥了传统教学方法中教师主导过程的教学思想，鼓励学生主导课堂。项目教学法需要学生能够负责一个独立项目的整个过程，从而进行学习活动，要求学生成为教学过程的主体。在这个过程中教师处于一个引导者的角色，需要教师能够在学生主动学习的过程中充分调动学生的学习积极性，激发学生的学习兴趣。

（3）多元智能理论

在 20 世纪末期，美国心理发展学家霍华德·加德纳（Howard Gardner）曾在对部分脑部创伤的病人研究后提出多元智能理论。基于这一构想，他认为每个人都具有 9 种能力：语言沟通能力、数学逻辑思维能力、三维空间整体感知能力、全身动作协调运作能力、音乐赏识评价能力、与人交往沟通能力、自我反省思考能力、对社会和自然的探寻研究能力和在野外的自我生存能力，根据个人所处的环境不同，这九项能力以一种或多种的形式存在于每一个人身上，再结合各组合程度的不同，所以每个人在不同的学习环境中就会展现出各样的差异。

多元智能理论在学生的观念层面认为，每个人都具有不同的能力。由于受遗传、环境、教育和个体努力程度等因素的影响和制约，不同的人会展现出不同的能力差异，也就是说每个人都会展现出自己独特的能力优势。教师在教学引导中应该充分理解尊重不同的学生所具有的能力差异，用更高的眼光去看待学生，并在合适的时间对这些学生进行勉励，以此来让学生展现出其强项，从而获得满足感。

多元智能理论在教师的观念层面认为，教师应该根据实际情况给出准确的教学目标，但并不代表所有人均可最后成为全面性人才，而是在教学过程中要基于不同的学生能力而制定符合其能力的学习方向，让每一位学生都能根据自己的专有能力发展，重视学生的发展和个性的解放。

多元智能理论在智力的观念层面认为，要更加强调每位学生的多元化学习，向“多元化学习、多元化教学”发展。尤其强调学生小组之间的配合协助讨论学习，强调教师要培养学生的人际交往能力，与此同时，教师对于学生在课后对学习的自我反思也要尽可能地给出多重性判断，更加全面地培养学生的多重能力。

（4）实用主义理论

1890年前后，美国教育学家约翰·杜威（John Dewey）和威廉·赫德·克伯屈首次提出了实用主义教育学，这种悄然兴起的教育方法对当时的教育体系产生了不小的影响。这两位教育学家基于哲学、社会学、心理学方面的研究提出了该概念。他们认为“教师对于学生的教育其实也就是学生的自我生长，教育过程其实也是一个生活的过程，而整个过程其实也就是教学经验不断迭代的过程”。他们推行不设立教育目标，提出要在学习过程中学习，并倡导学生要在学习过程中更多地感悟实际生活，以此来明白学习的目的，而在这个过程中，学生将会经历挖掘问题点、提出问题点并且处理问题点的过程。另外，杜威也强调教师在教学过程中要对学生加强心理建设和发展的引导，这样更加有助于学生获得全面化的知识，学生也可以获得间接经验。

杜威倡导的学习方式和项目教学法的研究方向吻合，两者都致力于学生在学习过程中对于知识的获得，从教师抛出项目问题，到学生协作研究，最后输出项目成果，学生在这个过程中可以把理论运用到实践中。

5．项目式教学法在会计教学中的应用

（1）依托信息，构建项目平台

随着科学技术的发展，高校会计专业已经成为当今时代发展的主要趋势，因此，在将项目教学法运用于高校会计专业课的过程中应该依托高校会计专业，积极构建项目平台，激发学生在高校会计专业综合活动中去进行主动探究。

例如，教师可以利用微信群来构建关于“电算化会计利与弊”的项目活动，要求学生在学习的过程中与自己的同伴组队，然后通过互联网或者生活实践，去发现实际生活中的会计电算化所呈现出的利，以及其中所存在的弊端，然后再以小组讨论的方式进行讨论，得出相应的结论。

总而言之，教师应积极引导学生在高校会计综合探究课中进行学习，让学生在学习的过程中进一步感知高校会计教学与项目探究的乐趣，从而提升学生的会计探究能力。

（2）小组合作，进行项目探究

新课程改革指出，教育教学是一个合作探究的过程，因此教师在教学时应该积极采取措施来促使学生在学习过程中与自己的同伴建立合作的关系，然后围绕某一个项目来进行深入的探究，以便于在这个过程中取长补短，共同进步。

例如，在对会计凭证进行填制和审核的项目活动中，教师应该发挥其引导作用，让学生进行相互合作，在实训之后就实训过程进行全方位的评价，如对实训过程中的心态如何、实训过程中与理论的对接是否顺利、实训之后是否有所收获等均应该做出较为明确的评价。与此同时，为了保证实训过程的评价准确无误，教师还应该带领学生制定关于实训过程的激励措施，让高校学生在实训过程中能够按照一定要求来进行，从而提高实训的效率。

（三）案例式教学法

1. 案例教学法的内涵

案例教学法又可称为案例分析法，是一种符合现代会计教学改革的教学方法，是一种成功将知识理论与实践相结合的教学方法，同时还是一种能够将知识理论转化为实际能力的教学方式。在案例教学中，教师为了达成教学目标，向学生讲述一个基于真实可信、客观生动的典型案例，然后将学生引入由案例设定的一个教学情境中，引导学生对案例进行认真研究和探讨。在此过程中，案例教学法能够构建学生的思维模式，提高学生发现、分析和实际解决问题的能力。

2. 案例教学法的特征

（1）案例为教学载体

区别于传统教学法的教学载体，案例教学法的重要教学载体是案例，通过教师与学生之间关于案例的讲述、分析、讨论和研究，最终使学生获得知识。案例一般是具备明确的目的性、客观真实性、情境性以及时代性的典型案例，只有采用有针对性的案例进行教学才能最大限度地完成教学目标，解决教学问题。同时，案例教学还有四种不同的形式，分别是专题性案例教学、综合性案例教学、对比性案例教学以及实践性案例教学。专题性案例教学是指集中对教学的某一个主题或某一基本理论进行案例分析教学。综合性案例教学是指在涉及多个教学主题时，用案例教学来研究一节完整的课堂教学实例或完整的会计教案分析。对比性案例教学通常是指采用两种或两种以上的同主题案例或者同类型案例进行分析、探讨、研究、比较，从而得出最佳结论或最佳方案。实践性案例教学通常包括案例设计与实际课堂教学两部分。教师可以在面对多种教学目标的情况下，选用不同的形式和例进行教学。

（2）注重实践能力培养

运用启发性的、典型的案例进行教学，能够为学生提供一个生动形象、具体真实的教学情境。学生在教师的引导下，能够模仿教师的思维去思考问题，站在教师的立场去进一步探讨分析问题，运用已获得的或即将获得的各种知识去解决问题。采用案例教学法不只是为了顺应新课标改革，或者为了使用这一教学法传授单一的理论知识、对案例进行简单的分析，而是为了学生能够真实地运用已有的知识去实践，真正做到将理论与实践相结合，注重知识理论向实践的转化。案例教学法是培养学生实践能力的重要方式和途径。

（3）案例教学法的过程动态

案例教学法的教学过程体现了一种崭新的教学思想和教学观念。传统教学法主要是以讲授法为主，教师讲授教科书知识，学生作为聆听者和接受者。而案例教学法则强调通过案例的讲述，启发学生对问题进行分析探讨，强调学生的主体地位，重视学生的参与程度，教师主要是组织者、引导者、推动者的角色。而在此学习期间，不仅有师生之间的沟通，还有学生和学生之间的交流。学生处在主动学习的位置，提高了学生的学习积极性。同时，案例教学法的学习结果是由教师与学生通过一起分析、研究、总结出来的，而不是教师的单方面传授。

3.案例教学法的优点

案例教学法通过教师与学生的双向交流，鼓励学生进行独立自主的思考，建立自己特有的思考模式。同时，案例教学法具有真实可信的细节，拥有典型性，通过对真实典型案例的客观生动的讲解，帮助学生澄清模糊知识、厘清思路，从而理解、消化知识。基于案例教学法的特点和要求，案例教学法能在两个维度展现它的优点。

（1）学生维度

传统的枯燥的教学形式，使学生的大脑容易产生疲惫，降低兴奋感，影响学习的专注力，而在案例教学的过程中，通过案例的呈现，教师可以不断地改变教学模式，通过不同的案例不断地刺激学生的大脑，有利于及时地调整学生的注意力，有利于将学生的精神一直保持在最佳的学习状态，有利于充分调动学生学习的积极主动性。因此，案例教学法不仅可以使学生在积极愉悦的学习氛围中学习，而且在无形中提高了学生对学习的主动性、踊跃性。

通过广泛地对案例学习、分析、讨论，学生可以在巩固基础理论知识的同时，锻炼自己的学习能力、应变能力、决策能力，积极主动地去研究案例。由于案例教学不存在绝对正确答案，教师可以启发学生进行自主独立的探索与思考，学生在教师的指导下参与到案例中来，教师引导学生建立自己的分析与解决问题的思维方式，这样一来，案例教学法在应用过程中，既激发了学生的积极主动性，又培养了学生的主体性。

（2）教师维度

应用案例教学法可以在一定程度上整合教育学习中存在的不确定性的知识，帮助教师解决教学中经常出现的两难问题，帮助教师分析反思教学方式，缩小教学过程与现实生活情节的差异。

通过进行案例教学，教师也可以从中培养自身的创新精神，不断地提升自己，从而更好地带领学生学习。因为在教学过程中，教师不仅是老师，也是学生。教师是教学的主要领导者，可以把控教学进度，引导教学有序完成，通过与学生共同研究、总结，可以在学生身上了解到很多的感性材料，也能对学生的性格特点、学习能力、感知能力有更进一步的了解，同时在交流学习中可以发现自身的不足之处，不断改进，由此来实现互相进步。

案例教学法更直观地将知识理论展示在学生面前，由表及里、循环渐进、层层深入，使学生在庞杂繁复的思绪中茅塞顿开、豁然开朗，使抽象的知识具体生动、形象化，开阔了思路，实现了理论实践化，很大限度上提高了教学效率。

综上所述，案例教学法在应用的过程中不仅能够调动学生的学习主动性，培养学生地学习主体性，而且能够提升教师的教学能力，实现教学相长，在学生维度和教师维度这两大维度中都有着难以代替的优点。

4．案例教学法的理论基础

（1）建构主义理论

在建构主义理论看来，知识不是通过老师的传授获得的，而是在一定的情境下，学习者通过相关资料，采取意义建构的方式获取的。学习者按照自身经验建构相关知识的能力决定了学生获取知识的多少，并不是由学生的记忆能力、学生的背诵所决定的。因此，情境、会话、协作和意义建构是建构主义理论的四个要素。建构主义理论认为，在学习过程中，学习者是主体，在教师的引导下展开学习。该理论突出了学习者的认知主体作用，学习者始终是积极参与学习活动和知识建构者的角色，教师始终是学生建构知识的引导者和协助者。

案例教学法在建构主义理论的基础上，通过案例设计特定的情境，在教师的指导以及文字资料、课件、录像等学习资料的帮助下，经过教师与学生之间、学生与学生之间的分析、探讨、研究从而使学生获得知识和能力。

（2）人本主义理论

人本主义理论起源于20世纪五六十年代的美国，由美国社会心理学家亚伯拉罕·马斯洛（Abraham Maslow）创建。人本主义理论指出，在教学中一方面要对学生认知的发展给予高度关注；另一方面还要关注学生在教学期间的情感动机发展规律。多了解学生的内在心理世界，对学生始终保持足够的耐心，设身处地地设定符合学生需要、兴趣、情感和个人差异的教学环境和氛围，重视人际情感，诸如良好的师生关系和生生关系，以此来开发学生的潜能，激发学生的学习积极性，从而促进学生的成长。人本主义理论中的自由学习内容强调教学的目标在于促进学生的学习，学生应该在好奇心的驱动之下去吸取任何本人认为有趣与需要的知识，而不是教师一味地填充式教学，以强迫学生顺从地、无自我地进行枯燥乏味的、琐碎无趣的学习。

案例教学法结合了人本主义的基础理论，在案例教学过程中，教师不再对学生进行填鸭式的、单一的知识理论教学，主要通过案例讲述，加强学生探讨和处理问题的能力，注重知识理论向实践能力的转化。同时，在教学中以学生为主体，学生是积极参与学习活动的角色，教师属于组织者、引导者以及推动者。教师与学生、学生与学生之间互相尊重，平等参与讨论，最终得出案例教学的最佳结果。

（3）教学交往理论

教学交往理论认为，学生在学习过程中通过与同学、教师和周围环境的交往就可以发展和完善自身的知识系统。教学的过程并不是单一的输出过程，它应当是一个双向乃至多向的交互过程，这些交互行为在某些程度上可以评价为“交往”。明确有效的交往意义非凡，在交往过程能够让教学过程中的各个主体对彼此更加熟悉，也有利于教师发现每位学生的特点，更利于学生养成尊重他人和表达个人观点的习惯。在这种观点下整体教学过程都是平等的，给学生营造了一种健康、积极的学习环境。在传统教学模式下，教师的权威不容置疑，他们决定了课堂的走向与学生的知识接受面，这就导致学生没有自由选择和自主学习的机会。在这种课堂环境下，“交往”仅仅限制在老帅和整体学生之间，而不能够保证老师和每个学生都有交往的机会，同学之间在课堂上讨论的机会更是鲜有。

（4）发现学习理论

发现学习理论是由美国心理学家、教育家杰罗姆·布鲁纳（Jerome Bruner）提出的。该理论的重点是学生获得知识的内部认知过程和教师是如何组织课堂以促进学生“发现”问题的。布鲁纳指出，学生不是被动的知识接受者，而是积极的信息加工者。学生的学习主要涉及以下内容：获取新信息；对新信息进行转换，让其和新任务进行适应；对新加工信息是否和该任务相适应进行评价。杰罗姆·布鲁纳还提倡发现法教学，即设定一定的学习情境，使学生主动去学习和研究事物的原理、原则和内在特性的教学。发现法的特征则是强调学生是积极的知识探究者，不是被动的知识接受者。教师的任务是把知识转化为学生能够接受的形式来帮助学生进行认知。学生在学习过程中，要经历学习尝试、检索以及检验等阶段，在此之后，教师提供的学习信息和学习资料才能让学生内部消化。最后，杰罗姆·布鲁纳提醒人们，让学生学会独立学习与解决问题才是教学的真正目的，对学生及时提供纠正也可能会产生一些副作用，如使学生因一直依赖教师的指导而失去自我发现、探索的能力。因此，教师需要采取适当的教学措施，使学生最终能够进入正确的、良性循环的学习思维中。

案例教学法结合了发现学习理论正确的规律和特征，在教学过程中，教师选择符合教学目标的案例设定学习情境，通过提供多样式的文字资料、视频资料、图片资料等，引导学生能够自主地、独立地进行搜索以及查阅相关资料，对案例形成一定的信息储存后，在课堂上与教师、同学进行探讨。在探讨过程中，教师与学生之间产生知识碰撞，经过教师的步步引导，使学生能够发现问题的本质以及形成解决问题的思路和习惯。

（5）理论联系实际理论

理论联系实际是马克思主义哲学的基本原则之一，要求在学习理论知识的基础上达到学以致用的目的，以学习文化知识为起点，以将知识合理应用于实际生活为终点，在此过程中要把理论联系实际贯穿于始终。教育者在教学过程中指引学习者在理论基础知识学习中掌握应用知识的能力，为今后应用知识打下良好的基础，贯彻该理论旨在培养学习者分析案例、解决问题的能力。

（四）情境教学法

1. 情境教学法的定义

情境教学法，是在学科教材指导下，利用学生的情感认知和已有的生活经验创造出各种情境，引导学生全身心地沉浸在丰富的、形象的、自然的或者半自然的情境环境中，使他们在情境中输入大量的语言材料，引导学生表达自己对社会及客观主体的认知，激发学生的情感共鸣，建立与其他学生的认知及情感上的联络，在情境的思考与互动中巩固和强化掌握的学科知识。

情境构建是非常关键的，它能激发学生的学习兴趣，使学生在会计教学中的参与互动更加积极和主动，产生一定的身临其境之感，教育成效事半功倍。

2. 情境教学法的特点

第一，情境教学法能调动学生学习的积极性。课堂教学要结合学生成长的实际经历，把生活案例带入课堂。教师作为课程的开发者，应该根据教材的内容，创设生动、有趣的情境，使学生进入角色，充分地调动学生的学习积极性，使其积极投入情境教学中，在轻松、愉快的教学氛围中，掌握知识。

第二，情境教学法能最有效地培养学生的综合能力。良好的课堂活动是教学活动的灵魂，也是情境教学法的明显特点，教师作为引导者和组织者，无论是问题创设还是情境设置，都是以真实的情境开展的主题式教学，这是一个双边互动的教学模式，要求全员参与。因此，情境教学不仅是一个认知过程，同时也是师生看法和观点交流的过程，这不仅锻炼了学生的应变能力，也提升了学生的沟通水平，有助于学生张扬个性、激发潜能。情境教学法的应用，促进了学生对于会计学科知识的理解和应用，提升了学生将知识转化为实践的能力。

3. 情境教学法的应用原则

（1）生活性

情境创设的首要原则是要具有生活性。教师创设情境时需仔细观察学生生活，挖掘学生生活实践中的亮点，确定教学目标，结合学科教材，构建贴合学生生活实际的教学情境，引导学生全身心地投入情境教学中，主动思考情境中蕴含的学科知识，将新知识和原有知识进行有效链接，最终实现新知识与旧知识的重组与建构。

（2）趣味性

教师在课堂教学中应用情境教学法时要注意结合趣味性，营造具有趣味性的课堂情境可以使课堂教学更加灵活，进而有效激发学生的探知欲。教师在创设情境时，应结合学生的年龄特点和心理发展阶段，创设出生动、多样、趣味的情境来打开学生的内心世界，将原本枯燥的会计课堂教学活跃起来。

（3）开放性

教师在课堂教学中可以引导学生在情境中发现和创造，可以加深学生对新知识的理解，把知识真正地转化为学习能力、道德习惯和实践行为，拓展学生的知识面，激发学生敢于挑战的心理特点，突破传统教育规则，敢于质疑传统教育观念，多个角度思考和解决问题。

（4）适应性

教师在应用情境教学法时要注意所创设的情境的适应性，创设的情境要适应学科教材，“风马牛不相及”的事物是不能搬入课堂的。设计的情境要适应学生的生活实际，与学生生活中的情境相似或相近，能够引起学生的情感共鸣，否则就叫“对牛弹琴”。

（5）诱导性

教师在应用情境教学法时要注意所创设的情境的诱导性，情境的设计能够引起学生思考，情境与学生生活中遇到的情境形成共振。例如，可以借助演示实验情境，引导学生多做一些实验，在实践中来引发学生的思考，提高会计课堂教学的实效性。

4. 情境教学法的理论基础

（1）认知发展理论

儿童心理学家让·皮亚杰将儿童的认知发展分为感知运动、前运算、具体运算、形式运算四个阶段。认知发展理论认为每个人出生以后随着年龄的不断增长，对事物的思维认知方式也在不断变化，在没有发育完全之前，需要具体的事物来支持所具备的能力，因此这个阶段只能发展简单的抽象思维。我国学者李江认为，认知过程实际上就是从大脑延展到人所利用的身体工具和环境工具当中来[①]。

情境教学法实际上就充分利用了这一点，在教学过程中通过设定与学生生活、身心特点、阅历以及认知相匹配的情境，使教学方式更加丰富。在适当的环节插入情境，不仅“用景”，而且“应景”，符合认知发展理论。

（2）建构主义理论

建构主义符合哲学、心理学的理论基础，强调了学生学习的主动建构性、情境性和互动性。在建构主义理论下教师是学生潜能的开发者，所以建构主义理论促进了很多新式教学方法的产生，如情境教学法、探究教学法等。建构主义理论提出在情境化的学习环境中去发现问题、探究问题、解决问题，能有效促进学习者主动地对知识进行深入理解与意义建构。

情境教学法的应用符合建构主义理论。在会计课上应用情境教学法时，要以建构主义为理论依据，让学生主动去参与教学，教师以此完成教学任务，实现教学目标。在教学过程中使用情境教学法时，要根据具体的内容来创设情境，学生在这样的情境中才能更加牢固地掌握知识，更加灵活地运用知识，真正做到学以致用。

5. 情境教学法在会计实训教学中的应用

（1）情境教学法在会计实训教学中应用的重要性

①巧设情境扮演角色，令学生变被动为主动。以往学校会计实训采用传统的

---

① 李江．情境认知探析 [D]. 太原：山西大学．

教学方法，学生参与的积极性较低，角色代入感不强，实训内容较为枯燥，学生自己主动训练的动力不足，因此实训教学效果不佳，不利于学生对技能的理解和掌握。学校可以通过改进会计实训教学方法，采用符合会计岗位要求的实训教学方法即情境教学法，将枯燥的技能训练放在生动形象的业务情境中，巧设情境能激发学生的学习热情，扮演岗位角色能发挥学生的主观能动性，在潜移默化中提高会计实操技能。

例如，在分岗强化实训中，对出纳岗来说点钞和签发支票是两项重要的专业技能。为了更好地激发学生的实训热情，可以创设情境让两个学生为一组，分别扮演企业出纳和银行柜员，由企业出纳签发现金支票并盖章，由银行柜员审核支票是否签发正确，再由银行柜员运用点钞指法清点现金，然后由出纳复点核实，最后双方互换角色。对于签发支票时易错的大写日期和大写金额，可以由担任银行柜员的同学创设“障碍”，在这个过程中，学生会争先恐后地给对方设计一些易错的出票日期和金额，审核的环节也会格外仔细。同时，银行柜员在清点现金时也会排除干扰，更加专注，力求准确。这些都极大地调动了学生的积极性，增强了学生的基本技能。

②模拟真实业务情境，更加贴合会计职业岗位需求。会计实训教学是提升学生会计专业综合技能的重要途径，具有较强的实践性和综合性，这也赋予了会计实训课程有传统理论课所不具有的情境性，更适合情境教学法的应用。利用情境教学法开展会计实训教学，可以通过创设情境让学生更好地融入岗位角色中，模拟真实的业务情境，改变过去看题做账的会计实训模式，能更有效地提高学生的职业技能，也有利于实现学校会计专业人才的培养目标。

例如，在以往的会计信息化实训中，学生往往是根据实训教材中文字表述的若干笔业务录入记账凭证，甚至在有些实训教材中业务的会计分录会直接给出，学生只是机械地将会计分录输入电脑中的记账凭证里，这样的实训操作与实际生活中的岗位工作相去甚远。使用情境教学法，则会模拟真实的岗位工作内容，学生直接拿到的是仿真的火车票、出租车票、支票、增值税发票、普通发票等原始凭证，在实训中先锻炼学生的审单能力，培养学生通过原始凭证解读经济业务的技能，这样的实训锻炼才能更加符合工作岗位的需求。

③运用情境教学法，能够有效提升学生的专业知识和技能水平。在会计实训教学中运用情境教学法，可以将一些复杂的、易错的会计核算放在具体的、生动的业务情境中，使学生更深刻地了解经济业务的来龙去脉，不仅让学生掌握了应该怎么做，更让学生明白了为什么这么做，在情境中模拟实践，在实践中总结经

验，既提高了专业技能水平，又加深了学生对理论知识的理解。

此外，在会计实训情境教学中，学生可以对自己的优势与不足有一个清晰明确的定位，便于学生准确地规划自己的职业生涯，为就业创业提前做好准备。因此，在学校会计实训课程中，灵活运用情境教学法的重要性不言而喻。

（2）情境教学法在会计实训教学中应用的可行性

①情境教学法符合学生思维发散、活泼好动的身心发展特点。任何教学方法的选择都应当充分考虑学生的学情，从年龄上看，处于青春期阶段的学生普遍思维发散，不喜欢刻板单调的教学场景，他们喜欢活泼生动的教学氛围。

情境教学法可以在教学中最大限度地还原实际情境，给学生提供一个真实的岗位体验，令实训教学更加生动形象，将枯燥乏味的文字表述转化为直观形象的证、账、表，发挥学生动手能力强的特点，激发学生的专业学习热情。情境教学法符合学生思维发散、活泼好动的身心发展特点，同时学生在实训过程中不仅锻炼了语言表达能力、动手实操能力、团队协作能力等综合性能力，而且对于专业知识的理解更加深刻、记忆更加持久。

②双师型教师队伍成为会计实训教学中运用情境教学法的有力保障。学校双师型教师是指既具有教师职称又具有除教师以外其他专业技术职称的教师，学校会计专业的双师型教师一般是指既具有讲师又具有会计师双重技术职务的教师。双师型的教师队伍具备扎实的理论知识和实践能力，是开展实训教学，培养高素质劳动者和应用型人才的基础。

目前，学校越来越注重教师队伍的建设，培养双师型教师是提高教师专业技术水平的重要体现，越来越多的会计教师深入企业中，参与会计岗位实践，积累会计实习经验，搜集更多的实训教学素材，能够不断丰富、充实教学案例，为在实训教学中开展情境教学法提供了有力的保障。

（五）程序教学法

1. 程序教学法的界定

程序教学法的概念来源于心理学家普莱西（Pressey），是一种以心理学理论为基础，以学习者为中心，通过个体自学方式对所学内容按照顺序进行一步步学习的方法[①]。斯金纳根据动物实验和操作行为主义理论设计了教学机器和程序教材，后期总结成为程序教学方法。其基本图式为：刺激—反应—强化。

① 缪学超．程序教学法的形成、要义、实验及当代价值[J]. 课程·教材·教法，2015，35（7）：101—107.

程序教学法是将教学内容按照一定的逻辑顺序划分为许多连续的小单元，并要求学生按照一定的顺序做出回答反应，在确认该反应正确后再进行下一单元学习的教学方法。

2. 程序教学法的原则

（1）积极反应原则

有效的教学可以引起学生听或读，也就是所谓的教师与学生之间产生共鸣，但仅仅听或读不能保证产生好的教学效果。在任何情况下，听、读、选择、比较都能使学习者经常处于积极的状态。这与学习理论的指导原则是一致的：首先产生一个反映，然后再给予强化或奖励，最后建立反映。所谓学习就是要有能力做，所谓理解就是要有能力去解释。

（2）自定步调原则

课堂教学，无论是采用传统的教学方法，还是采用新颖的和能够引起兴奋的刺激手段进行，都一致假定听课者是一个“中等学生”，但实际上这种情况并不存在。学习快的学生一定会被拖下来，而学习慢的学生则被拉得更远。相反，程序教学的课堂是以学生为中心，鼓励每一个学生以适合自己的速度来进行学习，当学生以适合自己的速度学习时，他们就会通过不断强化来获得稳步前进的动力，自定步调原则体现了教学过程中个别差异的原理。

（3）低错误率原则

对编写教学程序的研究表明，在程序设计过程中可以对程序进行修改，这样可以使学生产生的错误最小化。修订通常从错误率较高的步子开始，但不一定需要对这些步子必须进行修订，因为在某一步子上产生错误可能标志着前面的步子有了缺陷。修订过程通常会延长程序，但即使只是进行了一次修订，也可能会将错误率降低一半，并加快完成修订程序的速度。低错误率的学习不仅简单，同时还能调动学生的积极性和增强学生的学习动机。一个好的程序在执行时具有较低的错误率，但较低的错误率并不一定意味着一个好的程序，该程序必须能够教会内容。

3. 程序教学法的教学模式

（1）直线式程序教学模式

直线式程序教学是美国心理学家斯金纳（Skinner）首创的一种教学程序，是经典的程序教学模式。教师把教学内容分成一系列连续的小步子，每一步包含一个项目，内容很少，系列的安排由浅入深，由简到繁，其中所有教学内容都是按照一定的直线和单向顺序进行的，不能任意跳过任何小步子，使学生逐步掌握学习内容。这种教学方法通常适用于比较简单的教学内容。

（2）衍枝式程序教学模式

衍枝式程序教学模式同样把学习内容分成小的逻辑单元，但每一步要比直线式程序教学模式的步子要大，每个项目的内容也较多。学生掌握一个逻辑单元之后，要进行测验。测验用多重选择反应进行，根据测验结果决定下一步的学习。

（3）莫菲尔德程序教学模式

莫菲尔德程序教学模式又称混合式程序教学模式，是由美国心理学家凯（Kay）在莫菲尔德大学任教时提出的一种程序教学模式。它是直线式和衍枝式程序教学模式的结合。这一模式遵循的始终是一个主序列，它与直线式程序教学模式不同的是，只有一个支序列来补充主序列；它与衍枝式程序教学模式不同的是，学生通过支序列的学习不再回到原点，而是可以前进到主序列的下一个问题上，这样有利于提高学习效率。

4. 程序教学法的理论基础

（1）斯金纳强化理论

斯金纳强化理论是一种基于学习理解和修正行为的强化原则的理论。强化的主要功能是根据人的心理过程和行为规则，对人的行为进行引导、调节、修正、限制和改造。反应性条件反射是与刺激直接相关的强化，操作性条件反射是与反应直接相关的强化。

（2）操作性条件反射原理

条件反射理论认为，刺激是伴随着反应而产生的，机体首先选择做出想要的反应，而这种反应只能通过对刺激进行一定强度的强化来实现。此外，条件反射分为两类：反应性条件反射对应于反应性行为，操作性条件反射对应于操作性行为。采用不同于传统教学方法的多媒体引导、摄像机反馈等现代教学方法，可以提高学生的学习积极性，使其在学习过程中保持良好的学习态度。另外，通过各种反馈方法，可以反映学生在学习过程中存在的问题。

（3）程序教学法的控制论基础

程序教学是一个闭环控制系统，学生必须通过具体的步骤来控制过程，以实现教学目标。所谓控制就是利用反馈使学生按照既定的教学程序进行学习，通过学生在教学中的信息反馈发现问题，纠正问题，并结合现状修改教学方案。

5. 程序性教学法在会计教学中的应用

（1）理论知识的讲授与学习应循序渐进

程序性教学的核心之一是循序渐进的“小步子”原则。具体到实际的会计教学当中，教师对理论知识的讲授应遵循循序渐进的“小步子”原则，即教师所要讲授的材料要被分解为一步一步的，前一步的学习为后一步的学习作铺垫，后一步的学习要在前一步的学习后进行。由于两个步子之间的难度相差很小，所以学生在学习过程中较容易理解和掌握。如在会计电算化教学中，要完成账务系统的操作，首要的工作就是系统的初始化操作。对这一部分的教学内容，在实际的教学中依据“小步子”原则，将教学材料设计为由浅入深、由简到繁的小项目。

（2）实施强化理论巩固理论知识

要达到一个难度较大的行为目的，需要采用连续接近法，分很小的步子强化，每次强化的难度加大，这样可以由易到难逐步达到目的。为了促进情境与特定行为之间形成联系，必须对行为进行强化。所谓强化，从其最基本的形式上讲，指的是对一种行为的肯定或否定的后果（报酬或惩罚），它至少在一定程度上会决定这种行为在今后是否会重复发生。强化按其形式有正强化和负强化之分。正强化是一种积极的刺激，它跟随在行为反应之后出现，能够提高该行为再次出现的概率。在会计教学过程中，教师若能恰当地运用正强化原理，能促使学生的行为达到一定的教学目的。

（六）角色扮演法

1. 角色扮演法的定义

（1）角色扮演

角色扮演法是美国精神病学者阿尔贝托·莫雷诺（Alberto Moreno）在1960年首次提出的，应用到教育教学领域后有关学者也称为情境模拟教学法，该方法非常适合经济管理类专业的教学。

对于角色扮演的概念，通过查找分析相关文献，本节给予以下定义：角色扮演法首先是基于角色扮演这一活动而形成的教学活动，角色扮演即使人暂置于他人的社会位置，并按这一位置所要求的方式和态度行事，以提高我们对他人的社会角色和自身角色的认知，从而更有效地履行自己的角色。将此种教学方法引入教学领域就形成了角色扮演教学法。

（2）角色扮演教学法

角色扮演教学法是指学生在教师预设的情境下，按照某一角色进行想象、创造、表演的一种教学活动，从而达到预设的教学目的的一种教学方法。角色扮演法强调以教学情境为主要依据，学生是学习和实践的中心，让学生的各项能力在表演的过程中得到提升，以实现预设的教学目标。

2. 角色扮演法的特征

（1）体验性

角色扮演法让学生从角色自身出发，积极克服在此过程中遇到的问题，不仅能使学生的综合能力得到发展，也进一步加强了理论与实际的紧密结合。将学习到的知识运用到实践中，在实践过程中不断发掘新的知识，如此往复在积累理论知识的同时也积累了经验。角色扮演法是体验式教学的一种重要方法。角色扮演法能够有效地改变传统的“填鸭式”教学方式带来的弊端，它更加注重学生在教学过程中的真实体验。在特定的情境中扮演不同的角色，走进角色本身，去体验和感悟，这种体验不仅是身体上的，更重要的是心理上和情感上的。

（2）创造性

角色扮演可以带领学生进入不同的情境中去，而情境的设置往往是根据实际生活来模拟的，在体验不同的角色和情境的过程中，也给予了学生很多与他人合作与交流的机会，这不仅有助于理论知识的学习，也有助于促进学生综合能力的发展。学生根据不同的情境设置，把握自身实际和角色的特点，表达自己的意见和看法，并提出解决策略。在教学过程中，运用角色扮演法也有助于发挥学生的创造性。

（3）趣味性

角色扮演法起源于戏剧表演，戏剧表演的形式就体现了一定的趣味性。对于学生来说他们难以接受满堂灌、填鸭式的教学，让学生走上讲台去发挥、去创造表演角色更符合学生的特点。学生在表演中不仅不会感到无聊，而且能真正对其感兴趣。角色扮演法能够激发学生的积极性，将知识实现有效内化，并且能够让学生真实地体会到角色的情感。

（4）民主性

角色扮演活动是需要全班学生共同参与的一项活动，每个学生作为独立的个体都可以去表达自己的想法，这是一种较为民主的教学活动。高等教育改革强调更加注重学生的主体地位，角色扮演活动既顺应了教育改革的背景，也符合素质教育中所强调的尊重人的主体性和主动精神。在角色扮演的过程中，师生、生生之间是相互合作的并且处于平等的地位。

（5）互动性

角色扮演法不同于以往讲授式的单方面灌输，其比较突出的特点是互动性，其互动性主要体现在师生之间的互动和生生之间的互动。

首先，对于师生之间的互动来说，老师既是整个教学活动中的情境创设者又是总顾问，学生是角色扮演活动的编剧和导演。学生和教师处于一种平等的关系，双方只有进行充分的合作交流才能完成整个表演的过程。

其次，对于生生之间的互动来说，学生在教学活动中充当着重要的角色，要完成编剧、分配角色、表演等任务，这需要学生的通力配合才能够完成，在这个过程中，学生之间会因为意见分歧产生冲突，在沟通得到完美解决的同时，也锻炼了学生的团队协作、领导和沟通的能力，这种锻炼效果是课堂回答问题远远达不到的。

（6）仿真性

在进行角色扮演之前，首先需要创设情境，一方面，选取的情境要有意义并与真实生活相贴合，情境的设置需要合情合理；另一方面，由于现实生活中的情境较为复杂，所以在创设情境时需要对真实情况进行改编，才能满足角色扮演对情境设置的要求，但是改编仍然要以现实生活为依托。在角色扮演的过程中，教师不应将自己的想法和结论强加给学生，而应让学生根据自己的真实经历来体会。最终学生真正地融入角色中去，获得知识并提高自身能力，这也就增强了角色扮演的实效性。

3. 角色扮演法的分类

（1）根据教师的主导作用

根据教师的主导作用可以将角色扮演法分为完全控制型和半控制型。完全控制型是指完全由教师决定角色扮演的情境、角色的安排和选择，使得学生被动地参与到角色扮演的情境中。半控制型是指教师为学生提供必要的帮助和引导，对学生在扮演中出现的问题进行积极指导，使得活动朝着正确的方向进行，而主要的角色选择和实际操作是由学生来完成的，给予学生更多的自由发挥空间。我们提倡以学生为中心，学生在教学活动中处于主体地位，所以在教学过程中应当尽可能地调动学生的积极主动性。

（2）根据操作难度

根据操作难度可以将角色扮演法分为即兴的角色扮演法和需要提前准备的角色扮演法两种。即兴表演一般是指没有成文的剧本，只有较为简单的提纲，扮演者需要根据提纲中所提示的剧情梗概，在正式扮演期间，临时想出人物对话和独白，即兴发挥。而在课堂中，即兴的角色扮演法往往是教师在讲课过程中，在多媒体中展现两个人及两人以上的对话，请学生来扮演对话中的人物。这种即兴扮演不需要提前准备，只是根据教师的简单提示当堂进行。需要提前准备的角色扮演法需要教师提前告知学生，选择合适的问题情境、准备教辅资料并合理分配好角色。

4. 角色扮演法的原则

（1）主体性原则

尊重学生的主体地位，学生是“课堂的主人”，给学生留有充足的空间去充分地发挥学生的主动性和创造性。角色扮演法为每个学生提供了一个公平的展示自己的机会，学生可以根据特定的情境去丰富角色，在角色扮演的过程中，给予学生自由发挥的空间；在角色扮演的总结与评价阶段，让学生根据自己的所看、所演、所感、所想积极评价。在角色扮演的准备阶段、实施阶段和总结阶段都需要学生去发挥主体作用，因此教师要尽可能地去发掘学生的需要和聆听他们的想法，减少对角色扮演的干预。

（2）引导性原则

教师要尊重学生的主体地位，在角色扮演的过程中给予学生充分发挥的空间，但也要给予学生一定的指导，要保持方向不变。学生的社会经验不足，对一些情境的理解不到位，而教师有着丰富的社会经验，可以对学生给予一定的指导，保证角色扮演朝着正确的方向进行。角色扮演是一个较为复杂且难度较大的方法，如果想要实现教学目标并达到事半功倍的效果，教师在角色扮演的准备阶段、实施阶段、总结阶段都要给予引导，以保证角色扮演法在会计课中的应用具有正确的价值导向。

（3）真实性原则

角色扮演所选择的情境可以来自真实的社会情境，也可以根据实际教学的需要创设虚拟的情境，但依然是以真实情境为依托。要始终坚持从生活中来，只有创设的情境符合社会生活实际，贴近学生的生活实际，才能实现到生活中去。角色扮演法不是被动地接受知识的过程，而是通过对模拟现实生活的情境的参与，将书本角色立体化到实践中去，获得对现实生活的真实感受，这种真实的感受有助于学生内化理论知识。

（4）目的性原则

在会计课堂教学中采用角色扮演法并不是为了拓展教学方法，而是真正地服务于实现教学目标和培养学生的学科核心素养。教师在选择教学方法时要明确教学目的和任务的要求，根据教学时间、设备、条件以及学生的特征等来确定教学方法。因此，在确定某一节课使用角色扮演法后，首先要明确运用角色扮演法的目的，坚持理论和实际相结合，做到内容和形式并重。只有明确目的，才能使得角色扮演法的应用不是“作秀”。在角色扮演的各个阶段和环节，都要明确其目的，坚持目的性原则。

（5）参与性原则

学生既是教育的对象也是学习的主体，学生具有能动性，在会计课堂教学中使用角色扮演法，就要在尊重学生的个体差异的基础之上强调学生的主动参与性。角色扮演强调学生的实践参与，激发学生的公共参与意识，培养学生的公共参与素养。学生积极的参与态度和参与行为，有助于取得良好的教学效果，教师应当鼓励学生积极参与，教师在设计教学活动时，要用有趣的教学设计来吸引学生主动参与，只有学生积极主动地参与角色扮演的各个环节当中，才能实现预期的教学目标。

5. 角色扮演法的理论基础

（1）角色理论

社会心理学家所提出的角色概念是角色扮演式教学的主要理论基础。该理论认为，角色是一个社会成员的思想、情感、行为和责任的集中体现，反映个体与自己、周围人群和客观事物之间发生作用时独特和一贯的行为方式。我们都有自己的多种角色，更好地与角色融合需要对自己或其他人的作用有明确的了解。角色的形成与个人得到的教育、所处的外部环境、文化熏陶相关联，每个人的情感体验和内在升华来自人物性格的识别。作为教师，有责任帮助学生理解和认识他们可能扮演的社会角色，丰富其内心的情感，使学生学会承担起社会责任，更好地开展与他人的交往和合作，形成正确的价值观。为了达到这一目的，教师在课堂中使用角色扮演法时，就要让学生切实地处于该角色进行表达和行动，让其更好地沉浸在角色中。

（2）建构主义理论

建构主义理论认为学生是学习的主体，它与传统的以教师为主体的教学模式有明显的区别。建构主义理论主张学生对知识进行自我加工，是学生通过与外界的联系和互动，将知识进行理解和吸收，内化为自己的东西，发展自我认知结构的过程。同时建构主义理论还认为学习是自我主动建构的过程，只有将外化的知识进行主动的同化、顺应、平衡，才能够真正地进行知识的内化。教师传统的主导课堂的定位不再适用，学生才是学习活动的主角和知识的积极建构者。在建构主义理论中，教学模式以学生为中心。运用到角色扮演法中即教师担当起教学活动的导演和辅助角色，创设教学情境、引导和督促学生，学生是教学活动的主角，理论知识在与课堂互动中得到了巩固，自我认识在不断建构中趋于完整。

角色扮演法很好地体现了以学生为中心，让学生在课程中充当创造者和表演者，教师充当指导的作用，提高了学生的学习积极性。

（3）情境学习理论

情境学习理论认为，学习不是个人主观能动性的简单建构，而是在不同资源中介下参与社会实践的过程。知识的意义、学习者自身的意识和角色，形成于学习者与情境的积极互动。所以，学习情境的创造一直致力于学习者的身份和角色意识，完整的生活体验，通过将认知任务恢复到真实和融合的状态，有效解决了传统教学中长期存在的自我学习和情境学习问题。

（4）体验式学习理论

体验式学习理论认为，知识是富有情境性的，获取知识的过程也应该就是情境体验的过程。体验式学习理论强调以学生为中心，认为教师不是学习知识的告知者，强调在学习情境中通过情境的真实体验让符号化的知识在学习者的知识体系中进行重新组合，升华为新的认知。

教师不仅是知识的传授者，更是学生学习的引导者、组织者和合作者。教师要把课堂当作展示的舞台，利用可听、可视等可用的感官接触的教育媒体为学生做好正式体验开始前的一系列准备工作，让学生对学习产生向往和渴望，主动自觉地投入学习的整个过程中。体验式学习会给学习者带来全新的感觉和刺激，进而能够加深学习者对知识的理解和记忆。体验式教学体现了以学生为主体、教师为主导的教育教学原则，关注课堂和学生的个性发展，致力于构建良好的师生关系，以提高教学质量、促进学生全面发展为目标。

体验式学习使学习者真正成为课堂的主角，参与到学习的过程中，为角色扮演法应用到教学领域提供了基本的思路，成为学者研究角色扮演法的一个重要理论依据。

6. 角色扮演法在会计教学中的应用

（1）创设情境，分配角色

在会计教学中应用角色扮演法，要求教师在创设教学情境时，要考虑学生的个性和特点，特别是学生的兴趣点和能力水平。如果在教学过程中无法有效激发学生的学习和探究兴趣，或者远超学生解决问题的能力，那么将难以取得预期的教学成果。具体步骤如下。首先，按照整个班级学生的实际状况，将其划分为不同的学习小组，并选出组长，注意每个小组成员分配的均匀性，以便各个层次的学生都可以实现进步和发展，同时也有利于学生在学习中实现传帮带和小组之间实现良性竞争；其次，设置可以让学生进行自主探究学习的情境，不仅要具有实践性，还要给予每位学生参与和体验的机会，同时还要接近学生的专业知识技能水平，让学生可以顺利完成学习目标；最后，由会计人员对收到的发票、支票存根以及其他单据进行审核，并完成会计账务处理。

（2）分析角色，确定方案

在会计教学中，采用角色扮演法一般可以结合小组合作学习的形式，既能保证学生独立思考和学习，也能保证学生有充分交流与合作的机会。在教学过程中，可以让学生轮流扮演不同的角色，给予学生充分展示自我的空间，让学生在不同角色扮演过程中进行知识的发现、问题的思考、问题的解决和知识的总结概括。这对学生发挥自身潜能和利用多项素质能力是极为有益的。

（3）角色表演，解答问题

学生学习并非教师简单地将知识传授给学生，而是由学生带着原有的知识基础、学习经验和理解思维进入丰富多彩的学习活动中，然后通过注重观察、操作、思考和验证等，整合新的知识信息。所以，在学生进行角色扮演学习的过程中，学生之间应当尽可能多地进行沟通交流和研讨，并彼此倾听不同的意见和见解，从同学的思维方式、认知过程中进行学习和反思，以改变自身认知方式的单一性，最终更完美地解答问题。

（七）混合式教学法

1. 混合式教学法的内涵

随着互联网技术的发展，教育改革与信息技术的联系越发紧密。信息技术教育在国内外大致经历了 3 个阶段，分别是 CAI（Computer-Assisted Instruction 计算机辅助教学）阶段、CAL（Computer-Assisted Learning 计算机辅助学习）阶段和现在我们正在经历的 IITC（Integrating IT into the Curriculum 信息技术与课程结合）阶段，这一阶段从 20 世纪 90 年代一直持续到现在。[①] 在 IITC 阶段，信息技术不再是单纯的辅助教学和学习的工具，而是要把信息技术更加深入地融合到教师的教学方法和学生的学习过程中，以推动传统教学方式变革。

这场教育变革最先出现在企业的各类培训工作中，之后在信息化的浪潮下，普通教育领域和职业教育领域也开始涉足，混合式教学逐渐在各级各类学校中成为一种新兴的教学模式。在我国，有不少学者对混合式教学进行了概念界定，其中北京师范大学教育技术学院何克抗教授在《从 Blending Learning 看教育技术

① 古丽娟．高职院校会计信息系统课程教学实施报告：以“采购管理”单元为例[J]. 河南教育（高等教育），2021（9）：74-76.

理论的新发展》中提出的界定被我国学者广泛认可和接受。

何克抗提出，混合式教学是将传统的授课模式和信息化的教学模式进行有效的整合，以充分发挥二者的优势，并在具体的教学实践过程中，重点突出学生的主体地位，教师是学生学习活动中的引导者。[①] 从概念的界定中，可以看出何克抗教授将传统学习方式的优势和信息化教学法的优势结合起来，强调教学中观念的转变。

作为容易混淆的概念，“混合式教学法”和“混合式教学”在概念定义上具有一定的重合性，教学法是指为了完成一定的学习任务，师生在共同的学习任务中所采用的手段，不仅包含教师教的方法，也包含学生学的方法，是教与学的统一结合体，即“混合式教学法”强调在教学过程中对师生双方的活动进行关注，从而让这种教学方法发挥更大的功效。教学模式是在一定的教育思想、学习理论和教学理论的指导下，为了完成特定的教学目标和内容，而围绕某一中心而形成的比较简单而稳定的教学结构理论框架，加上具体可操作的教学活动方式，它需要具有以下三个特点：首先，教学模式需要拥有一定的理论指导；其次，在教学模式下，需要完成规定的教学目标和教学内容；最后，教学模式需要稳定的教学活动序列，即“混合式教学”相较于“混合式教学法”不再侧重于“教师的教”与“学生的学”，而是更侧重于形成一种稳定的教学活动序列。

2．混合式教学法的特点

（1）线上线下的混合

混合式教学法实现了线上线下的混合，改变了以往的教学模式。会计教师在教学中使用混合式教学法，将线上平台的资源和线下学生主动探究的个体活动结合起来，师生通过线上学习平台进行交流和答疑解惑，并且平台也会实时地对学生的学习情况进行大数据分析，为学生后续的学习提出有针对性的改进意见。在混合式教学法中，学生不再单纯坐在座位上听教师讲授相关知识，而采取自主学习的方式、小组合作探讨的方式等进行学习，教师在课堂上也可突破讲读、讲述、讲解、讲演的形式，将多种新型的教学法如项目教学法、任务驱动法以及情境教学法等在混合式教学所搭建的框架上实施。混合式教学在教学过程中侧重于学生自学能力、团队合作能力、分析问题和解决问题能力等能力的提升，旨在帮助学生养成后续知识学习的能力和提升教师的教学效果。

① 何克抗．从 Blending Learning 看教育技术理论的新发展（上）[J]．电化教育研究，2004（3）：1—6．

（2）教学资源的混合

在信息技术发展的背景下，获取知识的方式也发生了变化，从以前主要通过线下从实体化环境中得到，到现在可以通过线上从虚拟化环境中获取。基于此，混合式教学顺应了知识获取方式的变化，不再过分强调教师在课堂上传授的知识，而是将各个平台的资源进行混合，教师可以在课前和课后将上课所需的资料借助网络以各种形式发放，学生如果要掌握某一相关知识点，不再局限于文字对知识的传授，而是可以借助教师所提供的各种线上资源进行理解。

3．混合式教学法的理论基础

（1）建构主义学习理论

建构主义学习理论认为，知识并非单靠教师传授，而是学生在特定的环境中、在他人帮助下、运用必要的教学资源，通过意义建构来获得的。其中，“以学生为中心”“实际情境教学”“提供充分的资源”和“协作学习”是建构主义提出的几个教学基本思想。建构主义者反对传统课堂教学中的以教师为中心，认为教师应该在课堂中承担组织、设计和引导的责任，教师应该根据学生实际需求来设计自己的教学，进行小组间的协作交流，使学生的学习由被动学习转变为主动思考学习。

（2）掌握学习理论

掌握学习理论是由美国著名教育专家布鲁姆（Bloom）提出的，他强调只要有足够的时间和有效的教学，每个学生都可以学好。同时，掌握学习理论认为认知准备状态、情感准备状态和教学质量这三个变量从不同程度上影响学生的学习成绩，其中认知准备状态的作用率占 50%，情感准备状态和教学质量各占 25%。

此外，在布鲁姆看来，教师应当鼓励和支持学习者自己去探索、发现新知识并将这些知识运用于实践中。教育应该是面向全体学生的，教学的目的不是对学生进行等级划分，即使学习能力弱的学生也可以成功。掌握学习理论不仅提供了一种新的教学方式，而且打破了传统教育中对学生划分好坏的观念，对于后进生的学习成效和教师的教学改革具有重要意义。

（3）联通主义学习理论

一方面，联通主义把知识看作一种联通化的知识，是相互连接的，且知识不是静止的，而是一个流动的不断发展的过程。知识存在于知识网络之中，并通过节点相互连接，但这些知识节点是动态的、持续更新的，且人们认知能力有限，这就需要个体与个体之间、个体与环境之间充分协调，即教师需要与学生协调好，教师还需要将学生与环境协调好，使学生与知识之间呈现正相关。

另一方面，联通主义认为，学习者对于更新的知识是有选择性的，往往凭借自身的经验与新知识进行整合，从而去解决问题，但这种自身经验不一定是正确的。在信息技术时代，信息爆炸式的传播，加大了个体的学习能力与知识更新之间的差距。

联通主义学习理论对混合式教学有一定的指导意义。混合式教学通过利用各种学习工具、线上线下多样的教学手段，搭建知识的桥梁，促进学生头脑中的知识串联，能够很好地帮助学生完成学习过程，且不懂的地方可以反复回看，每看一遍就会有每一遍的见解。另外，教师可以搜集各种教学资源，了解最新研究进展，从而创造性地设计教学过程，使学生不断更新知识，但在此过程中教师也要进行恰当的指导，促进学生新旧知识的正确结合和融合。

（4）人本主义学习理论

人本主义学习理论对学生的整体发展进行了全面的阐述，在教学中充分强调学生的主体性，注重激发学生的创造潜能，指导学生将自己的认识与经验相结合，进而达到自我实现。同时，关注学生的自我评价，使学生能够自己评价自己。

根据人本主义学习理论，在教学中要充分尊重学生的主体地位，给予学生自由发挥的空间，帮助学生开发潜能。教师可以根据学生发展的个体差异，进行因材施教和分层次教学，充分照顾不同学习层次的学生，帮助学生更好地实现自身的发展价值。因此，人本主义学习理论的教学思想跟混合式教学法有很多共同之处。混合式教学法同样强调学生进行自我学习和评价，同样以学生为中心、重视学生主体地位等，人本主义学习理论对混合式教学法的发展具有重要作用。

（5）认知目标分类理论

布鲁姆受到行为主义和认知心理学的影响，在 20 世纪 50 年代，他在对教育目标进行系统的分类研究后，将教育目标在认知领域由低到高分为知识、领会、运用、分析、综合、评价六个层次。[①]

混合式教学通过将布鲁姆的认知目标分类理论和会计专业的教学相结合，来体现会计专业的认知目标特征。在会计专业中，知识模块主要是对会计专业中所要学习的概念、原理的识记，如学生在专业课学习中对会计的概念、会计的职能以及会计的特点的识记；领会模块主要是对所学知识的理解，但前后知识的连接还不一定稳固，如学生在专业课学习中学了会计信息质量要求，但对于这些质量要求的理解还需要学生进一步的深入学习，建立前后知识间的联系；运用模

① 韩婧．基于布鲁姆认知分类的综合英语课程混合式教学研究[J]．开封文化艺术职业学院学报，2021，41（7）：99–100．

块主要是对先前所学知识在真实环境中的应用，检查对之前所学知识的掌握程度，如学生在学了会计相关知识理论后，在会计专业实训课中依托一个仿真的模拟环境进行各类凭证、报表的填制；分析模块和综合模块则是对之前所学知识的结构进行分解和拆分以及归纳总结，体现在会计专业上，则表现为学生对所学的知识能分门别类，知道会计理论知识和实操知识内在的逻辑联系；评价模块是在前 5 个模块的基础上，对所要学习的知识能够有一个客观的评价和价值判断的能力。

根据认知目标分类理论，教师在教学设计中要充分考虑各个层次相对应的教学目标，以学生为中心，设计出符合学生学习认知目标的学习任务清单。

（6）多元智能理论

多元智能理论是美国心理学家霍华德·加德纳（Howard Gardner）1983 年在《智力的结构：多元智能理论》一书中首次提出的。他认为，我们每个人的智能不是单一化的，而是以一组既相互依存又彼此具有独立意义的、以多元形式存在的智能相组合而成的。这种多元化的智能是在个体发展过程中不断整合而成的，它不仅包括语言能力和数学逻辑能力，还包括自然探索能力、身体运动能力、人际交往能力等多方面的内容。多元智能理论认为，在教学过程中应该把培养学生的多种智能作为重点。多元智能包括知识、情感、意志等多个维度；每个人都有自己独特的思维方式与行为模式，每一个学生都是完整人格的体现。教师要给学生合作学习以及探究交流的机会，让课堂成为教师和学生双向互动的平台。

（7）深度学习理论

何玲和黎加厚教授①从布鲁姆的六个认知领域的教学目标出发，详细对比了深度学习和浅层学习的特征，归纳出深度学习的三个特点，即深度学习意味着理解与批判，联系与建构、迁移与应用，并指出，深度学习是建立在理解学习的基础上的，学生通过对新概念、新事物的批判性学习，将它们与已有的认知相联系，从而做出决策和解决问题。根据深度学习的定义，“应用、分析、综合和评价”这四个较高层次的认知属于深度学习，而“知道和领会”较低水平的认知属于浅层学习。

深度学习理论对混合式教学的指导意义如下。

当前，教育应更加注重学生对知识的理解和应用，即关注对学生深度学习能力的培养。从目前的课堂教学来看，教师在课堂上花费大量的时间来帮助学生记忆知识，也就是说发展的是学生的浅层学习，但是却很少把时间用在综合应用和

① 何玲，黎加厚．促进学生深度学习[J]．现代教学，2005（5）：29−30．

创造性地解决问题上，即轻视了学生发展高阶思维的深度学习。如何解决这一问题呢？广受关注的混合式教学是一个很好的方式，其贯穿课前、课中和课后，将需要教师帮助较少的“知道和领会”的浅层学习放在课前的线上预习阶段，将需要教师的指导和帮助较多的“应用、分析、综合”放在课堂教学阶段，最后的“评价”则通过线上和线下综合进行反馈，以促进学生高阶思维能力的养成。

4. 会计混合式教学的过程设计

（1）课前自主学习阶段

一是综合会计专业教材，制作适合线上学习的课前自学资料。如结合课程计划，搜索一些案例视频、测试题库等，特别是一些枯燥的基础知识，可以选用“动画版”素材实现“图文并茂”，由此提升自学资料的趣味性与情境化，亦可以增加“预习挑战”等在线问答环节，鼓励学生自由检验自学成果，便于在课堂上自主提问，提升课堂教学的现场互动性。

二是结合学生群体特点，课前勾画重点难点，由教师提供动态版的思维导图，提前帮助学生梳理知识结构，通过“前课提要”等课件回访、视频回放等功能提高学生解决实际问题的能力和会计实操能力。

三是借用线上功能设置“自学排行榜”等激励措施，学生课前完成情况、完成效果均可由老师进行经验值加成，促进学生自主学习环境下的良性竞争。由此帮助教师提前了解学生会计知识的储备情况等，继而有效调整优化教师线下课堂的具体教案与备课计划。

（2）课中答疑互动阶段

一是创设优质的课前导入话题。用一张图、一段话、一个热门话题、一组会计资讯等设置为线上或线下课堂的“前菜”，交由学生互动讨论、自由答疑，教师则择取其中讨论最激烈的问题视角切入，再基于专业知识及课程内容提出新问题、新主题，由此引发学生对课题的新思考、新讨论。

二是开启课堂答疑模块，依托移动互联网教学平台来突破传统课堂的时间限制，实现课堂阵地的延展，给予学生更多机会和教师进行某一知识点的探讨，也给予学生更多的时间通过课后实操练习来体味课中讲授的知识要点或难点问题，由此让师生在更平等的视角下围绕会计课程来共同成长。

三是构建共同参与和实操能动的在线互动。丰富课堂互动不仅在于课堂氛围的创造，更在于通过如案例分享、项目实践、分组讨论等形式，提高学生的学习专注力、集中度，培养学生的质疑精神与批判精神，在直面任务与问题的同时，敢于向同学与教师质疑，使学生在探索中掌握知识、加强锻炼。

（3）课后巩固提升阶段

一是在移动教学平台导入课后习题作业，如测试考卷、小组任务、实操模拟练习等，并设置作业提交时间，以调动学生的积极性与及时性。帮助学生设定学习计划，改善学生自我控制能力不足、学习注意力不集中的问题，由学生互相监督与鼓励，及时完成课后作业与复习任务，保证课后学习的有效衔接。及时提交作业可以保证有更多课后时间交由教师进行作业批改，这样教师就可以及时发现问题、解决问题，促成教学计划的有效推进。

二是依托移动教学平台的提问、互动、反馈等功能设定，在5G技术状态下可实现同屏直播等功能。一方面教师可以在线监督，可以共享课堂教案、帮助学生划重点、巩固知识；另一方面，学生课后遇到问题，可以通过留言、语音等途径提问、讨论等。此外，教师可以集中课后学生反馈讨论的问题，梳理学生存在的认知难点或困境问题等，在下节课上可有针对性地进行课前复习。

（八）任务驱动式教学法

1. 任务驱动式教学法的定义

（1）任务

在把握任务驱动教学法的内涵之前，我们应先厘清“任务驱动教学法”中的“任务”一词。威莉斯（Jane Wills）提出任务是一种目标定向的活动，在活动中，学习者可以通过各种学习资源，在教师的帮助下获取真实的任务成果。朱永杰[①]认为任务是教师根据具体的学科课程，在真实的社会情境下精心设计的，它兼顾了学生应掌握的知识与技能，既满足了学科的教学目标，也满足了学生全面发展的要求。郭邵青[②]认为任务是知识与技能的载体，应具备两个条件：一是应具备趣味性；二是能够有效组织知识体系，从而与教学内容和教学目标更为贴切。并根据任务的大小以及任务的开放程度可将任务分别分为系统任务、独立任务、封闭性任务、半开放性任务、开放性任务。

区别于“活动”，任务驱动教学法中的“任务”具有开放性、互动性、目的性三方面的特征。其中，开放性是指学生可以不拘泥于一种模式去完成任务；互动性强调教师、学生之间的协作学习，在合作交流中分享自己的思路，实现多变互动的功能；目的性是指任务本身并不是教学的目的，真正的教学目的隐含在任

① 朱永杰，冯建成．任务驱动教学法中的任务设计[J]．教育与职业，2010，664(24)：153–154.

② 郭绍青．任务驱动教学法的内涵[J]．中国电化教育，2006(7)：57–59.

务的实现过程中，学生通过在任务实践中逐渐加深对知识的认知，提升自己的技能。

（2）任务驱动教学法

任务驱动教学法将“任务”一词作为要点，以学生为教学主体，围绕学习任务展开教学，最后以任务的完成检验和总结学生的学习过程。任务驱动教学法是建立在建构主义教学理论、学习动机教学理论以及其他相关教学理论的基础上，将教与学相结合，使教师以问题解决和任务完成为主要目标，改变传统以填鸭式教学为主的教学理念，将学生的生活和自身的兴趣作为出发点，把教材内容和课堂活动相结合布置具有针对性、趣味性、探究性、实践性、情境性的学习任务，让学生通过课堂互动和小组探究来互相学习，从而提升学生的实践能力、团队合作能力、自我探究能力及知识应用能力。任务驱动教学法在让教师提升教学质量的同时，也能让学生在过程体验中激发求知欲和学习兴趣，并在任务完成后获得荣誉感和成就感。

2．任务驱动式教学法的特征

（1）以任务为主线

任务驱动教学法的实质就是通过设置“任务”来激发学生的外部学习动机，合理的任务是任务驱动教学法顺利开展的必要前提，而且任务设计的质量与教学效果的质量呈正相关关系。因此，教师应统筹考虑教学内容、教学目标、学习者现有的知识水平等因素设计出贴切实际生活的任务。

除此之外，教师在设计任务时还应遵循以下原则。第一，任务应具有趣味性。设计的任务应贴切学生所生活的社会情境，从而更好地引起学生的学习兴趣，使学生通过自主学习、协作学习完成任务，实现对知识的意义建构。第二，设计的任务应尽可能多地涵盖课程中所要求掌握的新知，使得学生能够从整体出发，建构系统的知识体系。第三，设计的任务应具有开放性。任务的完成不应受限于一种途径，应积极发挥学生的主体作用，发挥学生的主观能动性，创造性地寻找出其他途径完成任务。第四，任务应具备可操作性、明确性。笼统的学习任务无疑会增加学生学习的难度，同时在实践中，学生也应能够利用当前所掌握的知识与技能完成任务。第五，任务的难度与数量要适中。学生的发展具有不平衡性与差异性，因此要设计具有梯度性的任务难度供学生选择；同时，过多的学习任务会挫败学生的学习自信心，过少的任务则会使学生在学习中感到无聊，从而减弱学习动机。第六，设计的任务应易于评价，以便教师能够清晰、准确地了解学生的学习情况，并结合学生的学习效果及时给予学生正向的鼓励，以维持学生的学习动机。

（2）以教师为主导

在任务驱动教学中，教师应意识到自己角色身份已发生转型，不再是单纯的施教者，还被赋予了其他的角色身份。

第一，学习任务的设计者。教师应根据社会情境、学生的认知水平与心理特征，合理的设计具有真实意义的任务活动。

第二，教学情境的创设者。根据设计的任务与教学内容，模拟出一个与学生生活紧密贴切的情境氛围，帮助学生更好地融入课堂中。

第三，学习材料的援助者。教师应尽可能地为学生提供学习资料和技术支持，使得学生能够有多余的时间进行探索、思考。

第四，任务的帮助者。在任务的进行过程中，对于学生遇到的问题，教师应及时伸出援手，帮助学生解决难题，引导学生掌握正确的解决技巧与操作技能。

第五，任务的评价者。教师应采用形成性评价、总结性评价等多种方式，及时地给予学生学习反馈，让学生随时掌握自己的学习情况。

第六，学习活动的监控者。学习活动是一个持续的动态过程，教师应合理协调教学各要素，对整个教学过程进行引导和监控，帮助学生在规定的时间内完成任务。因此，在任务驱动教学过程中，教师应积极扮演好自己的角色，以更好地指导学生的学习活动。

（3）以学生为主体

任务驱动教学法强调学生的主体性，着重培养学生自主学习的能力。这主要体现在以下几个方面。第一，学生是任务的主要完成者：学生在学习过程中，通过小组学习、协作学习等方式，利用学习资源自主完成学习任务。第二，具有趣味性的任务可以引起学生的好奇心，以及对知识的求知欲，从而吸引学生积极主动地参与到课堂活动中。第三，任务驱动教学所设计的任务，兼顾了课程所要求的知识与技能，学生在完成任务的过程中，不断提出疑惑，进而加以分析、解决，将问题逐渐形式化。第四，任务驱动教学强调师生、生生之间的互动，学生在与他人相互探讨中解决学习中的困惑，在沟通交流中形成良好的人际关系，培养团队精神。因此，在任务驱动教学过程中，学生应改变传统的被动学习状态，积极主动地参与到学习进程中，培养自主学习的能力。

3. 任务驱动教学法的理论基础

（1）建构主义学习理论

建构主义学习理论强调学生的学习活动必须与任务或问题相结合，以探索问题来激发和维持学习者的学习动机，创设真实的情境，让学生带着任务主动学习。

也就是说，知识不是孤立存在的，任务活动的安排有助于帮助学习者理解并习得知识，继而促进个人能力的发展。支架式教学是社会建构主义学习理论在其应用中的典型代表之一，它提出，教育者提供具有挑战性的任务给学生，在学生遇到难题时给予一定帮助，随着活动的深入减少干预，最终学生在探索中主动完成任务，发掘出学生潜在能力。支架式教学深刻体现了任务驱动教学法“教师主导、学生主体”的特点，为学生创造了最佳的发展进步空间。

（2）奥苏伯尔的成就动机理论

学习动机是促进学习者进行某项学习活动，并朝着目标努力以完成学习任务，从而获得内部心理满足的动力倾向。学习动机分为内部学习动机和外部学习动机两大类：内部学习动机是指由学习者自身的兴趣爱好而诱发的学习动机；外部学习动机是指由外界刺激引起的指向学习结果的一种学习动机，非真正的热爱学习，学习有一定的目的性，如为了获得奖励或避免惩罚等。美国心理学家奥苏伯尔（AuSubel）将成就动机分为三种内驱力：认知内驱力是为了获得知识，自我提高内驱力是为了赢得地位与自尊心，附属内驱力是为了获得他人认可。

（3）维果茨基的最近发展区理论

维果茨基认为学生有两种发展水平：一是现有（实际）发展水平；二是潜在发展水平。现有发展水平是指学生个体用头脑中已有的知识结构解决问题的水平，潜在发展水平是指在他人指导下或与他人合作下解决问题的水平。这两种水平之间存在的差距叫做“最近发展区”。维果茨基主张教师在教学中通过科学引导发掘学生的潜能，帮助学生在已有的知识体系中达到更高的水平。

任务驱动教学法在维果茨基的理论指导下可以更好地启发教学，教师在任务的设计中，应充分考虑学生的个性心理和学习水平，做好不同水平的学生有着不同的学习效果的预设，合理设计任务。任务设计的内容要丰富有趣，以满足学生的好奇心，提高其完成任务的积极性。任务设计的难度要在学生的现有水平之上，以创造最近发展区。因而，教师在布置学习任务后不能直接让学生放手完成，而是要进行适当的教学引导，也就是引导即将学习的新知识，学生自主思考后再进行小组互动，这样既能提供新旧知识之间主动建构的桥梁，又可以提高学生完成任务的驱动力，使其获得学习的成就感。

（4）成就动机理论

成就动机理论也叫期望－价值理论，以美国心理学家约翰·威廉·阿特金森（John William Atkinson）为代表人物。他认为个人在追求目标时有两种内心倾向：一种是避免失败的倾向，另一种是渴望成功的倾向。根据两种动机的强弱，将个体划分为力求成功者和避免失败者。力求成功者往往积极上进，探求目标；而避免失败者则消极对待；回避目标。在成就动机理论指导下，教师设计学习任务时可以采取有针对性的教学措施：对成就动机较强的学生提供有难度的任务，鼓励他们多思考、多竞争，严格评价其任务成果；对成就动机较弱的学生使用多鼓励、宽松评分的策略，并且要采取一定措施提高他们的学习动机。

奥苏贝尔提出每个学生都有成就动机，他们都希望完成学习任务，取得好成绩。他提出有意义接受学习理论，强调学生需要主动学习，在原有认知结构的基础上同化新知识[①]。学生如果能够明确目标，他们内在的驱动力就会推动他们学习。如果学生能够通过个人努力完成任务，获得教师和同学的认可，他们便会产生较强的自信心，激励他们更加主动参与学习活动。教师采用任务驱动法教学时需要帮助学生明确目标，多鼓励、赞扬学生，提高他们的学习动机，引导他们形成主动探索、积极学习的良性循环。

（5）合作学习理论

合作学习是指通过教师协助指引对学生进行分组，组内学生通过明确的分工与协调合作来一起完成学习目标。合作学习是实现面向全体学生教育理念的有效途径，小组内成员自由共享获得的信息和自己的思想，不同层次的学生都可以在组内发挥作用，参与探索学习的过程，从而使不同学生对知识的理解都有所提高。合作学习改变了传统的学习模式，创新了教学观念，小组合作学习的形式突出了学生的主体地位，小组内讨论、实验等活动还可以激发学生的主动性、创新意识等。

合作学习的理论基础是目标结构理论和发展理论。目标结构理论认为，在团队合作中，由于每个人完成任务所获得的奖励方式不同，所以在每个人完成任务的过程中，他们之间相互作用的方式分为三种，分别是互相鼓励、互相竞争和相对自我，这三种不同的相互作用方式对于个体的心理和行为所造成的影响也是不一样的。发展理论的最终目的是人的认知，主要强调合作学习对任务的完成起到的作用，更加重视小组中的每个人在完成小组共同目标的过程中个人的认知水平是否有所提高。

4．任务驱动式教学法与会计教学的结合

（1）充分的课前准备

在采用任何新的教学方法前都需要做好充分准备，只有师生都做足准备，才

① 奥苏贝尔．意义学习新论[M]．毛伟，译．杭州：浙江教育出版社，2018：6，116．

能更好地发挥教学方法的作用。就大学阶段的会计课程而言，在引入任务驱动法前师生需要做以下准备。

①教师课前准备。首先，教师要对任务驱动法进行深入了解。不仅要了解任务驱动法相关理论知识，还要结合课程内容制定任务目标并加以预演，推测学生学习过程从而判断目标设置是否合理，如在推演过程中发现目标设置不科学，要及时调整设置的目标。以“借贷记账法的运用”作为参考对象，教师在选择任务时既要有一定难度，以便激发学生的能动性；又要有较强的操作性。这就要求教师同时熟悉教学内容与任务驱动设置方法，这也是教师在课前需要做准备的重点内容。

②学生课前准备。学生在课前也需要做适当的准备，如在课前对本节课所需学习内容做好预习、课前复习以前学习内容等，通过复习巩固之前的知识，通过预习对未来要学内容形成大致了解，一旦教师在课堂上公布学习任务及目标，能够及时做出反馈，不至于毫无头绪。

（2）课上的驱动进展

在会计课程中引入任务驱动法是为了提升学生自主学习能力，而一定的情境能够给学生营造适合的学习环境，增加过程感，从而更好地形成理解与认识。以应收账款坏账核算教学为例，就该教学过程中如何在课堂上进入任务驱动法进行展示。

①创设情境、课程导入。课前教师要将本节课所学内容进行提前说明，让学生在课下做好预习。首先，在上课初始教师可通过典型的坏账案例作为课程内容的导入，既能够让学生对坏账进行大致了解，在案例的作用下又激起了学生的探索兴趣。该环节要注意给学生预留一定的时间，让其进行小组讨论或者自行思考。

②任务目标下发。在课前准备阶段，教师要根据本节课内容预设不同的任务目标，然后结合课程所选案例，将目标分别下发到个人或者以小组的形式下发，下发任务不仅要有总体的任务目标，同时也要有具体目标及要求，以便在学生自主学习与讨论时能够起到引领与驱动作用，便于发现和总结本节课学习的关键点。

③小组方式。当采取分小组的方式时，要明确小组成员的分工，在任务完成的过程中要互相帮助、互相监督，成员之间如果有不同的意见要进行充分的讨论。

④任务完成情况汇报。当各小组或班级成员大多完成任务后，要分组或者以个人的形式对任务的完成情况进行汇报，如坏账核算中发现的问题、如何避免此类问题出现、对自己在本次任务中的表现进行打分、自己还存在哪些疑惑或者不理解的地方等。

⑤综合点评。主要由班内学生对汇报学生进行点评，这里的点评可能存在错误之处，但要鼓励学生大胆地阐述自己对问题的看法，鼓励学生对存在的问题进行集体研讨。

⑥教师点评。这也是最后一个环节，在点评的过程中教师既要对学生汇报的情况进行点评，也要对综合点评中其他同学的评述加以点评。

（3）课后总结

教师点评环节结束就意味着任务驱动教学法的完成，但这并不等于教学内容的完成，在课程结束前教师要结合本节课程的重难点进行梳理、总结，让学生跟着老师的节奏对本节课进行再次巩固。此时，教师可以结合本节内容，将新的案例和任务下发给学生，要求学生利用课后时间独自完成课程内容相关案例的学习。

二、会计教学的手段

（一）讲授手段

1. 讲授手段的概念

由于讲授手段由来已久，许多文献中都有对讲授手段的定义，目前《中国大百科全书》和《教育大辞典》中的定义是被广泛认可的。《中国大百科全书》的教育卷指出：讲授手段是“教师通过口头语言向学生描绘情境、叙述事实、解释概念、论证原理和阐明规律的教学方法。它是教师使用最早、应用最广的教学手段，可用于传授新知识，也可用于巩固旧知识，其他教学手段的运用几乎都需要同教授手段结合进行”。在当代著名教育学家顾明远主编的《教育大辞典》中，将讲授手段定义为“口述教学法”，是教师通过口头语言向学生传授知识的教学方法。讲授手段包括讲述、讲解、讲读、讲演四种。可见，讲授手段是教师将要讲授的内容转化为自己的语言，经过加工后以口头的形式表现出来，使学生理解、接受并掌握所学内容的一种教学手段。

讲授手段经常被误认为是“注入式教学”，并将其与“启发式教学”相对。在《教育大辞典》中也有对“注入式教学”和“启发式教学”的定义。“注入式教学”，亦称“填鸭式教学”，是指教师在会计教学过程中，视学生为接受知识的容器，不顾他们的基础知识，理解能力和学习兴趣，用强制的方法向学生灌输知识，并要求他们呆读死记。“启发式教学”是遵循教学规律，运用各种教学方法，充分调动学生学习的主动性、积极性的一种教学类型，与“注入式教学”相对。

不能仅因为“教师讲，学生听”这一表层特征，就将讲授手段等同于“注入式教学”，讲授手段也是可以实现“启发式教学”的。

2．讲授手段在课堂教学中的必要性

（1）讲授手段的优势

讲授手段是一种特点显著的教学手段，其优势正是讲授手段经久不衰的根本原因，也是其他教学手段所不能替代的。首先，讲授手段可以克服教学内容繁多的困难。教师基于经验与教学前的准备，可以高效地向学生传授教学内容，避开不必要的认知曲折过程；其次，讲授手段可以克服教学设备不完善的困难。讲授手段对客观环境要求不高，是非常容易实施的教学手段，且应用范围广，适用于任何学科；最后，讲授手段还可以克服教学对象状态不确定的困难，易发挥教师的主导作用，教师可以根据学生的状况及时进行教学调整，以使课堂教学态势向更好的方向发展。

（2）讲授手段的特性与地位

讲授手段不仅具有其他教学手段所不能取代的独特优点，还对其他教学手段或者辅助设备具有极强的涵容性，其涵容性也是其他教学手段所不能替代的，讲授手段更是班级授课制下不可或缺的教学手段。

每一种教学手段都有自身的优势与不足，这就意味着在教学中，想要达到最理想的教学效果是不能仅靠一种教学手段的，而需要根据具体的教学目标、教学对象的实际、教学内容等，将不同的教学手段进行结合运用。其他教学手段的运用也是离不开讲授手段的，与讲授手段相结合可以构成互补交融的关系，是最佳选择。

（二）演示手段

1．教具演示

教具在《现代汉语词典》中的解释为“教学时用来讲解说明某事物的模型、实物、图表和幻灯等的统称”。本书对教具的定义为能够协助教师形象地展示教学内容的用具，甚至是随手拿来的书本、教师的肢体等。教具演示手段是指教师在教学过程中借助可以轻松获得的实物，通过演示帮助学生理解会计知识的教学手段。

2．实验演示

实验演示手段是在会计教学过程中借助器材和设备，教师自身或组织学生进行模拟实验，演示会计实操过程，从而使学生更加深刻形象地理解会计知识的教学方式。实验演示又分为课内实验演示、课外实践性实验演示和想象实验演示。

课内实验演示是利用实验器材，通过演示、讲解、使学生获得对会计知识直观认识的教学方式。课外实践性实验演示是由于课堂时间有限，利用课余时间学生自主或师生协作进行实验，获得对会计知识亲身理解的教学手段。想象实验演示是指学校因缺乏实验器材和实验场地，通过教师的语言创设情境，让学生想象地理解事物的教学手段。

3. 多媒体课件演示

多媒体课件演示是教师根据教学内容，查阅收集相关的文字、图片、视频插入课件中，通过多媒体课件的内容带领学生学习的教学方式。它补充了传统教学中的缺陷，从视觉、听觉、感觉中丰富了课堂教学。多媒体课件可以分为图片图像与文字结合类、视频类、资源补充类、知识总结复习类。

⑴多媒体手段的概念

多媒体技术也叫多媒体计算机技术（Multimedia Computer Technology），它是一种能够让用户以交互方式将文本（Text）、图形（Graphic）、图像（Image）、音频（Audio）、动画（Animation）和视频（Video）等多种信息经过特定的软硬件获取、制作、编辑和储存等处理后，以单独或合成的形态表现出来的技术和方法。

多媒体技术，简单地说就是计算机实时综合地处理文字、声音、图像等各种媒体信息的系统技术。我们常说的“多媒体技术”，可看作是一门信息科学技术。人们常说的“多媒体技术”指的并不是媒体本身，而是对媒体本身进行信息处理以及应用的计算机方面的科学技术。同时，这些多媒体技术也主要由计算机技术支持。

多媒体包括由大量的视听觉信息所形成的全新的教育媒体，与传统的教学方法一样，能够极大地拓宽老师和学生的眼界，对老师和学生都有着巨大的吸引力。在使用多媒体学习的时候能够培养学习者的创意与想象力，扩展学习的深度，在利用多媒体进行学习时，学生能够利用听和看真切地感受学习内容，这些是教师用语言根本无法描述的。

⑵多媒体课件演示的特点

①交互性。多媒体教学系统支持交互式教学，在课堂当中，如果教学需要，教师就能够把计算机荧屏上所展示的图片、动画片、文字、语言、音乐等真实的内容通过多媒体课件呈现给学习者，并进行人机交互，而这种交互反映了在信息内容传播方与接受双方之中，真实的交互信息内容，更重要的是能对其中的教学信息进行加工、转换、分解等。这种交互性，能够让教师避免“满堂灌”的课堂

状态，而采取启发式教学方法，通过引导学生去独立地思考与探索，就可以训练学生在思维方面的创新能力。通过多媒体教学的交互性，教师可以反复观察学生的学习情况，及时了解教学反馈信息，了解学生的学习程度和情况，随时发现问题而进行灵活的教学计划设计。

②高效性。优秀的多媒体课件在教学中的合理使用，可以调动学习者的学习兴趣，启发学习者的想象力与创造性，帮助学生提高学习成绩，更快速高速地提高教学效率。多媒体课件可以把丰富多彩的文字信息内容转换成简单明了的文字信息、图形、动画、音频、视频，缩短了学生接受信息的时间。学生不仅能够快速地观察到学习内容的脉络、前因后果，还能够在有限的时间内获取更多的信息，提高了教学质量和教学效果。

③直观性。多媒体课件演示能够形象地、直观地展现教师所要表达的内容，更便捷地展示多媒体课件里的教学内容。知识是有选择性的，因此各种各样的客观事物即使在某个时期内也不会使学生全盘接受。教师很难用口述、文字把教学目标和内容全部说明清楚，学生只能抽象地理解知识和概念。但是随着计算机的飞速发展，多媒体技术给教师带来了许多便利，教师可以用更加灵活的教学方法改变过去枯燥呆板的讲授方式，也可以让学生在轻松愉快的环境中将教师所讲解的内容迅速地学会与了解，从而帮助学生克服认知障碍，进一步培养学生的学习能力和思维能力。

④整合性。多媒体教学充分整合了教育资源，教师可以根据不同年级段、不同年龄段、学习水平选择汇总和编制不同的多媒体素材（这些素材可以来源于书本、教学参考资料、互联网、学生的习题作业等）。学生可以从不同的角度观察提问、剖析和解决问题；教师可以节约时间，提高信息的输入量，在有限的时间内提高教学质量与效率。

⑤科学性

多媒体课件演示具有科学性。教师在讲解复杂的知识点使用口述或黑板时，因为受到条件的限制，需要一板一眼地讲解，梳理框架时学生难免会被眼花缭乱的场景搞得前后因果难以连贯。教师采用多媒体教学时可以连贯、反复地展示、讲解复杂的知识点，使学习内容更加明确。

第八章　会计教学改革与创新路径分析

进入“互联网＋”时代以后，信息技术得到了广泛应用，越来越多的会计工作已经由智能机器人进行处理，会计工作人员的工作内容则逐渐发展至以管理工作为主的形式，由此，为了顺应时代发展和满足行业发展的需求，高校的会计教学工作需要进行相应改革，也需要时时完善教学内容、改善教学模式等。本章分为会计教学改革的机遇与挑战、会计教学改革的必要性与可行性、新时代会计教学改革的创新路径探索三部分。

第一节　会计教学改革的机遇与挑战

一、互联网给会计教学改革带来的机遇

（一）教学内容的创新

互联网特点之一就是海量的信息与资源交换的便捷。当把互联网引入高校教学时，日常的教学内容会得到极大的丰富。这是“互联网＋教育”的资源基础与核心竞争力所在。利用新一代互联网技术可以打破不同地域、校际的隔阂，深度整合现有会计教学内容和在线课程资源，形成课程互选和学习成果互认的可行模式。未来的“互联网＋会计教学内容”将重在建设以课程设计为核心，集成并整合各类优质教育教学资源的“网络超市”，不同高校的学生可以从“网络超市”各类优质教育教学资源中自主选择相关课程，提高学生学习的主动性和积极性。此外，结合会计专业的特点，将会计实训纳入日常的课程体系，不再局限于实验室中，借助计算机模拟企业的经营流程与核算、考核评价流程，学生可借助会计电算化进行模拟操作，体验会计的日常工作，将理论与实践紧密结合。

（二）教学体验的创新

互联网的另一个特点是可以通过提取用户使用习惯的大数据进行智能分析，

向用户输送能够满足其兴趣、爱好、需求等方面的内容，即用户体验。对于会计教学来说，就是要以学生的需求为导向、以学生的体验为核心，通过各类“互联网＋会计教育”产品的设计和生产，将学习过程变为更简单、更便捷、更有趣的活动。

（三）教学模式的创新

1. 慕课

互联网的引入意味着教学模式不再单一，从会计教学的角度出发，可将慕课资源引入会计教学中，以发挥互联网环境中慕课资源的优势。慕课资源具有公开性、共享性强的特征，将会计教学内容整合在课程视频中，可以为会计教学带来更多的交互元素。慕课在互联网教学体系中的应用较为广泛，可以真正实现教学资源的全网络互通。可通过慕课资源扩充会计教学空间，授课内容的展示效果也会更胜一筹。会计教学体系中涉及的财务、成本等知识点，均可融合在慕课资源之中。

2. 微课

关于会计教学中的微课资源，是将会计教学某一阶段或者某一章节中的知识内容进行提炼，并将提炼后的结果以流媒体的方式呈现，通常表现为视频方式，尤其是时间较短的视频。微课资源中包含的内容可以非常丰富，例如会计教学课程的核心、材料内容、测试题目等。总之，有关会计教学的全部资源都可以融合在微课资源中，从而优化了会计教学内容的展示效果。由此可见，微课资源具有综合性特征，可以将完整的会计教学体系经过的各个环节有效融合为一个整体，体现出了资源平台的部分属性。因此，微课资源既是现代技术在课堂教学环境内的典型应用之一，也是对现有资源应用的升华，可以充分发挥视频等流媒体模式的优势。

3. 翻转课堂

在美国兴起的“翻转课堂”也是一种颠覆式的教学模式。在翻转课堂上，学习内容的决定权在学生手中，教师不再占用课堂的时间来讲授信息，这些信息需要学生在课后完成自主学习，他们可以看视频讲座、听播客、阅读功能增强的电子书，还能在网络上与别的学生讨论，能在任何时候去查阅需要的材料。教师也能有更多的时间与每个人交流。在课后，学生自主规划学习内容、学习节奏、风格和呈现知识的方式，教师则采用讲授法和协作法来满足学生的需要和促成他们的个性化学习，其目标是让学生通过实践获得更真实的学习。当被动变为主动时，学习也就变得不再机械和枯燥。

4. 云课堂

云课堂本质上是一种教学平台，是信息化教学的重要推手。云课堂支持计算机平台与移动端的双重应用模式，两种应用模式之间可以互相交流，会计教学的任何环节都能够通过两种方式完成。换言之，会计教学过程的互动效应会进一步增强，教师在准备会计教学资源的情况下，通过计算机、手机等多种设施推送，学生接受会计教学资源的行为不受时间和空间因素影响，可以随时随地获取并学习教师推送的教学资源。

云课堂有助于教师对会计教学过程的跟踪，学生在会计教学中的任何表现，都能真实地反馈在会计教学云课堂中；教师无须时时刻刻在云课堂前，也能够掌握学生的表现。因此，云课堂实际上激发了移动设备的学习属性，学生利用移动设备完成规定的会计课程学习任务，自身的学习动力也会增强。云课堂中整合了大数据技术，学生在云课堂中的一切表现均有对应的数据信息，对学生的会计学习过程可以形成更客观的评价。

二、会计教学改革面临的挑战

（一）培养目标单一

传统的会计教学以培养学生对知识的掌握程度为重点，教学重点在于培养知识体系健全的、规范性的会计人才。学生在掌握会计核算能力的基础上，通过会计知识内容的学习，掌握会计的基本理论、方法和技术，从而扩展学生的知识能力体系。传统的会计知识体系已经无法满足会计人才需求目标，会计人才培养应以“知识融合、素质贯通、能力递进”为指引，会计人才最低应该具备利用统计信息和大数据分析工具，提供企业在不同经济环境下的最优决策能力。

（二）教学手段固化

传统的会计教学仍以理论知识为核心，因此教师讲授仍是主要形式，“板书+PPT”是传统教学手段的标配，教师主要通过展示PPT进行知识点的讲解，学生进行机械式的知识吸收。高校教师强于理论弱于实践，培养的学生具备应试能力而缺乏实践操作能力，学生无法解决企业经营中的实际问题，也无法帮助企业进行价值创造和价值提升。高校是培养会计人才的主要土壤，业财融合背景下，传统的教学手段已经远远无法满足企业对高素质会计人才的培养要求。

（三）考核内容低效

1. 考核内容单一

考核内容侧重于理论知识的考核，要对所授知识点的90%以上的内容进行卷面考核，这对于满足专业基础课和部分专业核心课程来说是必要的。但是，这类考核并不适应不断变化的会计人才需求目标。

2. 过程性考核过于简单

一般既不设置期中测试，也没有层层的单元测试，体现学生个人决策能力的讨论较少，由于计量分数困难，大多数情况下讨论并不计入考核分数。平时成绩构成大多数以出勤等为主要内容，形式重于实质。

3. 考核手段单一

传统考核主要是以个人为主体，传统的会计专业考试大多通过纸质考核的方式“一考定输赢”。无法锻炼会计人才团队合作及领导能力。

第二节　会计教学改革的必要性与可行性

一、目前会计教学存在的问题

（一）学生知识储备不足

目前，学生自身学习能力不强，数学科目理论知识储备并不深厚。由于会计基础课程与数学计算及逻辑具有较强的联系，学生对于会计理论知识学习较为困难。

此外，会计工作离不开计算机技术的运用，然而，学生运用计算机进行会计做账较为吃力，这也导致教师在利用计算机进行实践教学时学生理解和接收较为缓慢。

（二）会计教学方法的缺陷

目前，很多高校仍在课堂上采用单向的知识输送模式，老师立于讲台，依靠自己的经验进行教学。但会计课程的技术性很强，内容较为繁多而复杂，导致学生与教师的沟通度不足，学生只是在不停地接受老师的灌输，对于所学知识的反馈度不足。传统填鸭式的教育并不符合会计教学目标，使学生走上工作岗位遇到实际问题时变得过于死板，不能根据具体情况做出自己的职业判断，并且导致学生产生畏难和抗拒的情绪，难以激发学生对会计知识的兴趣，学生只能照本宣科，机械地记忆、应付考试，这与教师的教学初衷背道而驰。

（三）重视理论却忽视实践

很长一段时间以来，高等教育都处在一个非常尴尬的境地，教学改革也较为滞后。尽管素质教育观念不断进步和发展，可是传统教学模式依旧占据主导地位。在会计教学中，理论知识是重点，导致课堂比较单调和乏味，因为理论知识的特点是比较复杂和抽象，所以学生的学习和理解存在较大的难度，这非常不利于培养学生的会计素养和技能。尽管有的高校安排了技能培训课，要求学生在实践中参与，但是由于软件不及时、设备陈旧等，实践教学的效果往往较差。同时，会计实践教学的趋势有悖于社会发展的需要，从而使学生的会计技能难以达到社会市场的标准。

（四）会计教师的信息化素质低

信息化教学是推动我国现代教育发展的重要力量，同时也是影响企业财会走向，深化企业经济建设实效的重要依托。我国很多企业都在信息化技术的支持和帮助下，形成了以信息技术为媒介的会计工作机制。因此，为培养出契合时代发展需求的优秀人才，会计工作者必须在日常教学的过程中，注重对信息化技术、思想、理念的传授，帮助学生掌握与会计紧密相关的信息技术。然而，我国会计教师的信息化素养普遍偏低，缺乏利用信息化技术开展教学或培养学生的基本意识，导致会计教学缺乏信息化技能培养、意识培养及素质培养的内容，进而影响学生的职业发展。究其原因在于教师缺乏对信息化教学的认识和理解，将信息化技术作为简单的教学辅导，并且在缺乏系统培训和学习的前提下，导致各类与信息化教学相关的实训内容或实训软件无法得到更充分、更有效的应用。

（五）会计教学实习效果不理想

对于目前的会计教学工作而言，教学实习效果并不理想。教学实习对会计学生能力的提升具有重要意义，但就当前的会计课程来讲，实习时间的安排并不合理，且部分院校是在学生毕业前几个月才安排实习，将毕业季、实习期关联在一起，对于实习中发现的问题，都是在日后工作中得到解决，影响整体的教学效果，导致学生缺乏实践经验，无法在生活中运用理论知识。

（六）教学目标和人才培养定位不合理

在就业导向视角下，高校会计教学必须以清晰、明确且合适的目标为基准，才能保障教学效果和育人质量。但是，目前高校会计教学目标和人才培养定位并不合理。一方面，教学目标及人才培养定位不够清晰，部分院校甚至在开展会计教学前没有完全落实相应的调查研究工作，无法凸显其竞争优势，严重影响了学生就业；另一方面，人才培养目标的具体定位与实现有所脱节，导致会计教学不能很好地满足学生职业素养发展的需要，不少学生存在职业岗位知识、职业能力、基本素质无法满足实际需求的情况。

（七）课程设置跟不上高等教育改革创新的要求

在课程设置的过程中，传统教学方式下，高校会计教育模式往往选择将从业资格证书考试作为课程标准，并以此作为教学目标设定相应的教学计划。但是，在 2017 年，我国取消了会计从业资格证书考试，导致大部分高校会计教学课程设置以及教学目标存在不同程度的偏差，在课程设置方面如何划分不同等级会计师考试的内容还存在一定的滞后性。

在当前教育改革的背景下，高校没有对当前的人才培养方案进行重新梳理以及定位，在人才培养方案上缺乏深度融合，教学内容以及课程设置无法满足当前就业市场的需求。因此，重新构建“1 + X”证书制度的人才培养方案，全面加强教学内容的深化，提升课程设置的标准，对于高校会计教学尤为重要，尤其是基础课程以及课时量的调整方面，还有待进一步完善。从当前高校会计教学课程目标设置来看，教学课程中基础课程的课时安排过多，实训以及技能类课程的课时安排较少，在实践实训的考核方面也缺乏相应的标准化评价体系。此外，由于目前就业市场对会计人才的要求日新月异，如果新技术、新方法在高校会计实训教学中无法得到体现，相关的硬件设施与配置不能得到及时的更新与优化，将导致高校会计教学以及实践实训环节上存在一定的壁垒。

二、会计教学改革的必要性分析

（一）高校自身发展需要

在我国企业与经济不断发展的过程中，会计受到了很大重视，因此很多高职、大专或者本科院校都开设了会计专业，可见会计专业面临的竞争是非常激烈的。对于高校来说，虽然会计专业具有一定的专业优势，但是在教学特色与质量方面的要求与其他专业有很大不同，因此高校需要根据本校实际情况制定相应的教学目标与特色，这样才能培养出适宜社会发展需要的高素质会计人才。在人们越来越重视就业的背景下，高校只有不断进行教学改革，提升自身实力，才能实现长足发展。

（二）会计市场人才供需不平衡

相关调查显示，目前我国会计市场对于会计人才的需求在供需方面并不平衡，主要是由于很多会计从业人员在从业技能方面比较低，虽然理论知识比较扎实，但是缺乏实践技能，很难满足企业需求。因此，高校必须开展会计教学改革，充分重视会计人员从业技能教育，培养出具有超强就业能力的会计人员，这样才能满足市场对于高端会计人才的需求。所以说，高校进行会计教学改革是非常必要的。

三、会计教学改革的可行性分析

在社会经济发展的新形势和新环境下，我国会计行业产生了许多新问题，这些新产生的问题给会计教学改革提供了依据和基础。

（一）树立高等教育价值观

高等教育要求教学过程更为贴近实际工作岗位，其教学观念主要追求一种基于技能应用发展的人与社会、人与自然的和谐发展的主体价值观。另外，在高等教育的教学中，尤为注重实践能力的培养，课程设置也紧贴企业工作一线实际。通过梳理归纳高校学生的特点，发现会计岗位的职能对价值观的产生具备良好的导向作用，而结合会计人员所应具备的技术、能力和价值观设置会计的课程内容和模式，可以使高等教育与社会需求实现真正的匹配与统一。

（二）合理设置多元化的课程教学模式

当前，我国高等教育主要实行的是多元化的教育模式，这与传统的会计课程教学模式并不相适应。传统的会计课程教学模式主要是使学生掌握基本的核算定理，经过实践操作应用掌握实务操作技能，是一种以实习见习来提升实际应用技能的教学模式。而多元化背景下的会计教学模式本身具有广泛的开放性，要系统分析研判企业财务实务中的各种影响因素，尤其是要在教学中突显出实务操作教学环节的重要意义，遵循实训到实践再到实习的三步教学方法。

第三节　新时代会计教学改革创新新路径探索

一、突出学生的主体地位

要促进会计教学实效性的提升，教师需要充分尊重学生的主体地位，遵循以人为本的原则，对学生进行引导和教育，如此，学生便能积极主动地投入课堂教学活动。教师在会计教学前，应充分分析需要讲解的内容，明确学习目标，加深对全部要点的理解。教师借助课前分析，把重要的难点、知识点列举出来，反复讲解，点拨学生，促进学生归纳知识点，提升课后总结能力；利用复习题以及自测题，给予学生引导，让其自主分析，提高学生自主分析能力。教师要积极创新教学方式，立足于学生的知识掌握程度，可对问题创设合适的教学情境。

以“资产负债表”相关知识为例，教师可以为学生展示某公司某月发生的经济业务，让学生运用科目汇总表核算程序以及记账凭证核算程序登记总账，提问学生：“可以运用什么方法反映数据？”以此为学生创设身临其境的教学环境，提升学生的解答兴趣，同时还能加深学生对基础会计课程重要性的认识，树立经济发展需要会计的观念，培养学生职业认同感。对于学生的疑问，教师要详细、积极地为其解答，同时告诉学生此问题有何意义，充分肯定和表扬学生。提问可以提高学生的学习积极性，表扬可以激发学生提问的主动性，教师再给予适当的引导与解答，可以有效增强学生分析问题的能力，促进会计教学实效性的提升。

二、改进会计实践教学方法

（一）充分发挥微课价值

在制作微课前，必须明确教学的基本目标，在这个基础上，对各种素材进行梳理与总结，使会计教学课程的重点内容更加清晰全面地呈现出来，进而进一步完成微课的制作。总体来讲，经过制作微课有助于在会计教学当中取得更加理想的成效，帮助学生更加准确地把握重点学习内容，引导学生更加独立地完成后续的学习；在微课当中，对现场演示环节进行设置与应用，使学生对会计实践活动获得一定的认识，不仅有助于培养学生的学习兴趣，引导学生积极参与教学活动，而且还能够使学生获得一定的实践机会，达到提高学生实践能力的基本目的；通过对微课进行科学合理的应用，能够充分点燃学生的学习热情，进一步培养与提高学生的创新思维能力。在这个前提下，教师通过科学整合各项教学内容和所获得的素材，顺利实现对微课的制作。与传统的教学课堂相比，微课的教学时间明显更短。正是因为如此，在实际开展教学活动的过程当中，教师如果将微课设置在课堂的前半阶段，可以充分利用学生注意力最为集中的这段时间，使学生清晰把握自己所要学习的重点内容，切实提高教学成效。同时，还应该根据实际需要引导学生参与实际操作活动，进一步引导学生将自己所学习到的理论知识运用到实践活动当中去，加强对学生实践操作能力的培养与提升。

总体来讲，通过对微课进行合理应用，能够使学生有效了解自己所学习内容的重点，框架结构更加清晰明确，使原有教学模式所具有的不足之处得到有效弥补。基于此，在复习的过程当中，微课还能够进一步发挥加深记忆的基本作用，引导学生积极完成所安排的各项实践任务，不断丰富学生的实践技巧与知识储备，通过将理论与实践相结合，加深对会计理论知识的理解与认识，并从实践当中不断磨砺自己、提升自己。教师需要参考所要教授的基本内容，基于微课演示完成对课后实践任务的布置，使学生在不断参与实践活动的过程当中全面培养与提升自身的实践能力，并将实践与所学习到的理论知识进行有效融合，以进一步丰富与完善学生的知识体系。

对于学生来讲，每一位学生所具有的性格以及学习能力存在一定的差异性。基于学生对微课的反馈信息，教师需要进一步了解所有学生的实际诉求，以及对所学知识与技能的掌握情况，在这个基础上，进一步借助于微课为学生提供更多的帮助与指导，切实改善学习成效。例如，在完成会计教学活动之后，引导学生从各个立场出发，展开实际操作，使学生善于找到自身所存在的缺陷与不足，并引导他们积极地改正问题弥补不足，最终使学生更加高效高质量地完成对所有会计知识与会计技能的学习。

（二）积极应用会计软件

想要实现校内外会计实践教学活动有效对接的目标，重点是积极与财务公司展开相互协作，通过成立公司分支，可以进一步加强与公司的互动，让学生获得更多参与实践活动的机会，使学生的业务能力迅速得到培养与提升。实际和财务公司展开合作时，教师应通过积极地与学生进行互动，引导学生在参与各项实践活动的同时，加深对日常不同财务工作的认识，了解真实的工作场景，掌握现实工作当中所需要的各项实用技能和方法，充分把理论和实际案例相融合，在充分点燃学生学习热情的前提下，加强对学生的引导与督促，使学生更加善于思考，并在不断解决各种问题的过程当中建立起更加强大的自信心。

（三）加强社会实践与情境模拟相结合

教师在开展会计教学时，应对各种工作情境加以模拟，丰富教学模式与方式方法，引导学生更加轻松愉快地参与学习活动。实际对各种教学情境进行选择与设计的过程当中，教师应该加强与学生的互动，根据他们的实际情况与具体需要做出科学安排，保证所设计的场景能够更好地契合学生的学习需要，选择合理适宜的教学方式方法，还可以引导学生积极参与课堂准备工作，切实改进教学质量，提升学习效率。同时，对于教师而言，在进行教学的过程当中，应该更多地学会换位思考，根据学生的实际情况更加有针对性地开展各项教学活动，对教学内容以及教学情境进行合理设置，通过点燃学生参与教学活动的热情，切实提高教学质量。教师在实际设定各种情境的时候，并非机械地进行模拟，而是需要与特定的岗位工作相结合，从而更加真实全面地展现相应的工作情境。实际对该情境进行创设的过程当中，应该与实际工作相贴合，切实保证情境的真实性，进而为学生营造一个更加理想的学习环境，切实提高体验效果。从学生的实际情况来看，部分学生对基础知识的掌握十分有限，学习热情不高，在这种情况下，教师应该丰富教学方式与手段，增加教学的趣味性，全面提高学生的学习兴趣，引导学生积极参与教学过程。通过进行进一步总结分析得出，在开展会计教学活动的过程当中，如果丰富教学模式，并引导学生积极参与，让学生处于主导地位，那么，往往能够取得更加理想的教学效果。对于会计教学来讲也是如此，教师需要合理设计教学情境，引导学生积极参与，使学生在参与会计活动的过程当中，应对与处理各种问题，学生也随之得到锻炼与学习。总而言之，教师应该合理开展各项情境模拟教学工作，根据实际需要对各角色加以创设，充分点燃学生的参与热情，加强引导与督促，进而在情境模拟课中取得更加理想的教学效果。

三、重新订立人才培养目标

与传统的会计工作相比，利用大数据技术从事会计工作，不仅需要会计人员熟悉财会方面的知识，还需要熟练掌握大数据技术，这从近些年举办的高校会计技能大赛的内容中也可以看出来，因此高校会计教学要紧跟国家政策，重新订立人才培养目标，侧重培养技能型会计人才。

在订立会计专业人才培养目标时，要同时考虑学校、社会和学生三方的需求，以确保会计专业人才培养目标的科学性、客观性和实用性。在会计专业人才培养目标修订的前期调研阶段，通过内外部评价的方式综合征询多方意见。其中，内部评价由系内指导委员会、同行专家、专业教师及在校生由研讨座谈和问卷调查等方式进行；外部评价通过毕业生、用人单位、行业、企业专家、学生家长通过座谈及问卷调查等方式进行。基于内外部调研的结果，最终形成符合会计行业发展的人才培养目标。在每年的大赛结束之后，高校会计教研室还可以通过与往届毕业生座谈、用人单位走访、校友座谈、企业研讨等方式收集多方对人才培养目标的修订意见，根据反馈意见进行研讨并加以修订。

四、优化会计教学师资队伍

（一）从管理制度入手，加强师资队伍建设

首先，推进教师团队管理，采取听课、督导以及学生评教、教师座谈等方式促使教师综合能力快速提升。院校应制定考核激励制度，激励教师考取会计相关证书等，不断完善、更新教师的专业知识体系，切实提升其专业水平。

其次，高校还应加强老中青以及各层次学历教师梯队建设，倡导老教师做好传、帮、带，以学校发展为己任，采取老带新模式，推动年轻教师快速健康成长，打造一支富有团队意识的教师队伍。

最后，高校应为教师提供各种培训机会，如会计实操培训、教学能力提升培训等，夯实教师教学基础。高校还应鼓励教师自主参加各类学术研讨会，并为其提供资金支持，拓宽教师视野。

（二）校企深度融合，加强“双师型”教师队伍培养

首先，高校与行业、企业要深度融合，合力推进兼职教师队伍构建，与兼职教师签订聘任合同，并保障其薪资待遇，与企业携手开展考核管理工作。其次，高校教师要通过挂职、进修等形式在校外企业进行实践，学校规定实践期限，满期进入院校上岗进行专业教学。校内还可设立行政岗为教师提供实践机会，如教师可在校内财务部门等进行实践。最后，高校应激励青年教师到指定单位进行定期进修，熟悉企业各项会计业务流程，踊跃参与企业经营管理，有利于教师积累实战经验，做到理论与实践有效结合，成长为具有扎实理论基础和实践经验丰富的“双师型”（具备理论教学和实践教学两种能力）教师。

五、注重建设会计实习基地

为了确保会计教学跟学生的工作岗位相符合，高校应建设相应的实习基地，以实现学生职业技能的大幅提升，使学生在实践中掌握职业实操能力，且完善理论内容的具体应用环节，让学生踏入社会后可以迅速适应工作岗位和保持理想的工作状态，进而打下职业发展的坚实基础。高校可以跟社会资源相联系，跟企业构建协作办学机制，给企业提供大量高水平的专业人才，以推动优化人才结构和引导学生累积丰富的实践经验。而企业可以组织学生到工作岗位实习，学生可以在实操训练中熟悉基本的会计流程，且在工作过程中持续总结和反思自身的不足，结合实际工作进一步丰富和完善自身的知识。当学生进行一段时间的实习之后，企业可以再次优化学生的工作岗位，其中较优秀的学生，企业可以让其在更高或更深层次的工作岗位实习，从而进一步提升其职业素养和技能。针对学习基础较差或职业素养较低的学生，企业可以让其在教师的指导下整理实习报告、进一步探究自身的收获和经验，然后基于教师的引导完善缺陷，从而提升专业素养和技能。

六、优化会计实践教学的课程设置

（一）制定合理的会计实践教学计划

在制订教学计划时，教师必须将之与会计专业特点结合在一起，以理论讲解为基础，重点培养学生技能操作能力。理论知识学习只要能够满足实际操作需求就是足够的，教学计划中应加大实践和操作的课时比例，实践教学课时应至少占一半以上的课时。并将实践课时安排在每一个阶段学习结束之后，让学生在充分理解理论知识的基础上，通过实践操作提升专业技术能力，让理论与实践充分结合在一起。教学方式的选用应根据课堂需要以及学生学习状况灵活变动，让学生能够通过多种不同的方式掌握知识、学习技能。

理论教学应当具有针对性和实用性，让学生能够及时了解新的会计知识、行业标准等，保证学生学到的知识能够运用于实际工作中，而不是随便选择各种理论，学生无从选择，甚至将重要理论丢到一边而记住了细枝末节。理论学习与实践操作并不是毫无关系、单独进行的，而是让学生在理论学习过程中了解操作方式，在实际操作过程中加深理论了解，利用单项技能训练和综合技能训练相结合的方式，帮助学生巩固知识，学会岗位操作技能。

高校的校本教材中，已经明确提出关于会计教学过程中的理论学习和实践操作教学要求，并设置了针对不同岗位的实训项目，如出纳、核算、职工工资核算、税务核算等。将财务会计需要掌握的技能详细分解成为若干项目，便于学生学习。学生可以了解不同岗位的技能需求，有针对性地学习知识，以确保在校期间学到的知识能够运用于今后的岗位工作中。

（二）改进会计专业的实践教学内容

高校还需要改革现有的教学内容，让学生真正成为学习的主体，培养学生主动学习、自主学习的能力，同时也要保证教学内容能够与工作岗位要求衔接起来，根据培养目标来制定合适的教学内容，同时也要从学生身心发展规律和学习状况出发，从简单到复杂循序渐进安排课程。另外，学校还需要及时了解社会和企业对会计岗位的需求变化，及时将新知识纳入教学内容，保证学校课程的针对性和实用性。目前，高等院校的理论教学中，部分理论难度较高，部分学生很难理解并消化，一些理论甚至在实际工作中基本不会用到。学校会计学科的教学内容应当以社会和企业需求为出发点，对现有的教材进行改革，降低那些与工作岗位需求关系不大的理论知识。从现行教材来看，理论知识更重视核算，对审核、监督、分析的重视程度不够，这种方式很难培养出综合能力较强的学生。从实际需求来看，会计学科的教学内容应当包括监督、审核、分析这些知识，以此来促进学生全面发展。要从会计学应用人才培养的能力结构要求出发，开设诸如证券投资、创业就业辅导、现代企业管理等方面的课程或者讲座，加强这方面知识内容的教学，使得学生能够掌握多方面的知识和具有较高的实践能力。

（三）开发适应本校的会计专业教材

高校原先出版的校本实训教材已经与时代发展脱节，必须开发有针对性和实效性的教材。首先，开发教材的教师需要亲身到各企业和单位收集有效的一手资料，通过至少半年的实践获得更多原始凭证，作为教材编写的重要数据依据。其次，由这些教师共同整理资料和数据，在了解当地企业用人标准后，编写有效的实践教学教材。教材编写要与学生发展水平相一致，能够由易到难，便于学生学习、操作，内容要具有较强的仿真性。数据仿真程度高，才能让学生身临其境，获得更深的体验，提高教学质量。因此，在编写教材时可以邀请会计参与，指导编写工作。

七、全面推动理论与实践教学的有机融合

在就业导向视角下，高校应当积极构建“理实一体化”教学模式，深化理论教学与实践教学的有机融合，在传授专业知识的同时强化技能培训、实践训练，确保学生能够有效提高专业素养，有效发展实践应用能力以及积累工作经验，为学生的毕业就业乃至职业生涯的长远发展提供支持。

（一）规范教学体系

“理实一体化”教学需要相应的教学体系作为支撑和保障。高校需要对会计专业理实一体化教学体系加以规范，将市场用人需求与专业知识内容进行有机融合，有效培养专业理论知识水平高、实践应用能力强的优秀人才。应以教学目标为基础，对实践标准加以规范，结合实践项目作业细化实践内容，层层递进地推动理实结合。

（二）加强多元化实训建设

“理实一体化”教学离不开实训的支持。为了保障“理实一体化”教学的质量，高校需要积极落实构建多元化实训体系。一方面，着重加强校内实训建设，建设实训基地，同时从软硬件两个层面着手，尽可能创设仿真度高的实训模式，帮助教师和学生在高度仿真的环境中进行财务会计实训；另一方面，加强校外实训建设，通过与银行、合作企业等的深度交流，将校外企业财务会计工作流程引入校园实训体系之中，安排学生到合作企业中进行实习，邀请企业高级会计岗位人员到校内进行演讲和指导，从而进一步保障实训效果，确保学生熟悉财务工作流程、熟练应用专业知识和技能。

（三）落实“课证融合”育人模式

“课证融合”育人模式下，学生毕业后既有毕业证，也有职业资格证，这将大幅提升他们的就业竞争力。同时，“课证融合”育人能够进一步强化实践教学，深化理实结合教学。在条件允许的情况下，高校应当积极落实会计专业“课证融合”育人模式，在会计专业人才培养方案中明确会计职业证书的重要性，将会计考证相关知识融入专业课程之中，引导学生在学习基础会计、会计电算化、初级会计实务、财务治理、经济法基础等课程知识时掌握专业技能和考证要点，组织学生通过考证的方式进行专业技能实践，从而强化理实结合。

八、改变评价方式，注重多元评价方法的运用

评价作为考核学生知识和技能水平的重要手段，既可以帮助教师了解自身的教学效果，同时也可以敦促学生及时发现自身问题提升学习动力。然而，从当前会计教学现实来看，沿袭传统的纸笔测试用于考核学生仍是大多数教师的选择。这种考核方式与会计教学的理论教学内容比例过大有一定的关系，但是最为消极的影响是挫伤了学生的学习积极性，同时也缺失了对于会计学生实践能力的评价。因此，从评价的目标来说，会计教师应该多采用发展性评价，也就是说评价不应该仅仅关注结果与等次，而是以促进学生的发展为主；从评价的方式来说，教师应该多采用形成性评价，尤其注重对于学生学习过程的评价；从评价内容来说，教师应该评价学生的综合职业能力，对会计学生而言，可以考核学生的信息化能力、动手操作能力，这就需要摒弃传统的笔试方式，多采用现场操作的方式来进行考核。

参考文献

[1] 顾明远 . 教育大辞典 [M]. 上海：上海教育出版社，1998.

[2] 徐国庆 . 职业教育原理（现代职业教育研究丛书）[M]. 上海教育出版社，2007.

[3] 王党 . 会计专业教学法 [M]. 北京：中国财政经济出版社，2011.

[4] 裴永浩 . 财务会计理论与实务 [M]. 北京：中国经济出版社，2012.

[5] 王珍 . 循环经济与会计理论创新 [M]. 北京：知识产权出版社，2012.

[6] 潘飞 . 中国管理会计理论与实践 [M]. 上海：上海财经大学出版社，2015.

[7] 张妙凌 . 会计人才培养与实践性教学研究 [M]. 成都：电子科技大学出版社，2015.

[8] 耿聪慧 . 会计理论与实践研究 [M]. 成都：电子科技大学出版社，2017.

[9] 赵秀红，李海燕，陈津津 . 现代会计理论与实务研究 [M]. 北京：经济日报出版社，2017.

[10] 于新茹，潘栋梁 . 现代财务会计理论及实践研究 [M]. 长春：东北师范大学出版社，2017.

[11] 危英 . 互联网时代会计教学改革的创新策略研究 [M]. 成都：电子科技大学出版社，2017.

[12] 申仁柏 . 互联网 + 对现代会计教学改革的影响研究 [M]. 长春：吉林大学出版社，2018.

[13] 董俊岭 . 新经济环境背景下企业财务会计理论与管理研究 [M]. 北京：中国原子能出版社，2018.

[14] 奥苏贝尔 . 意义学习新论 [M]. 毛伟，译 . 杭州：浙江教育出版社，2018.

[15] 丁皓庆，冀玉玲，安存红 . 现代信息技术与会计教学研究 [M]. 北京：经济日报出版社，2019.

[16] 谢合明，赖力，魏崛，等 . 高校管理会计理论与应用研究 [M]. 北京：中国经济出版社，2019.

[17] 范婧 . 新经济环境下基础会计理论与发展研究 [M]. 北京：中国商务出版社，2019.
[18] 王海燕，王亚楠 . 会计信息化教学研究 [M]. 长春：吉林大学出版社，2020.
[19] 赵文生，冯秀健 . 财务会计理论基础与创新研究 [M]. 昆明：云南科技出版社，2020.
[20] 陈沉，张军波，邓彦，等 . 会计学原理及教学案例 [M]. 广州：华南理工大学出版社，2020.
[21] 罗健，刘小海 . 会计教学改革新路径探索：互联网时代的呼唤 [M]. 沈阳：沈阳出版社，2020.
[22] 董海慧 . 应用型人才培养视角下的会计教学改革研究 [M]. 北京：北京工业大学出版社，2020.
[23] 黄辉，程文莉，顾飞 . 新时代会计教育转型与教学改革探索 [M]. 成都：西南交通大学出版社，2020.
[24] 刘赛，刘小海 . 新时期高校会计教学创新改革与实践教学研究 [M]. 北京：北京工业大学出版社，2021.
[25] 梁丽媛 . 我国高校会计人才培养与教学研究 [M]. 北京：北京工业大学出版社，2021.
[26] 何克抗 . 从 Blending Learning 看教育技术理论的新发展（上）[J]. 电化教育研究，2004（3）：1–6.
[27] 何玲，黎加厚 . 促进学生深度学习 [J]. 现代教学，2005（5）：29–30.
[28] 郭绍青 . 任务驱动教学法的内涵 [J]. 中国电化教育，2006（7）:57–59.
[29] 徐朔 . 项目教学法的内涵、教育追求和教学特征 [J]. 职业技术教育，2008，29（28）：5–7.
[30] 何志武 . 人本主义教育理论的主要观点及其应用 [J]. 重庆科技学院学报（社会科学版），2010（11）：181–182.
[31] 朱永杰，冯建成 . 任务驱动教学法中的任务设计 [J]. 教育与职业,2010（24）：153–154.
[32] 赵海霞 .Web 环境下的协作知识建构 [J]. 现代教育技术，2012（11）：22–25.
[33] 祝智庭，贺斌 . 智慧教育：教育信息化的新境界 [J]. 电化教育研究，2012，33（12）：5–13.

[34] 缪学超．程序教学法的形成、要义、实验及当代价值[J]. 课程·教材·教法，2015，35（7）：101-107.
[35] 赵兴龙．《中国智慧学习环境白皮书》项目成果发布会在北京师范大学举行[J]. 中国电化教育，2015（10）：138.
[36] 王立杰．关于会计理论与会计实务相结合的一点看法[J]. 中国乡镇企业会计，2020（8）：118-119.
[37] 范建慧．新经济环境下会计理论与实践的变革思路探究[J]. 中国商论，2020（18）：150-151.
[38] 张超辉．“互联网＋”大数据时代下会计理论面临的机遇和挑战[J]. 财会学习，2020（18）：114-115.
[39] 罗爱静．财务会计理论发展必须突破的障碍及应当反思的问题探讨[J]. 商讯，2021（5）：63-64.
[40] 韩婧．基于布鲁姆认知分类的综合英语课程混合式教学研究[J]. 开封文化艺术职业学院学报，2021，41（7）：99-100.
[41] 朱珍珍．会计环境变革与财务会计理论创新探究[J]. 财会学习，2021（2）：81-82.
[42] 王岩．应用型人才培养定位下高校会计教学模式构建思路探索[J]. 科技视界，2021（25）：7-8.
[43] 陈舒宇．互联网＋新形势下高职院校会计教学评价体系建构[J]. 中国市场，2021（21）：183-184.
[44] 古丽娟．高职院校会计信息系统课程教学实施报告：以“采购管理”单元为例[J]. 河南教育（高等教育），2021（9）：74-76.
[45] 韩雪．“互联网＋”背景下高职院校会计教学改革分析研究[J]. 科学咨询（科技·管理），2021（7）：142-143.